경성백경

경성백경

경성백경

100개의 건축 공간으로 복원한 경성의 시간

초판 1쇄 펴낸날 2026년 4월 30일

지은이 김은주
펴낸이 이건복
펴낸곳 도서출판 동녘

편집 김현정 김혜윤 이심지 이정신 이지원 홍주은
디자인 김태호
마케팅 신연경 임세현
관리 서숙희 이주원

만든 사람들
편집 김현정　**디자인** 김태호

인쇄·제본 영신사　**라미네이팅** 북웨어　**종이** 한서지업사

등록 제311-1980-01호 1980년 3월 25일
주소 (10881) 경기도 파주시 회동길 77-26
전화 영업 031-955-3000　편집 031-955-3005　팩스 031-955-3009
홈페이지 www.dongnyok.com　**전자우편** editor@dongnyok.com
페이스북·인스타그램 @dongnyokpub

ISBN 978-89-7297-205-1 (03910)

- 잘못 만들어진 책은 구입처에서 바꿔 드립니다.
- 책값은 뒤표지에 쓰여 있습니다.

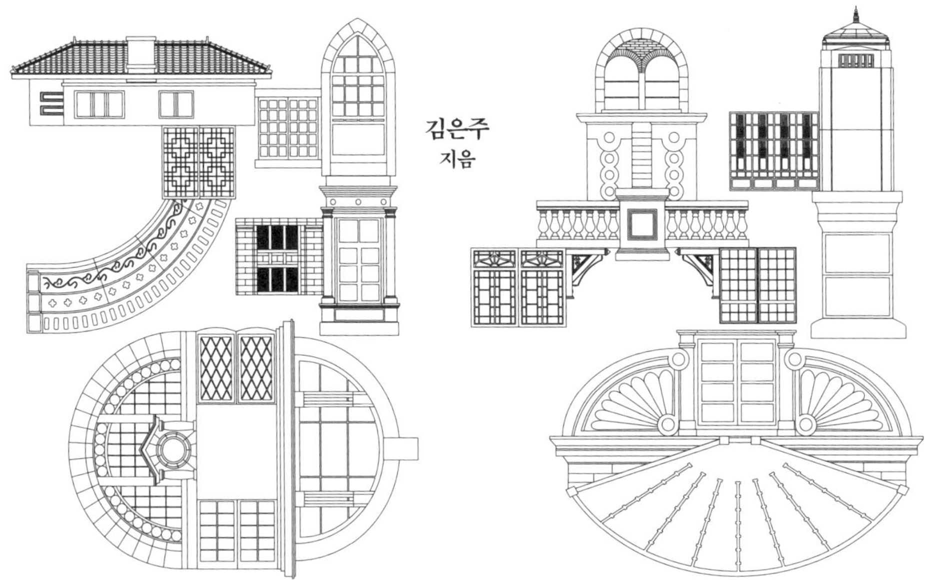

김은주 지음

경성 백경

京城
百景

100개의 건축 공간으로 복원한 경성의 시간

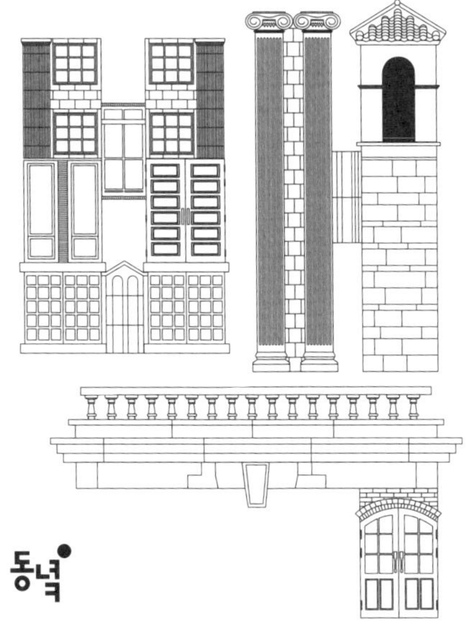

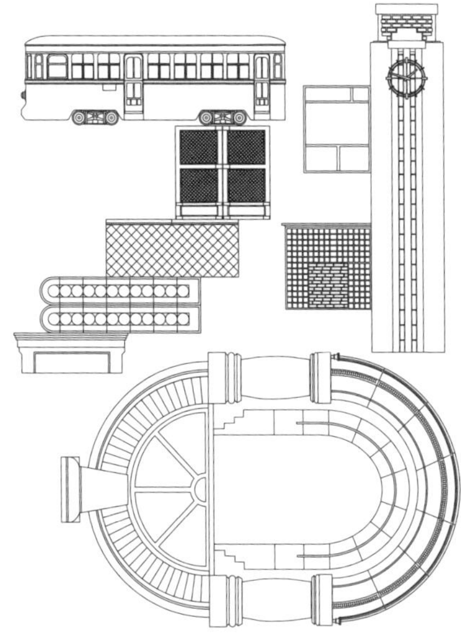

동녘

일러두기

- 이 책은 1920년대 경성의 전차 노선을 기준으로 구성되었다. 구용산선, 태평통선, 황금정선, 마포선, 광화문선, 통의동선, 안국동선, 종로선, 총독부의원선, 청량리선, 왕십리선, 신용산선 12개 노선을 축으로, 경성의 건축 공간 100곳을 선정하여 수록했다.

- 건축명은 일제강점기 경성 시기에 사용된 명칭을 기준으로 삼았다. 당시에도 명칭이 여러 차례 변경된 경우에는 최초의 명칭을 따랐다. 다만 국가유산청 등 관계기관에서는 해방 이후의 명칭을 사용하고 있어, 필요한 경우 이를 함께 병기하고 통용되는 명칭도 덧붙였다.

- 가옥의 이름은 건축물의 최초 소유자이거나, 건립 당시 경성 시대의 소유자 이름을 기준으로 삼았다. 필요에 따라 호(號)나 위치한 동네 이름을 가옥명 앞에 붙였다. 국가유산청의 건물명도 통일되지 않은 경우가 많고, 일제강점기 건축명을 생략한 채 해방 이후 소유자 이름을 사용하는 사례도 있어, 이 책에서는 특별한 경우를 제외하고 건립 당시의 이름을 사용하는 것을 원칙으로 한다.

- 본문에 사용되는 외래어 표기는 국립국어원 용례를 따랐다. 필요한 경우 일제강점기 당시 이름은 일본 발음에 가깝게 쓰되 한자를 병기하고, 한자음으로도 이해도가 높은 경우는 한자음으로 건축명을 사용했다.

- 사진 자료는 대부분 관계기관이나 소장처의 허가를 거쳤다. 다만 소장처나 저작권자를 확인하지 못한 경우에는 표기를 생략했으며, 추후 확인하는 대로 다음 쇄에 반영할 예정이다. 그 외의 사진은 모두 저자가 직접 촬영한 것이다.

　　서울은 많은 이름을 지닌 도시다. 조선 시대에는 한양, 대한제국기에는 한성, 일제강점기에는 경성이라 불렸다. 수도의 이름이 바뀔 때마다 도시의 건축 형태와 목적, 방식 또한 달라졌다. 시간이 흐르며 건축 기술은 발전했고, 그 과정에서 외국의 문화와 건축양식이 뒤섞여 새로운 도시 풍경을 형성했다.

　　1910년 한일강제병합 이후 조선의 수도였던 한성은 '경성京城'으로 이름이 바뀌었고, 행정 명칭 역시 한성부에서 경성부로 개편되었다. 이 과정에서 경성은 더 이상 수도가 아닌, 경기도에 속한 하나의 도시로 격하되었다. 일본은 경성을 '케이조'라 불렀다. 그리고 1946년 9월 28일 경성부는 서울이라는 이름을 되찾았다. 서울의 경기고등학교, 경기상업고등학교 등의 이름 속 '경기'의 흔적은 여전히 그 시절을 품고 있다. 그러나 경성부의 시간을 기억하는 이는 많지 않다.

　　경성의 건축물과 도시 공간은 100년이 지난 지금도 여전히 서울 곳곳에 남아 있다. 우리는 이러한 건축물을 어떻게 바라보아야 할까. 일제강점기에 지어진 건축은 '적의 유산'이니 모두 철거하는 것이 옳을까. 감정적으로는 그렇게 하고 싶을지도 모른다. 그러나 눈앞에서 보이지 않게 만든다고 해서, 지우고 싶은 역사가 과연 함께 사라질까. 앞으로도 수많은 건축물은 사라지거나 변형될 것이다. 공간의 기록은 곧 시간의 기록이며, 역사의 기록이자 문화의 기록이다. 누군가는, 서울의 어제였던 경성이자 오늘의 서울이기도 한 이 도시의 기록을 남겨야 한다. 이 책은 지금이라도 기록으로 남겨야 한다는 절박함에서 시작되었다.

책의 제목 '경성백경'은 경성이라는 도시를 100개의 장면으로 바라보려는 의도에서 비롯되었다. 100년 전의 시간, 100개의 장소, 100가지 시선이 서로 얽히며 하나의 도시 풍경을 이룬다는 뜻이기도 하다. 기록의 대상은 특정 건축물에만 국한되지 않는다. 불도저에 밀려나간 기록의 파편들, 현존하는 건물은 물론, 근대와 현대가 중첩된 재개발 지역까지 아우르며, 다양한 층위를 '백경百景'이라는 구조 안에서 서로 연결된 흐름으로 보여주고자 했다. 다만 서울이 경성이었던 시절의 건축을 모두 담을 수는 없었기에, 그중 100곳의 건축물을 선정했다.

첫 번째 선정 기준은 시기로 삼았다. 일제강점기인 1910년부터 1945년 사이에 지어진 건축물을 골랐다. 다만 외교권을 상실한 1905년 전후에 지은 건축물은 예외적으로 포함시켰다. 이들 가운데에는 문화유산으로 지정·등록되어 보호받는 건축물도 있지만, 아직 유산으로 이름을 올리지 못한 채 방치된 건축물도 적지 않다.

문화유산이라는 지위를 획득하면 일단 보호라는 최소한의 안전장치가 마련되지만, 그 직전에 놓인 건축물들, 혹은 문화유산으로서의 가치를 지니고 있음에도 주목받지 못한 건축물들은 늘 철거와 훼손 위험에 노출되어 있다. 특히 경성의 건축물들은 일제강점기에 지어졌다는 이유로 훼손되거나 방치되는 경우가 많다. 부여의 한국전통문화대학교 정원에는 돌사자상 한 쌍이 있다. 지금은 철거되어 사라진 조선총독부 박물관 부속 건물 앞에 놓여 있던 사자상이다. 작은 석상 하나쯤 대수롭지 않게 여길 수도 있을 것이다. 그러나 그 작은 돌사자상은 역사 속에 혼재된 시간과 사라진 건축이 실재했음을 정확히 증명하고 있다.

두 번째 선정 기준은 우리가 일상에서 만나거나 직접 방문할 수 있으며, 다양한 보존과 복원의 과정을 보여주는 건축물로 삼았다. 일제강점기를 지나 현재에 이르기까지 이전, 이축, 개축, 증축, 복원 등 수많은 건축적 행위를 거치면서도, 건축의 원형을 간직하고 있거나 보존과 복원이라는 행위 자체에 질문을 던지는 건축물들이다.

이 책에 수록된 건축물의 이름은 경성 시기에 실제로 불렸던 명칭, 혹은 당시 건축물을 사용하며 생활했던 소유주의 이름을 기준으로 삼았다. 경성이라는 시대에 태어난 건축물이기에, 그 시대의 이름으로 부르는 것이 적절하다고 판단했다. 기록이 남아 있지 않거나 확인이 어려운 경우에는, 일반적으로 통용되는 명칭을 사용했다. 답사 과정에서 마주한 안내판들 가운데에는 1910년부터 1945년 사이의 이력이 마치 도려낸 듯 빠져 있는 경우가 적지 않았다. 이는 일제강점기의 경성을 지우려는 태도에서 비롯된 것처럼 보인다. 그래서 현재 사용되는 건축물의 이름 대부분은 1945년 이후의 기록과 명칭에 기반하고 있다. 이 책에서는 지워지거나 누락된 건축물의 이름을 다시 찾아 사용했다. 기록은 누군가의 판단에 따라 임의로 조작되거나 선별되어서는 안 된다고 생각했기 때문이다.

이 책은 1920년대 경성의 전차 노선을 기반으로 목차를 구성했다. 구용산선, 태평통선, 황금정선, 마포선, 광화문선, 통의동선, 안국동선, 종로선, 총독부의원선, 청량리선, 왕십리선, 신용산선 열두 개 노선을 축으로, 경성의 건축 공간 100곳을 선정했다. 경성은 전차의 도시였다. 전차는 대한제국 말기에 도입되었지만, 실제로 경성의 거리를 활발히 달리며 도시의 경관을 바꾼 시기는 일제강점기였다. 전차를 중심으로 도시는 확장되었고, 인구는 폭발적으로 늘어났다. 이 책은 독자와 함께, 경성의 거리를 달리던 전차에 올라 그 노선을 따라 건축물들을 차례로 둘러보는 여정이 될 것이다. 전차 노선을 따라 순서대로 읽어도 좋고, 관심 가는 장소부터 골라 읽어도 좋다. 각각의 공간은 독립된 이야기로 구성되어 있어, 어디서든 경성의 시간과 만날 수 있다.

100개의 건축물은 모두 이야기를 지니고 있다. 어떤 건축물은 그 자체만으로도 충분한 이야기를 품고 있고, 또 다른 건축물은 여러 장소를 함께 읽어 나갈 때 비로소 이해된다. 결국 100곳의 건축을 모두 둘러보고 나면, 이 책이 전하고자 하는 하나의 흐름과 맥락이 드러난다. 일제강점기에 세워진 건축물이 100년의 시간을 지나 오늘의 서울 속에 어떻게 살아남았고, 어떤 흔적으로 남아 있는지를 지금의 시점에서 보게 되는 것이다.

이 건축물들은 한국인 건축가의 손에서 태어나기도 했고, 일본인 건축가의 설계로 지어지기도 했으며, 유럽이나 서구 건축가의 영향을 받아 완성되기도 했다. 그러나 이들 모두의 공통점은, 일제라는 역사적 시기에 경성을 구성했던 건축물이며, 우리 역사의 기록물로서 엄연히 존재하고, 앞으로도 지켜져야 할 문화유산이라는 점이다.

오랜 시간에 걸쳐 이 책을 준비했다. 사료를 찾고, 걷고, 바라보고, 다시 기록하는 시간의 반복이었다. 담장 너머에서 바라볼 수밖에 없었던 건축물도 있었고, 수리나 철거 과정에서 비로소 원형의 구조를 마주한 건축물도 있었다. 책을 쓰는 동안에도 많은 건축물은 끊임없이 변해갔다. 중앙시험소와 경성광산전문학교 건물은 처음 방문했을 때는 온전했지만, 다시 찾았을 때는 수리나 용도 변경을 위해 외부 벽과 천장 골조만 남아 있기도 했다. 100여 년 전의 구조를 눈앞에서 확인한 심장이 뛰던 순간들이었다.

이 기록은 누군가에게는 새로운 답사 길을 열어줄 것이고, 누군가에게는 잊혀진 경성의 이야기를 들려줄지도 모른다. 건축을 연구하는 이에게는 사료로서의 가치가, 도시를 사랑하는 이에게는 경성을 읽는 기쁨이 있을 것이다. 무엇보다 이 책이, 지금의 서울이 어떻게 만들어졌는지, 그리고 앞으로 무엇을 어떻게 남기고 보존해야 하는지를 생각하는 작은 계기가 되기를 바란다.

시간은 엄청난 속도와 힘을 지니고 있다. 지금 우리 앞에 남아 있는 경성의 건축물들은 적어도 100년이 넘는 시간을 지나온 존재들이다. '견뎌왔다'는 표현이 더 정확할지도 모른다. 해방의 기쁨도 잠시, 곧 한국전쟁이 발발했고, 이어진 경제 개발의 속도 속에서 전통과 옛것의 가치를 지킬 여유도, 돌아볼 안목도 갖기 어려웠다. 어쩌면 이 책에 담긴 100가지 장면은, 그 모든 시간을 견딘 결과 겨우 우리 앞에 남겨진 것들이다.

기록되지 않은 건축물은 기록된 건축물보다 훨씬 더 빠르게 사라진다. 그래서 지금이라도 남겨두어야 한다는 마음으로 이 글을 정리했다. 언젠가 이 기록을 다시 펼쳐볼 날이 온다면, 서울과 경성이 서로 다른 이름으로 존재하던 시기의 흐름이 좀 더 선명하게 이어지기를 바란다. 그리고 그 연결점들이 이 도시가 앞으로 나아갈 길의 시작점이 되기를 희망한다.

우리가 걷는 이 길과 이 건축물이, 경성의 시간을 통과해 지금까지 우리 곁에 남아 있기에, 함께 그 시간과 공간을 나누고 싶다.《경성백경》속 건축물들이 부정적 유산dark heritage이나 불편한 유산difficult heritage이 아닌, 공동건축유산 또는 공유건축유산shared built heritage으로 읽히기를 바란다. 이 책을 통해 독자들이 경성의 건축물들을 직접 방문하고, 경성의 길을 몸으로 경험하는 데 도움이 되었으면 한다.

이 책을 준비하면서 많은 분들의 도움을 받았다. 오랜 벗인 정기헌, 손승희에게 고마움을 전한다. 스승이자 가족 같은 건축가 김원 선생님, 한국건축역사학회장으로서 학문 연구의 중심에 서 계신 든든하고 멋진 우동선 교수님, 따뜻하고 배려심 깊은 친구인 대한 독일인 다니엘 린데만, 그리고 출판계의 어려운 현실에서도 좋은 책을 향한 마음으로 흔들림 없이 임하시는 시대의 어른 이건복 동녘 대표님께 깊은 존경과 감사를 드린다. 또한 진심과 열정으로 책을 다듬어주신 김현정 팀장님께도 온 마음으로 감사를 표한다. 끝으로 삶의 동반자이자 도반이며 영원한 동지인 사랑하는 나의 가족에게 마음 깊이 고마움을 전한다.

필자는 건축 역사학자이자 건축 아키비스트로서 전국의 건축물을 답사하며 자료와 기록을 정리하고 있으며, 동시에 건축 고현考現학자로서 옛 건축물을 오늘의 시선으로 다시 바라보는 작업을 이어가고 있다. 건축은 움직일 수 없는 대상이기에, 이를 연구하기 위해서는 관련 사료를 찾아 분석하고 현장을 직접 찾는 답사가 필수적이다. 이러한 활동 속에서 여러 역할과 수식어가 따라붙지만, 그 중심에는 건축문화유산 연구자로서의 정체성이 있다. 건축문화유산의 가치를 발견하고, 이를 보존하고 기록하여 다음 세대에 온전히 전하는 것이 나의 궁극적인 목표다. 지금은 후속 작업으로 《한양백경》을 준비하고 있으며, 동시에 한반도 곳곳에 남아 있는 근대 건축물이 자리한 도시들을 정리하고 있다. 언젠가 《개성백경》과 《평양백경》이 세상에 나올 날을 기대한다.

차례

漢江
咸鏡北道
咸鏡南道
平安北道
平安南道
黄海道
江原道
京畿道
忠清北道
忠清南道
慶尚北道
慶尚南道
全羅北道
全羅南道
黄海
日本海
凡例
面界
町村界
城壁
河川
湖沼
鉄道
電車
建築物
坂道
一等道路
二等道路
三等道路
等外道路
銀行
耶蘇教會堂
學校
郵便局
院工場
採石園
公園
山岳・坂
警察署
地殊界

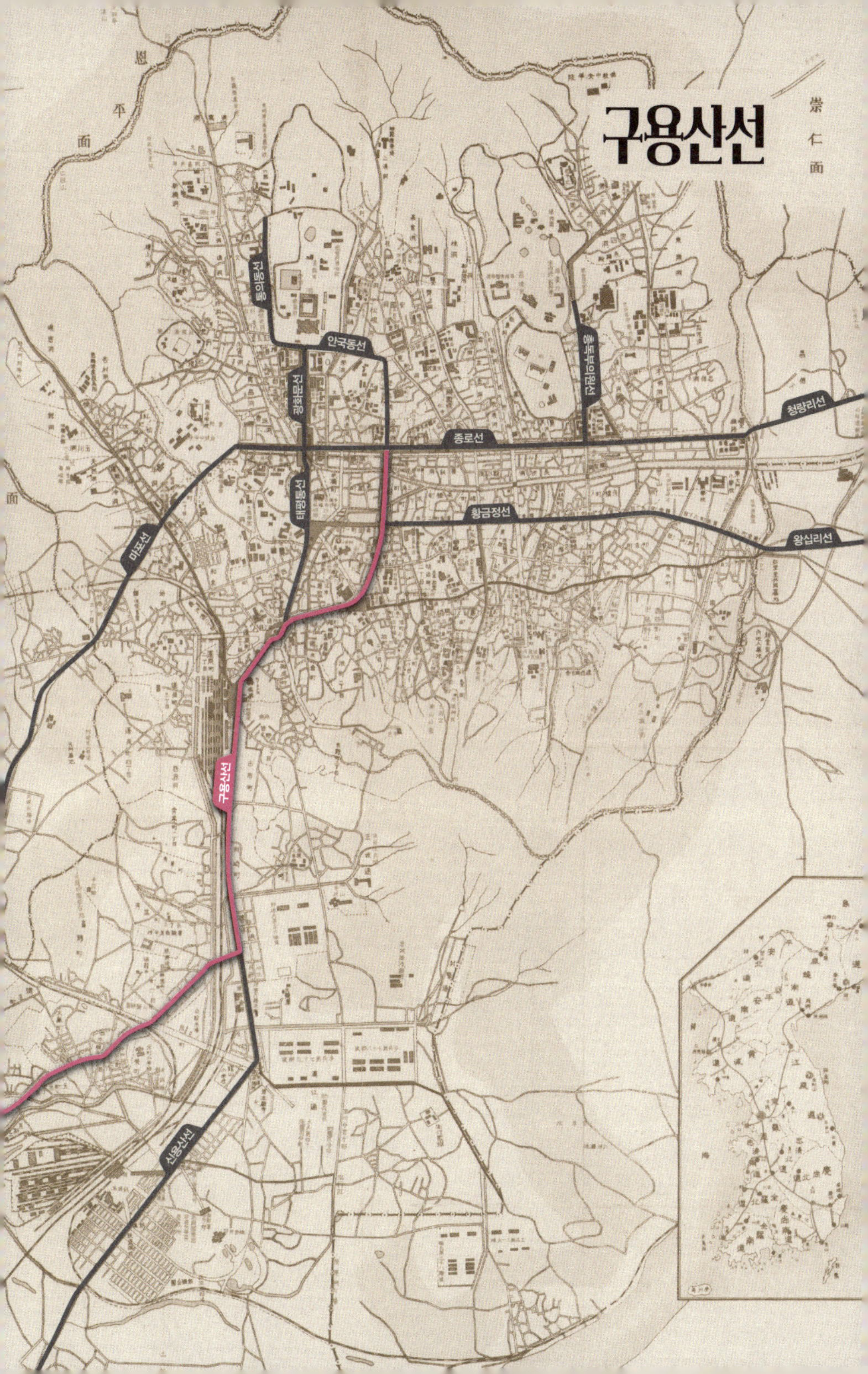
구용산선
崇仁面
안국동선
종로선
청량리선
황금정선
왕십리선
마포선
신용산선
신용산선

01 | 경성역

근대를 실은 경성의 관문

문화역서울284

서울특별시 중구 통일로 1
국가사적 제284호

근대 문명의 상징인 기차가 한반도의 철로 위를 달리기 시작한 것은 1899년 9월 18일이다. 최초의 철도인 경인선은 제물포항과 노량진 사이를 운행하다가, 1900년 한강철교가 놓이면서 마침내 한강을 건너 서대문역까지 이어졌다. 이때 염천교 인근에 목조 남대문정거장이 설치되었고, 1923년 '경성역'으로 이름이 바뀌었다. 하지만 목조 경성역은 몰려드는 사람과 물자를 수용할 수 없었고 현대적인 대규모 역이 필요했다. 새로운 경성역은 1922년 6월 착공이 시작되어 이듬해 준공될 예정이었으나, 1923년 일본 관동대지진 여파로 공사가 지연되어 1925년 9월에 비로소 준공되었다. 낙성식은 다음 달 10월에 열렸다. 남만주철도주식회사, 일명 '만철'이 주축이 되어 일본과 조선을 거쳐 만주까지 연결되는 국제 철도를 계획하면서, 경성역은 대륙 진출의 중심 역으로 자리 잡았다.

경성역은 지하 1층, 지상 2층 규모의 철근 콘크리트 구조에 붉은 벽돌로 마감된 르네상스양식으로 지어졌다. 설계는 츠카모토 야스시塚本靖, 1869~1937가 맡았고, 남만주철도회사가 시공했다. 경성역의 외관은 유럽 건축양식을 따르고 있는데, 스위스 루체른역을 본떠 지었다는 주장도 있다. 중앙의 돔을 중심으로 좌우 대칭형으로 지어진 건물 전면에는 시계가 설치되어, 근대적 시간 개념이 경성부민의 생활 속에 자리 잡았음을 보여준다.

1층 중앙 홀을 중심으로 서쪽에는 1, 2등석 남성 대합실과 부인 대합실, 귀빈실, 역장실이 있었고, 동쪽에는 넓은 3등 대합실이 마련되었다. 돔 아래 중앙 홀 천장은 스테인드글라스로 장식되었으며, 열두 개의 거대한 기둥은 근대 건축물의 위엄과 규모를 보여주기에 충분했다.

2층에는 당시로서는 드물게 서구식 레스토랑이 자리했다. 개업 초기 공식 명칭은 이층식당二層食堂이었으며, 경성역 식당으로도 불렸다. 지하 조리실에서 음식용 덤웨이터로 요리를 올릴 만큼 설비가 현대적이었고, 한 번에 200명 이상을 수용할 수 있는 대규모 공간이었다. 1960년대에 리모델링을 거치며 '서울역 그릴'이라는 이름이 사용되었다.

경성역은 해방 이후에도 '경성역'으로 불리다가 1947년이 되어서야 '서울역'으로 이름이 바뀌었다. 2004년 KTX 고속철도역사가 신축되기 전까지 수많은 시민들의 발이 되어왔으며, 새로운 철도 역사가 완공된 후 서울역은 폐쇄되었다. 2009년부터 2011년까지 2년간 복합문화공간으로 재탄생하기 위한 공사가 진행되었고, 다양한 전시와 문화 행사가 열리는 '문화역서울284'로 거듭났다.

   구용산선

'284'는 옛 서울역의 사적 번호이다.

건물 외관과 구조체, 1층 중앙 홀과 일부 실을 제외한 대부분의 공간은 전시실로 변형되었지만, 경성역 시절의 원형을 엿볼 수 있는 공간도 존재한다. 귀빈실과 이층식당의 높은 천장, 고급 징두리 벽, 화려한 벽난로, 라디에이터가 원형 그대로 남아 있다. 또한 복원 전시실에서는 경성역 내에 있었던 이발소의 당시 모습을 부분적으로 확인할 수 있으며, 원형의 건축 자재도 전시하고 있다. 계단실의 기둥과 유려한 목조 핸드레일에는 이곳을 오간 수많은 승객들의 흔적이 남아 있다.

경성역은 독립운동가와 매국노, 자본가와 노동자, 상경하는 사람과 귀향하는 사람 등 다양한 이들의 시간이 켜켜이 쌓인 공간이었다. 문화역서울284로 이름이 바뀐 지금도 외벽 한편에는 제3·5대 조선총독 사이토 마코토齋藤實, 1858~1936가 1923년 5월 20일에 새긴 정초석이 남아 있고, 역 앞 광장에는 그를 향해 폭탄을 던진 강우규1855~1920의 동상이 서 있다.

근대화를 향한 열망과 제국주의의 그림자, 시민의 일상과 투쟁이 교차한 경성역의 풍경은 오늘날 우리가 이 도시의 역사를 어떻게 바라볼 것인가를 다시 생각하게 한다. 경성역은 과거의 시간과 현재의 삶이 맞닿은 지점이자, 건축과 공간이 역사적 기억을 품는 방식을 보여주는 상징적인 장소로 남아 있다.

1 1900년에 세워진 남대문정거장의 모습으로 소규모 목조 건물이었다. 마차와 보행자가 오가는 장면에서 근대 전환기의 도시 풍경을 볼 수 있다. ⓒ서울역사박물관

2 경성역은 1925년 10월 14일 낙성식을 하고, 15일부터 영업을 개시했다. 10월 13일은 조선신궁에 모실 신체(神體)가 일본에서 출발하여 경성역에 도착한 날이었다. 10월 15일 조선신궁의 진좌식에 맞춰 경성역 영업 개시일을 정한 것이다. ⓒ서울역사박물관

구용산선

<table>
<tr><td>3</td><td>경성역은 1947년 서울역으로 개칭된 후 2004년 4월까지 운영되었다. 원형 복원을 거쳐 2011년 문화역서울284로 개관했다. 붉은 벽돌 외벽과 중앙의 거대한 아치, 돔, 좌우 대칭의 입면과 소첨탑이 어우러져 유럽 건축양식의 특징이 드러난다.</td><td>4</td><td>경성역 중앙 홀은 매표소, 안내소, 매점이 있었던 중심 공간으로, 받침대 높이가 다른 열두 개의 화강석 기둥이 세워졌고 천장에는 스테인드글라스가 설치되었다.</td></tr>
</table>

5 복원 후 전시 공간으로 사용되고 있는
경성역 2층식당 공간. 이후 서울역 그릴로
불렸던 경성역 2층식당은 200명 이상을
수용할 수 있는 서구식 레스토랑이었다.
목재 징두리벽과 대리석 벽난로 등이 남아
있다.

구용산선

6   복원 전시관이 된 2층
     이발소 공간. 경성역의 원형
     건축 자재들이 전시되어
     있다.

7   경성역 정초석. 1923년 5월
     20일이 새겨진 경성역의
     정초석은 조선총독 사이토
     마코토의 글씨이다. 원문이
     훼손되어 정초를 제외한
     다른 글자는 판독이 어려운
     상태이다.

02 　│　조선저축은행

서민 금융의 전당　　　　　　　　　　　　　　(신세계 더 헤리티지)

서울특별시 중구 남대문로 42
서울특별시 유형문화유산 제71호

　남대문에서 명동으로 이어지는 곳에 위치한 한국은행 화폐박물관은 1912년 조선은행 본점으로 지어진 건물이며, 해방 이후에는 한국은행 본점으로 사용되었다. 이 건물 앞 교차로는 일제강점기에 선은전광장이라 불렸는데, '선은전鮮銀前'은 '조선은행 앞'을 뜻하는 말이다. 이 광장을 중심으로 경성우편국, 미츠코시백화점(현 신세계백화점) 등 다양한 건축양식의 대규모 건물들이 하나둘 들어서면서, 경성에 유럽 도시 광장의 풍경이 만들어졌다. 1935년에 조선저축은행이 들어서자, 선은전광장은 금융과 상업이 집약된 근대 자본주의의 상징적 공간으로서의 성격이 더욱 뚜렷해졌다.

　조선저축은행은 1928년 조선총독부가 저축은행령을 제정한 뒤 1929년에 설립된 민간 은행으로, 이전에 조선식산은행이 맡았던 저축 예금 업무를 전담했다. 조선저축은행 건물은 저축은행으로서의 역할을 염두에 두고 설계되었으며, 우리나라 건물 가운데 최초로 해외 건축가까지 참여한 국제 설계 공모로 지어졌다. 설계 공모에는 지하층을 포함한 6층, 연면적 1,800평 규모의 건물로 안전한 금고와 시민이 자유롭게 이용할 수 있는 은행 영업장 홀이 갖춰져야 할 것, 은행 직원 복지를 위한 옥상 식당을 둘 것, 주변 건물과 비교해도 손색없는 경성의 명물이 될 것을 요구하는 내용이 담겨 있다.

1932년 6월 설계 공모가 시행되어 총 269점의 설계안이 출품되었고, 석 달 뒤인 9월 히라바야시 긴고平林金吾, 1894~1981의 설계안이 당선되었다. 그는 1926년 오사카부청사와 나고야시청을 설계한 건축가로 이미 명성을 얻고 있었으며, 조선저축은행 역시 그의 설계로 미츠코시백화점 바로 옆에 들어섰다. 이 건물은 주변 건물과 조화를 이루면서도 장중하고 위용 있는 건축미를 갖추었고, 서민 금융기관으로는 보기 드문 세련되고 현대적 감각을 지닌 국제적 수준의 설계라는 평가를 받았다.

조선저축은행은 지하 1층, 지상 5층 규모의 철골·철근 콘크리트 구조로, 후면이 열린 ㄷ자형 평면을 갖추었다. 전면에는 도리아 주두 화강석 벽기둥 네 개가 서 있으며, 평지붕 아래 코니스에는 작은 원형 부조물이 장식되어 있다. 전면부의 거대한 기둥 열주가 가진 수직성은 히라바야시 긴고 설계의 특징을 잘 보여준다. 1층 중앙 출입구로 들어서면 은행 영업장이 펼쳐지는데, 공간을 확보하기 위해 일부 기둥은 제거되었다. 천장에는 화려한 꽃모양 석고 장식이, 바닥에는 화강암 마감이 적용되어 근대적 은행 공간의 품격을 드러낸다.

해방 이후 이 건물은 제일은행 본점으로 사용되었고, 1987년 본점이 종로구 공평동으로 이전한 뒤에는 제일은행 지점으로 사용되었다. 이후 2015년 신세계백화점이 건물을 매입해 '신세계 더 헤리티지'가 되었다. 내부에 아트리움과 에스컬레이터를 설치하는 등 리모델링이 이루어졌으며, 현재 4층에는 더 헤리티지 뮤지엄이 자리해 신세계백화점과 조선저축은행, 제일은행 건축의 역사를 볼 수 있다.

조선저축은행 건물은 금융 업무만을 위한 시설이 아니라, 근대 민간 금융과 도시 문화가 맞닿았던 공간으로서 의미가 깊다. 변화와 용도 전환 속에서도 원형의 건축미와 기능적 설계가 남아 있어, 이곳을 통해 근대 건축이 시민들의 생활과 경제 활동 속에서 어떻게 자리 잡았는지 되돌아볼 수 있다. 역사적 사건과 일상의 흔적이 함께 쌓인 이 공간은, 오늘날에도 근대성과 현대성을 연결하는 도시 기억의 중요한 지점으로 작용한다.

구용산선

1 조선 최초의 건축설계경기 당선작으로
1953년 완공된 조선저축은행(우).
바로 옆에 1930년에 문을 연
미츠코시백화점(좌)이 있다.
ⓒ서울역사박물관

2 지하 1층, 지상 5층 규모로 준공된
조선저축은행은 정면에 자이언트 오더라
불리는 네 개의 거대한 기둥으로 웅대한
외관을 강조한다.

구용산선

3 장식을 단순화하고 과감한
외관을 갖춘 조선저축은행.
복원 후 개관하면서 정면의
출입구는 폐쇄하고 건물
후면에 주출입구를 두었다.

4 조선저축은행은 1935년
당시의 모습으로 복원되어
신세계 더 헤리티지로
개관했다. 4층 역사관에서는
백화점 관련 역사 자료를
전시한다.

5 엘리베이터 층수를 알리는
반원형 알림판과 벽면 타일.
당시의 원형을 토대로
복원했다.

6 건물 한편에 남아 있는
정초석. 내용이 보이지
않도록 돌판을 덮어 가렸다.

03

미츠코시백화점 경성점

근대 도시의 상품 진열장 신세계백화점 본점

서울특별시 중구 소공로 63

일제강점기의 명동은 대표적인 근대 건축물들이 밀집한 지역으로, 서울역에서 남대문을 지나 서울 중심 거리로 이어지는 주요 노선에 위치해 있었다. 해방 이후에도 명동은 사람들이 모이는 중심 상권으로 자리 잡았다.

신세계백화점의 첫 이름은 미츠코시三越백화점 경성점으로, 일본 최초의 백화점인 미츠코시백화점이 한반도에 지점을 낸 사례였다. 1930년에 개점한 미츠코시백화점 경성점은 해방 이후 잠시 미군 피엑스(PX)로 잠시 사용되다가 동화백화점으로 이름을 바꾸었다. 동화백화점은 경영난으로 1962년 동방생명에 매각되었고, 1963년 동방생명을 삼성이 인수하면서 지금의 신세계백화점이 되었다. 2015년에는 신세계백화점이 바로 옆에 위치한 제일은행 건물(현 신세계 더 헤리티지)까지 매입하면서 남대문시장 끝단은 신세계백화점의 거대한 영역으로 확장되었다.

세계 최초의 백화점은 1852년 프랑스 파리에 문을 연 르 봉 마르세 백화점으로, 이후 전 세계에 백화점 문화가 퍼져나갔다. 일본에는 1904년 기모노와 비단 원단을 판매하던 전통 의류 상점인 미츠코시오복점三越吳服店이 등장했고, 1930년대에는 경성에도 백화점이 세워지기 시작했다. 당시 인구 30여만 명이 생활하던 경성은 청계천을 기준으로 남촌과 북촌으로 생활권이 구분되었는데, 백화점 상권 역시 이와 맞물렸다. 일본인이 주로 거주하던 남촌, 즉 지금의 명동, 충무로, 남대문 지역에는 미츠코시, 조지아, 미나타이, 히라타백화점 같은 일본인들이 주로 이용하는 백화점이 들어섰다. 반면 한국인의 상권은 북촌인 종로 지역에 집중되어 있었고, 1931년 한국인 박흥식이 종로에 화신백화점을 설립했다.

미츠코시백화점 경성점은 1906년 경성에 임시 출장소 형태로 소규모 잡화상을 열면서 시작되었다. 1916년에 미츠코시오복점 경성점으로 확장했고, 1929년 미츠코시백화점이라는 이름으로 경성 최고의 번화가에 건물을 세우며 명동 백화점 시대를 열었다. 일본 미츠코시 건축사무소의 하야시 고헤이林幸平가 설계한 미츠코시백화점 경성점은 지하 1층, 지상 4층 규모로, 화려한 샹들리에와 엘리베이터, 옥상 정원을 갖춘 근대식 백화점이었다. 이후 한 개 층을 수직 증축해 지상 5층으로 확장했다.

미츠코시백화점은 물건을 사려는 사람들과 구경꾼들로 늘 붐볐으며, 바로 옆 남대문시장에서 물건값을 흥정하던 사람들은 정찰제로 판매되는 근대식 시스템과 백화점 문화를 경험하게 되었다. 일본 패망 이후 미츠코시백화점은 '적의 재산'이라는 의미의 '적산'이 되었고, 한국전쟁이 발발하자 미군 피엑스로 이용되었다.

천재 작가 이상은 1936년에 펴낸 소설 《날개》에서 미츠코시백화점 옥상 정원에서 바라본 혼마치(충무로)의 풍경을 묘사하며 소외된 청년들의 시선을 드러냈다.

"나는 어디로 어디로 들입다 쏘다녔는지 하나도 모른다. 다만 몇 시간 후에 내가 미츠코시 옥상에 있는 것을 깨달았을 때는 거의 대낮이었다. 나는 거기 아무 데나 주저앉아서 내 자라온 스물여섯 해를 회고하여 보았다. 몽롱한 기억 속에서는 이렇다는 아무 제목도 불그러져 나오지 않았다."

경성의 미츠코시백화점은 화려한 도시 풍경 속에 자리한 근대의 표상이었으며, 그 건물과 공간에 남은 흔적을 따라가다보면 도시가 형성한 삶의 방식과 그 안에서 살아간 사람들의 시간을 함께 읽게 된다.

구용산선

1 조선은행 건너편에 위치한
미츠코시백화점의 외관을 담은 사진 엽서.
옥상에 미츠코시의 사기(社旗)가 걸려
있고, 출입구에는 일장기가 게양되어 있다.
ⓒ서울역사박물관

2 미츠코시백화점 경성점은 철근 콘크리트
구조로 지어진 근대 상업 건축으로, 좌우
대칭의 입면과 중앙부가 강조된 파사드,
수평으로 배열된 창호 구성이 특징이다.
증축을 거쳐 지상 5층 규모로 확장되었다.

Mitsukoshi Department Store, Keijo.
三越百貨店 (京城名所)

SHINSEGAE
DUTY FREE
SHINSEGAE

<table>
<tr><td>3</td><td>전면부 전체를 덮은 대형 전광판으로 인해, 건물의 원형 파사드와 입면 구성을 확인하기 어려운 상태다(2026년).</td><td>4</td><td>옥상 카페가 있었던 미츠코시백화점은 많은 문학작품에 등장하는 유명 장소로 한 시대를 풍미했다.</td></tr>
</table>

구용산선

5   주출입구 상부. 곡면 입면과 코니스 아래
     반복된 부조 장식이 정교하게 구성되어
     있다.

6   실내 계단과 내부 바닥은 인조석 마감으로
     건물 모서리의 주출입구 현관을 지나 중앙
     계단실로 동선이 이어진다.

5

6

04

벨기에영사관

미술관이 된 영사관　　　　　　　　　　　(서울시립 남서울미술관)

서울특별시 회현동 2가(구)
서울특별시 관악구 남부순환로 2076(현)
국가사적 제254호

벨기에는 한자로 비리시比利時라 표기되었고, 백이의白耳義라는 음역도 함께 쓰였다. 1901년 체결된 조선과 벨기에 간의 통상조약은 이러한 표기 차이에 따라 '한비수호통상조약' 혹은 '한백수호통상조약'으로 불린다. 이 조약 체결 이후, 벨기에영사관은 정동에 공관을 두었는데, 이는 당시 대부분의 외국 영사관과 공사관이 덕수궁을 중심으로 한 정동에 자리했던 것과 같은 맥락이다. 벨기에 총영사였던 레옹 뱅카르Léon Vincart는 영사관의 새로운 부지를 물색하던 중, 1902년 회현동의 부지를 매입했다. 1903년부터 시작된 영사관 신축 공사는 러일전쟁 발발로 지연되다가 1905년에 완공되었다. 일본 가옥이 즐비했던 남촌 지역(회현동 일대)에 직육면체 형태의 붉은 벽돌 건물이 세워졌다. 그러나 같은 해 을사늑약 체결로 대한제국의 외교권이 박탈되면서 벨기에와의 국교도 단절되었다. 벨기에영사관은 업무가 축소되어 자국민 보호를 위한 영사 업무만 이어가다가, 영사관 건물을 일본 요코하마생명보험회사橫濱

生命保險會社에 매각하고 1919년 충무로로 이전했다.

이후 옛 벨기에영사관 건물은 여러 차례 소유주가 바뀌었다. 해방 전까지는 일본 해군성 관저로 사용되었고, 해방 후에는 해군 해병대 소유였다가, 1970년까지 우리은행의 전신인 한국상업은행에 매각되었다. 1977년 이 건물은 사적 제254호로 지정되었고, 1983년 상업은행이 새 사옥 건립을 추진하면서 회현동에 있던 영사관 건물을 관악구 남현동으로 이축했다. 관악구로 옮겨진 옛 벨기에영사관 건물은 한동안 은행 문서 보관소로 사용되다가, 이후 서울시에 무상 임대 형식으로 제공되어 현재는 서울시립 남서울미술관으로 활용되고 있다.

벨기에영사관 공사 총감독은 벨기에 총영사였던 뱅카르가 맡았고, 설계는 일본인 고타마小玉가, 시공은 호쿠리쿠토목회사北陸土木會社가 담당한 것으로 알려졌다. 건물은 지하 1층, 지상 2층 규모에 연면적 약 454평이며, 벽돌과 돌로 벽면을 마감한 것이 특징이다. 건물은 대칭형으로 설계되었고, 장방형 평면의 중앙 복도를 중심으로 좌우와 상하로 공간이 계획되었다. 복도 끝에는 계단이 위치하고, 건물 측면에는 발코니가 설치되었으며, 입면 역시 중앙 현관을 중심으로 좌우 대칭을 이루고 있다. 박공지붕을 가진 주출입구 포치는 돌출되어 있으며, 출입구를 둘러싼 정교하게 양각된 식물 문양은 아르데코양식의 특징을 잘 보여준다. 화강석으로 된 기단과 1층 엔타블레이처, 2층 기단부 역시 화강석으로 처리되어 밝은 회색의 수평띠를 이루고 있다. 중앙 출입구 포치 1층에 도리아양식 주두, 2층에 이오니아양식 주두를 두어 층별 차이를 두었으며,

창 주변 역시 화강석으로 마감하여 아르누보양식의 세부 장식과 문양을 확인할 수 있다. 창의 상인방과 중간 부분 모두 벽돌과 화강석을 사용하여 구조적 기능과 장식적 요소를 동시에 구현했다.

실내에는 이오니아양식의 주두 벽기둥을 활용하고, 장식적인 변형을 더해 독특한 아름다움을 연출했다. 특히 원형으로 설계된 목재 계단과 동자 기둥은 눈여겨볼만한 디테일이다. 1982년 해체되어 한강을 건너 관악구 남현동으로 이축되었으나, 철근 콘크리트 사용과 내부 벽 철거로 인해 실내는 원형과 상당한 차이가 생겼다. 그럼에도 불구하고, 사적 제254호로 지정된 벨기에영사관은 서울시립 남서울미술관으로 재탄생하여 경성의 시간을 간직한 채 새로운 역사를 만들어가고 있다.

 구용산선

1 일제강점기 남촌(회현동 일대)에 있었던 벨기에영사관의 모습.

2 화강석 기단 위에 붉은 벽돌로 쌓은 서양식 건물로, 좌우 대칭 구조이며 중앙 현관이 강조되어 있다. 전면에는 기둥이 받치는 개방형 베란다가 층별로 이어진다. 현재는 서울시립 남서울미술관으로 활용되고 있다.

3 화강석 기둥이 받치는 포치 현관과
붉은 벽돌 벽체의 대비가 돋보이는
벨기에영사관의 입면. 기둥과
창호에 고전주의 장식 요소가
적용되어 구조와 장식을 함께
드러낸다.

4 벨기에영사관 내부. 부조 장식
기둥이 공간에 풍성함을 더한다.

5 벨기에영사관 건물에 사용되었던
이오니아양식의 대리석 주두 원형.

조선은행

선은전광장의 중심   한국은행 화폐박물관

서울특별시 중구 남대문로 39
국가사적 제28호

일제강점기에 촬영된 선은전광장 사진들에는 우마차, 전차, 자동차, 자전거가 조선은행 앞을 오가는 모습이 담겨 있다. 양복과 양장을 입고 모자를 쓴 사람들, 한복에 갓을 쓴 사람들, 기모노 차림의 일본인까지 다양한 복장이 한 시대, 한 공간에서 교차하는 장면이기도 하다. 그 중심에 조선은행이 자리하고 있었다.

조선은행의 역사는 대한제국 말기와 일제강점기의 격동 속에서 시작된다. 1907년 11월, 이 건물은 일본 제일은행의 조선 지점으로 사용할 목적으로 공사가 시작되었다. 그러나 1909년 통감부 주도로 중앙은행 성격의 '한국은행'으로 전환되면서, 건물의 용도와 위상이 다시 바뀌었다. 이어 1910년 대한제국이 일본에 강제병합되자, 한국은행은 1911년 '조선은행'으로 개편되었다. 건물이 완공되기도 전에, 시대의 변화에 따라 이름과 성격이 세 차례나 달라진 셈이다.

1912년 1월 조선은행 본점으로 준공되어 사용되기 시작했고, 해방 이후에는 한국은행 본점으로 이어졌다. 한국전쟁 당시 건물의 지붕과 내부 일부가 파괴되었으나, 1956년 미국의 원조로 임시 복구가 이루어졌다. 1987년 복원 계획 수립과 함께 확인된 조선은행 설계도를 토대로 1989년까지 복원 공사가 진행되었다. 현재는 한국은행 화폐박물관으로 개관해 누구나 자유롭게 관람할 수 있다.

조선은행의 설계는 일본의 대표 건축가 다츠노 긴고辰野金吾, 1854~1919의 건축사무소에서 맡았다. 다츠노 긴고는 도쿄역과 일본은행 본점을 설계한 인물로, 그의 제자 나카무라 요시헤이中村與資平, 1880~1963가 조선은행의 설계와 현장 감독을 전담했다. 나카무라 요시헤이는 공사 감독을 위해 경성에 머물렀고, 완공 후에도 일본으로 돌아가지 않고 경성에 건축사무소를 열었다. 당시 조선에는 민간 건축사가 거의 없었기 때문에 그는 경성에 머물며 중앙고등보통학교 본관(1917), 서관(1921), 동관(1923)과 여러 은행 건물을 설계하며 활발한 활동을 펼쳤다. 일본으로 귀국한 뒤에는 오늘날 덕수궁미술관으로 알려진 덕수궁 이왕가미술관(1938)을 설계했다.

조선은행 건물은 르네상스양식으로 설계되었으며, 철근 콘크리트 구조에 외벽은 화강암으로 마감되었다. 화강석 장식은 견고하면서도 유려한 미감을 보여준다. 입면은 중앙 현관을 중심으로 좌우 대칭을 이루며, 건물 양 끝에는 박공지붕 형태의 날개동과 돔지붕을 얹은 원통형 계단실이 배치되어 있다. 중앙 현관 포치는 배흘림기둥 두 개와 벽기둥 두 개로 구성되어, 자동차가 현관 바로 앞까지 접근할 수 있도록 설계되었다. 경사로의 화강석 장식과 도로 경계석은 20세기 초 관공서 건축에서 자주 볼 수 있는 특징

                    구용산선

이다.

건물은 정(井)자형 평면으로 설계되었고, 대형 금고를 둔 지하 1층과 지상 2층으로 지어졌다. 조선 최초로 엘리베이터가 설치된 건물이기도 하다. 중앙의 영업홀에 들어서면 1층과 2층이 트여 있으며, 2층 복도는 기둥으로 둘러싸여 있다. 화폐박물관으로 용도가 바뀌면서 내부 일부가 개조되었지만, 기본 구조는 원형을 유지하고 있다.

건물 정문 오른쪽 외벽에는 이토 히로부미가 쓴 정초석이 남아 있다. 원래는 정초일과 이토 히로부미의 이름이 함께 새겨져 있었으나, 해방 이후 누군가에 의해 그 부분이 훼손되고 "융희 3년 7월 11일"이라는 문구가 새로 새겨졌다. 융희는 대한제국 순종의 연호로 융희 3년은 1909년에 해당한다.

정초석을 둘러싼 논쟁은 지금도 계속되고 있다. 어떤 이들은 일제강점기의 잔재라는 이유로 철거를 주장하고, 또 다른 이들은 역사적 맥락을 드러내는 증거로서 보존해야 한다고 주장한다. 현재는 안내판을 설치해 정초석의 의미와 맥락을 설명하고 있다. 정초석은 단순한 돌이 아니라, 식민지 시대의 상처와 기억을 증언하는 물적 증거다. 지운다고 해서 역사가 사라지는 것은 아니다. 오히려 그것을 남겨두는 일은, 그 시대의 아픈 역사를 잊지 않겠다는 오늘의 의지를 보여주는 행위이기도 하다.

1 1930년대 조선은행(좌) 앞 광장의 풍경을 담은 사진 엽서. 광장 앞으로 전차가 지나가고 있다. ⓒ서울역사박물관

2 옛 조선은행이자 현 한국은행 화폐박물관의 전경. 주변이 고층 건물로 재편되면서 도시 경관이 크게 달라졌다.

3 오늘날 화폐박물관으로 쓰이고 있는
조선은행 2층. 1층과 2층이 뚫려 있는
중앙 홀을 중심으로 2층의 아치 회랑이
에워싸고 있다. 이곳 회랑을 통해서 각
실로 이동이 가능하다.

4 1층 중앙 홀. 기둥들이 둘러선 넓고 높은
공간에 둥근 아치와 회랑이 이어지고, 석고
장식 천장과 대형 샹들리에가 어우러져
웅장한 분위기를 만든다.

5 화폐박물관에 남아 있는 원형의 계단실. 곡선을 그리며 상승하는 계단과 주철로 된 난간은 기능과 장식을 결합한 근대 건축의 디테일을 보여준다.

6 조선은행 정초석. 이토 히로부미의 이름과 정초 날짜가 지워지고, '융희 3년 7월 11일'이 덧새겨져 있다. 융희는 대한제국 순종의 연호로 융희 3년은 1909년이다.

남대문로
2층 한옥 상가

붉은 벽돌집의 점포 　　　　　　　　　　　　　　　(카페)

서울특별시 중구 남대문로 11
국가등록문화유산 제662호

남대문에서 한국은행 화폐박물관 사거리를 지나 을지로 입구까지 활처럼 이어지는 남대문로는 남서쪽의 남대문시장과 북동쪽 소공동 일대를 뚜렷하게 가른다. 남대문로 2층 한옥 상가는 소공동 쪽에 자리하며, 그 뒤편 골목에는 화교 상가와 중국 음식점이 밀집해 있다. 도로변의 세련된 고층 빌딩과 대비되는 이 골목 풍경은 서울의 또 다른 표정을 보여준다. 이 일대는 개항 이후 중국계 상인들이 활동하던 공간적 맥락 위에서 형성된 곳으로, 한국은행 화폐박물관 사거리를 지나면 화교들이 운영하는 식당들과 중국대사관이 이어진다. 남대문로 맞은편의 남대문시장이 오랜 세월 한국인 상권의 중심지로 자리 잡은 것과 달리, 일본인들의 상권은 남산과 명동, 충무로 방면으로 확장해 나갔다.

남대문로 가로변에 위치한 남대문 한옥 상가는 붉은 벽돌로 지어진 2층 건물이다. 원래는 상가로 쓰였을 것으로 추정되는 벽돌집 세 채가 나란히 서 있었고, 각 건물의 벽돌 벽은 서로 맞닿아 방화벽 역할을 겸했다. 이 일대에 호텔이 들어서면서 가운데 두 채가 철거되었고, 현재 남은 한 채만 리노베이션을 거쳐 카페로 사용되고 있다. 철거된 중앙 건물은 축소 모형으로 재현되어, 한옥 상가 옆 작은 터에서 안내판 역할을 하고 있다.

남대문로 2층 한옥 상가는 1910년경 건립된 것으로 추정된다. 벽돌로 벽체를 쌓고 지붕을 지탱하기 위해 삼각형 형태의 목재 트러스 구조 위에 맞배지붕을 얹었으며, 한식 기와로 마감했다. 건물은 남향으로 배치되었고, 동쪽 벽체가 약 6미터, 서쪽 벽체가 약 7미터로 사다리꼴을 이룬다. 1층에는 아치형 문과 창이, 2층에는 화강석 창대석을 둔 장방형 창이 설치되었다. 복원된 건물 정면에는 아치형 출입문 세 개와 2층 창 세 개가 나란히 배치되어 있으며, 과거의 목재 오르내리창은 사라졌다. 한때 일반 유리문으로 교체되었다가 아치형 문으로 복원되었다.

일제강점기 당시에는 1층을 상가로, 2층을 주거 공간으로 사용했을 것으로 추정된다. 1층 바닥에서는 상가로 쓰이던 시기의 타일 흔적이, 2층에서는 목조 마루의 흔적이 발견되었다. '남대문로 2층 한옥 상가'라는 이름은 조선 후기의 전통 한옥 상가가 근대의 벽돌조 2층 건물로 변화한 과정을 상징적으로 보여준다. 그러나 이 건축은 전통 한옥이 서양식으로 발전한 형태라기보다, 유럽과 중국의 벽돌 건축양식이 청나라를 거쳐 한반도에 이식된 결과로 보는 편이 타당하다. 건물에서 '한옥'이라 부를 수 있는 요소는 기와뿐이며, 그 외의 구조적·형식적 특징은 전통 한옥과 거리가 있다.

　　　　　　　　　　　　　　　　　　구용산선

일제강점기와 한국전쟁 이후의 재건 과정에서 지붕 재료가 바뀌었을 가능성이 높다. 전쟁 직후 서울의 사진을 보면 지붕이 사라지고 벽돌 벽체만 남은 건물들이 흔한데, 목조 트러스 구조의 지붕은 폭격과 화재에 특히 취약하기 때문이다. 따라서 현재의 지붕 형태만으로 건물의 성격을 규정하기는 어렵다. 로마네스크양식으로 지어진 대한성공회 서울주교좌성당에 기와가 얹혀 있다고 해서 이를 한국 전통 건축으로 보지 않는 것처럼, 남대문로 2층 한옥 상가 역시 한옥이라기보다 벽돌 구조를 기반으로 한 근대적 2층 상가로 이해하는 편이 더 적절하다.

현재 이 건물은 흥국생명보험 소유이며, 복원하여 시민들에게 개방하고 있다. 덕분에 우리는 붉은 벽돌 건물 속 카페에서 차를 마시며, 근대기 남대문 일대의 상가 풍경과 변화된 도시의 풍경을 동시에 떠올리게 된다. 남대문로 2층 한옥 상가는 서로 다른 문화와 양식이 교차하던 도시의 기억을 오늘날까지 전하고 있다.

1	1910년대 건물로 추정되는 한양절충식 벽돌 건물로, 남대문로에 연이어 있던 세 채의 벽돌집 가운데 잔존하고 있는 한 채이다. 영국식 벽돌쌓기로 전형적인 아치 창호를 가진 유럽의 벽돌 건축물 입면을 가지고 있다.

2	남대문로 2층 한옥 상가의 복원 전 모습. 1층의 아치창과 문, 2층의 창호는 벽돌로 막혀있거나 변형되어 있다. ⓒ국가유산청

구용산선

3   2층 카페의 목조 트러스 천장. 전통적 지붕틀에서 탈피한 모습이다. 실내를 복원하여 카페로 운영하고 있다.

4   1층 동측 출입구. 한옥이라기보다는 근대기 유럽의 건축양식이 경성에 직접 유입되었거나 청나라인들에 의해 벽돌 건축이 전해졌을 가능성이 높다.

5 남대문로 2층 한옥 상가 1층 내부. 벽돌로
마감된 벽체와 아치형 개구부가 조화를
이룬다.

남산에 세워진 식민 통치의 상징 (철거)

서울특별시 중구 회현동 1가

일제강점기 당시 일본은 목멱산이라 불리던 남산에 조선신궁을 세웠다. 이곳에는 원래 조선의 신들을 모시며 나라의 평안을 기원하던 국사당이 자리하고 있었다. 그러나 일본은 남산 기슭에 신궁을 조성하면서, 그보다 높은 곳에 국사당이 위치한 것을 문제 삼았다. 결국 국사당은 일제의 압력으로 남산을 떠나 인왕산 자락으로 이전되었다.

조선신궁은 일본 황실의 조상신인 아마테라스 오미가미와 메이지 천황을 모신 최상위급 신사였다. 일본 고유의 종교인 신토神道는 창시자나 경전이 없고, 자연의 모든 것에 신이 깃들어 있다고 믿는다. 신사는 신을 모시는 사당이며, 신궁은 국가나 황실이 직접 제사를 주관하는 가장 높은 급의 신사다. 국가가 관리하는 신사를 관사官社라 하며, 이는 국가가 직접 관리하는 관폐사官幣社와 지방관이 제사를 담당하는 국폐사國幣社로 구분된다. 조선신궁의 정식 명칭은 관폐대사 조선신궁官幣大社 朝鮮神宮으로, 조선의 신사 가운데 가장 격이 높았다.

조선신궁의 설계는 일본 신사 건축의 대가로 알려진 이토 추타伊東忠太, 1867~1954가 맡았다. 그는 일본 메이지신궁의 설계에도 참여한 인물이다. 조선신궁은 1920년 5월 27일 지신제地鎭祭를 시작으로 공사가 진행되어 약 6년 만인 1925년에 완공되었다. 조선신궁의 완공에 맞추어 1925년 9월 30일 경성역이 완공되었고, 일본에서 운반된 신체神體는 부산항을 거쳐 10월 13일 경성역에 도착했다. 같은 해 10월 15일 조선신궁에 신령을 모시는 진좌제鎭座祭가 거행되었다.

조선신궁은 경성역을 내려다보는 남산 능선에 자리 잡았고, 상·중·하 세 단의 광장으로 구분되었다. 하광장에서 중광장으로 오르는 돌계단은 길이가 230미터에 이르고, 양쪽에는 등롱燈籠이 길을 밝혔다. 입구에는 기둥 지름 1.1미터, 높이 약 8미터에 달하는 거대한 도리이鳥居가 세워져 신궁의 위엄을 드러냈다. 도리이는 일본 신사 건축의 상징적인 구조물로, 속세와 신성한 영역을 구분하는 경계이자 신의 세계로 들어가는 문을 의미한다. 조선신궁의 도리이는 이 상징을 극대화하기 위해 거대한 규모로 세워졌고, 남산 아래 어디에서나 그 형태가 보이도록 설계되었다. 도리이를 지나 상광장에 오르면 참배소, 신고, 배전, 정전이 일렬로 배치되어 있었으며, 가장 높은 곳에 신체神體를 모신 정전이 자리했다.

1945년 8월 15일 일본이 패망한 다음 날(8월 16일), 조선신궁에서는 승신식昇神式이 열렸다. 승신식은 신사의 혼령을 본래 자리로 돌려보내는 의식이다. 조선신궁의 신체와 메이지 천황의 신검神劍은

항공편으로 일본으로 옮겨졌으며, 제문과 제구는 소각되고 신궁 건물은 해체되었다. 이는 조선인들이 신사를 훼손하거나 점거하는 일을 미연에 방지하기 위한 조치였다. 조선신궁을 비롯해 전국 각지의 신사들도 이 시기에 일제가 스스로 철거하거나 불태웠다.

해방 이후에도 조선신궁의 흔적은 남았다. 옮길 수 없는 화강석 도리이나 석단, 계단과 난간석 일부는 그대로 남아 방치되거나 다른 용도로 사용되었다. 1955년에는 조선신궁 터에 이승만 동상이 세워졌고, 1958년에는 국회의사당 공사가 시작되었으나 4·19혁명으로 중단되었고 동상도 철거되었다. 이후 1968년 남산식물원이 들어섰고, 주변에는 백범광장과 안중근기념관이 조성되었다. 한양도성 유적전시관 옆에는 배전拜殿의 기초가 남아 있는데, 배전은 일반 신도들이 참배하던 공간이었다. 이러한 흔적은 일제가 남산을 식민 통치의 상징으로 만들었던 과거를 보여주는 역사적 증거이다.

구용산선

1 하늘에서 내려다본 조선신궁. 맨 아래의 대도리이를 시작으로 표참도의 돌계단을 따라 올라가면 제1, 2, 3 도리이와 중간 광장, 배전, 본전 공간에 이르게 된다. ⓒ서울역사박물관

2 남산에서 내려다 본 조선신궁의 전경. 멀리 경성역이 보인다. ⓒ서울역사박물관

3 조선신궁의 입구를 알리는 도리이와 표참도. 표참도 앞에는 안내비인 시호표가 서 있고 관폐대사조선신궁(官弊大社朝鮮神宮)이라 새겨져 있다. 1925년 10월 조선신궁 진좌제 때 사이토 마코토가 쓴 글씨이다. ⓒ위키미디어커먼스

4 배전터에서 조선신궁 정전 터 쪽을 바라본
모습. 배전터 바닥에 배전 기둥의 흔적이
남아 있다. 일반인들은 배전까지만 접근할
수 있었다.

광통관

광통교에 세워진 최초의 민족 자본 은행　　(우리은행 종로금융센터)

서울특별시 중구 남대문로 118
서울특별시 기념물 제19호

동서로 흐르는 청계천을 가로지르는 광교를 지나 남대문로로 이어지는 길에는 은행 빌딩들이 늘어서 있다. 그 사이로 낮고 우아한 붉은 벽돌 건물 하나가 눈에 띄는데, 바로 광통관廣通館이다. 인근 청계천의 광통교에서 이름을 따온 이 건물은 현재 우리은행 종로금융센터로 사용되고 있다.

중앙 현관을 열고 들어서면 현금입출금기가 놓인 벽 맞은편에 고종의 흉상이 서 있고, 남대문로 1가의 은행 건물과 전차가 달리던 경성의 풍경 사진이 전시되어 있다. 은행 공간에 고종의 흉상과 이화문(대한제국 황실의 문양)이 있는 이유는 이 건물이 대한천일은행과 관련되어 있기 때문이다. 대한천일은행은 1899년 고종의 내탕금 지원으로 설립된 조선 최초의 민족 자본 은행으로, 정부 관료와 실업가들이 함께 세웠다. 대한천일은행은 국가 재정과 조세, 무역 거래를 담당하며 근대 금융의 출발점을 열었다.

광통관 건물은 1909년에 준공되었다. 1층은 대한천일은행과 어

음조합이 사용했고, 2층은 회의실과 휴식 공간, 대기실로 활용되었다. 1911년 대한천일은행이 조선상업은행으로 이름을 바꾸면서, 중앙 현관 위 석재 현판에는 "주식회사조선상업은행종로지점 株式會社朝鮮商業銀行鍾路支店"이 새겨졌다. 1914년 화재 복구 과정에서 증개축이 이루어졌고, 이후 조선우선주식회사가 사용했다가 1924년 조선상업은행 종로지점으로 바뀌었다. 해방 이후에도 상업은행이 사용했고, 1954년에는 여성 전용 출입구와 숙녀 금고를 설치해 여성의 경제활동 참여를 지원했다.

광통관은 탁지부건축소가 설계와 시공을 맡았다. 전체 평면은 L자형으로, 도로에 면한 부분은 은행 업무 공간, 중앙에는 넓은 영업장이 자리한다. 좌우 끝에는 계단실과 작은 실을 두고, 뒤편에는 화장실과 부속실을 배치해 기능적으로 공간을 구분했다.

건물 정면은 이오니아식 주두를 가진 기둥과 삼각형 페디먼트로 구성되어 좌우 대칭을 이루며, 화재 이후 1층 중앙 출입구 위에는 반원형 돔이 얹혔다. 좌우 양 끝에는 사각형 돔 지붕이 덧붙여져 입면의 균형을 잡는다. 1층에서 2층으로 이어지는 네 개의 자이언트 오더인 사각 기둥은 수직성을 강조하고, 하단과 상부에는 정교한 부조 장식이 새겨져 있다. 중앙과 양측 출입구에는 도리아식 주두의 배흘림기둥 한 쌍씩이 배치되어 건물에 위용을 더한다.

붉은 벽돌과 화강석으로 장식된 외벽은 견고하면서도 단정하다. 기단과 기둥, 창틀과 처마 위 난간, 지붕 아래 코니스는 섬세하게 다듬어진 화강석으로 마감되었다. 절제된 장식미가 돋보이는 근대 은행 건축의 전형이다.

100여 년의 시간 동안 광통관은 수많은 건물이 들어서고 사라지는 가운데서도 제자리를 지켜왔다. 지금까지 남아 있는 은행 건축물 가운데 가장 오래된 건물이기도 하다. 남대문로를 지날 때마다, 붉은 벽돌의 파사드는 은행 건축의 위엄을 또렷이 일깨운다. 자본의 속도와 욕망이 아무리 높고 빠르게 쌓여도, 이 건물만은 지금의 모습 그대로 다음 세대에게 전해지기를 바란다.

구용산선

1 경성의 월가로 불리던 남대문로에
   들어선 광통관. 벽돌과 석재를 함께
   사용하고 정면의 장식과 돔형 지붕, 탑
   모양 장식이 어우러진 외관이 특징이다.
   ⓒ국립민속박물관

2 1914년 화재로 건물의 절반이 소실된 뒤
   복구되면서 지붕과 기둥, 창호 장식은 크게
   달라졌지만, 전체적인 형태는 지금까지
   유지되고 있다.

3 광통관에 전시되어 있는 고종황제
   흉상. 1899년 고종황제가 설립한
   대한천일은행은 우리나라 최초의 민족
   자본 은행이다.

4 광통관 내부에 만든 작은 전시관. 바닥에
   대한제국을 상징하는 이화문양이
   장식되어 있다.

5 　광통관은 처음 지어질 때 기능인
　은행 건물로 지금까지 사용되고 있는
　드문 사례이다. 현관의 배흘림기둥
　위 화강석 현판에는 '주식회사
　조선상업은행종로지점'이 새겨져 있다.

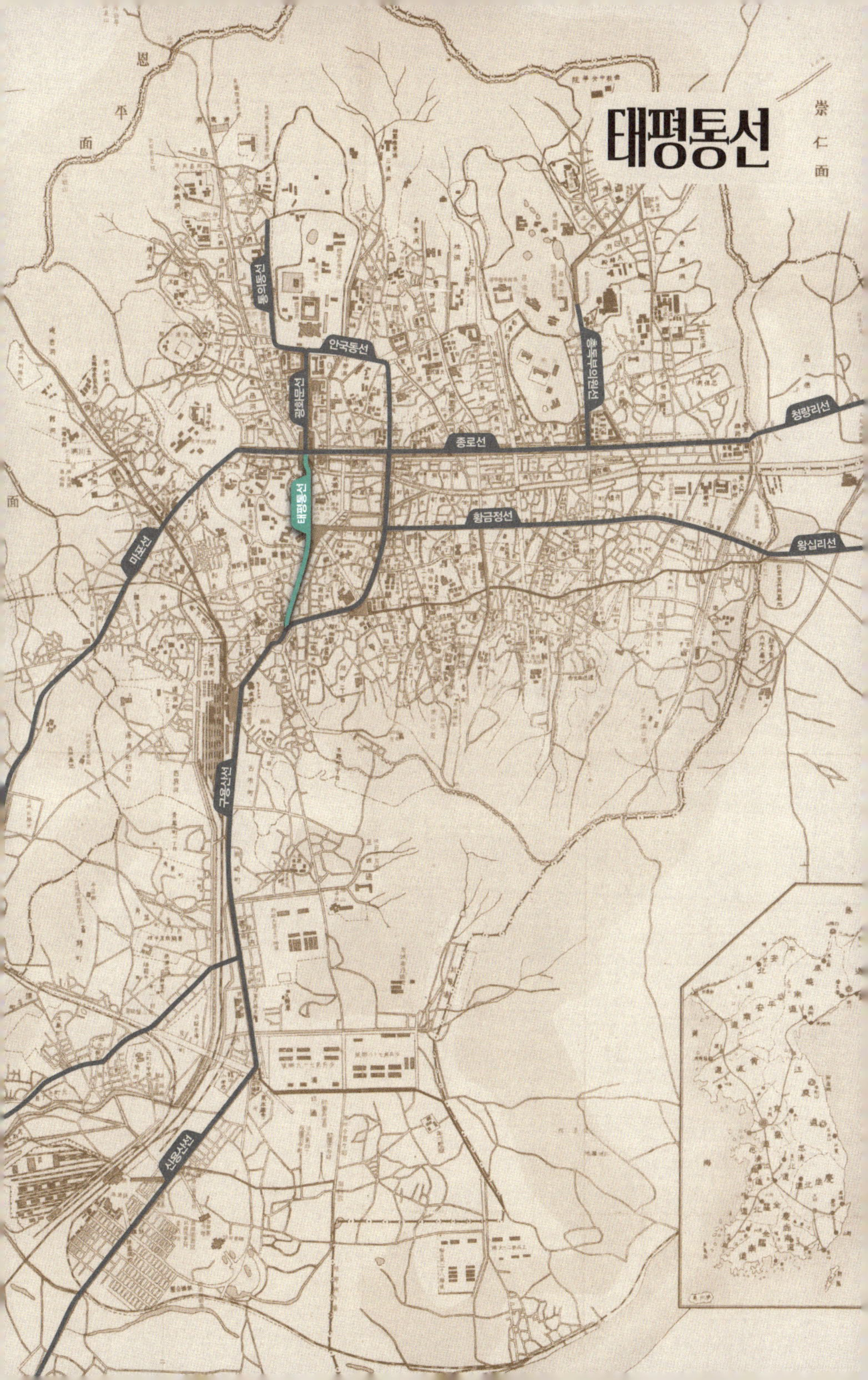
태평통선
崇仁面
동하동선
안국동선
종로선
청량리선
황금정선
왕십리선
태평통
마포선
구용산선
신용산선

대한제국의 황궁

대한제국역사관

서울특별시 중구 세종대로 99
국가사적 제167호

덕수궁에는 궁궐의 중심이 되는 정전正殿이 두 곳 있다. 하나는 한국 전통 목구조에 기와를 얹은 중화전이고, 다른 하나는 유럽 신고전주의양식으로 지어진 석조전이다. 석조전의 '석石'은 돌, '조造'는 짓다, '전殿'은 궁궐을 뜻해 '돌로 지은 궁궐'이라는 의미를 담고 있다.

1897년 대한제국을 선포한 고종은 새로운 제국의 위상에 걸맞은 황궁 건축의 필요성을 절감했고, 이에 대한제국의 총세무사로 재정을 총괄했던 영국인 존 멕레비 브라운John McLeavy Brown, 1835~1926이 서양식 황궁 건축을 제안했다. 브라운의 건의를 받아들인 고종은 근대 기술과 서양 건축양식을 전통 궁궐 안에 적극 도입하기로 결정하면서 석조전의 건축이 시작되었다.

석조전의 건축가 존 레지널드 하딩John Reginald Harding, 1858~1921은 영국 몬머스에서 태어나 말보로대학교에서 공학을 전공한 뒤 1880년부터 중국 해관海關에서 엔지니어로 근무하며 항만, 등대 건축 등 다양한 공공 프로젝트를 수행했다. 1898년 상하이 해관 수석 엔지니어로 임명된 그는 대만 포모사 남단의 등대 설계를 포함해 남중국해 일대 여러 해안 시설 구축에 관여했고, 1903년에는 대한제국 해관에서도 활동하며 호미곶 등대 설계에 이름을 올렸다. 석조전 설계를 계기로 하딩은 영국 신고전주의 건축양식을 대한제국의 황궁에 직접 이식했다.

석조전은 철골 콘크리트 구조 위에 벽돌을 쌓고, 외벽을 화강석으로 마감한 근대 건축물이다. 정면에는 거대한 이오니아식 주두의 화강석 열주가 세워져 있으며, 동·서·남쪽의 출입구 위에는 삼각형 박공인 페디먼트가 장식되어 있다. 페디먼트 내부에는 대한제국 황실을 상징하는 오얏꽃 문양이 양각으로 새겨져 있고, 내부의 샹들리에와 전등 장식에도 같은 문양이 새겨져 황실의 위엄을 드러낸다. 내부 천장 구조는 반곡면 철판을 물결처럼 이었고, 중앙 계단을 통해 2층으로 오르도록 설계되었다.

석조전은 전통 궁궐의 좌식 문화를 벗어나 입식 생활양식을 도입한 공간이었다. 온돌 대신 벽난로와 방열기가 설치되고, 욕조와 수도가 놓였으며, 천장에는 샹들리에가 달리고 창에는 커튼이 드리워졌다. 카펫 위를 구두를 신고 걷는 모습은 근대 국가로 변모하던 대한제국의 새로운 생활문화를 상징했다.

1910년 완공된 석조전은 고종이 공식 행사와 의례를 거행하던 공간으로 사용되었으며, 이후 1922년에는 일본에서 귀국한 영친왕의 숙소, 1933년에는 일본미술전시관, 1938년에는 이왕가미술관으로 쓰였다. 해방 이후에는 미·소공동위원회 회의 장소로 이용되었고,

1955년 국립박물관, 1984년 궁중유물전시관으로 이어졌다. 이 과정에서 석조전은 내부가 여러 차례 개조되었고, 황실 시기의 응접실과 침실, 연회장 등 공간 구성과 실내 장식의 원형이 크게 변형되었다. 문화재청(현 국가유산청)은 남아 있는 도면과 사진 자료, 실측 조사를 바탕으로 내부 구조를 정비했다. 2009년에 가구와 내부 장식을 재현하는 복원 공사를 시작해 2014년에 완료하여 석조전은 대한제국역사관으로 운영되고 있다.

2011년 필자는 일본 하마마츠 시립도서관에서 석조전의 원도면原圖面을 발굴했다. 이 도면을 통해 석조전이 황궁으로 설계된 건물이었음을 확인했고, 석조전의 위상이 새롭게 정립되었다. 도면에는 "Imperial Palace, Seoul"이라는 제목과 함께 하딩의 서명, 작성일자 1898년 2월 20일, 설계 장소 체후(현 옌타이)가 명기되어 있다. 이는 석조전이 처음부터 대한제국의 황궁으로 계획된 건물이었음을 분명히 보여준다.

원도면 발굴 이전까지 석조전은 덕수궁의 정전인 중화전을 보조하는 부속 공간 혹은 연회·접견용 건물 정도로 알려져 있었다. 그러나 고종이 대한제국을 선포한 이듬해 바로 황궁 설계를 시작하고, 전통 목조 건축이 아닌 유럽식 석조의 궁전을 선택했다는 사실은 덕수궁의 중심축이 중화전이 아니라 석조전이었음을 보여준다. 또한 원도면 분석을 통해 석조전 내부의 공간 구성과 건축 재료, 변형된 부분까지 최초로 확인할 수 있었으며, 대한제국의 근대 건축사를 다시 바라보게 하는 중요한 단서가 되었다.

현재 대한제국역사관으로 활용되고 있는 석조전은 완전한 원형 복원에는 이르지 못했지만, 근대와 제국의 기억이 교차하는 공간으로 남아 있다. 이 건물은 단순한 석조 궁궐이 아니라, 세계 속의 제국으로 서고자 했던 대한제국의 꿈과 의지를 상징한다.

1 1910년 석조전의 전체 공사가 마무리되고,
석조전 정원 공사가 시작되지 않았을
당시에 촬영한 사진. ⓒ고궁박물관

2 100년 전 대한제국의 유럽식 궁전 건축이
현대 도심의 고층 건물들 속에서 위용을
드러내고 있다.

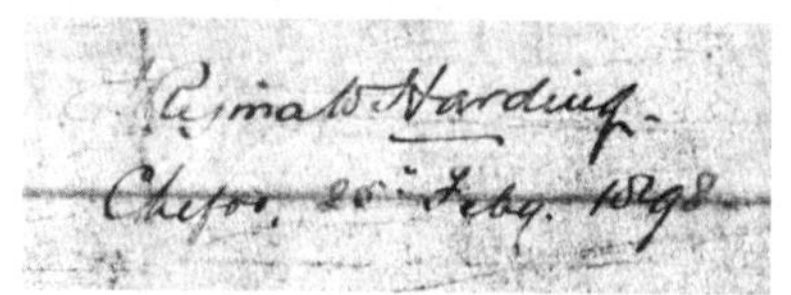

3 석조전과 중화전 일대의 전경. 석조전 뒤로 돈덕전과 서울의 주산인 북악산이 보인다. 중화전과 석조전 사이의 행각이 아직 철거되지 않은 것으로 보아 1911년 이전 사진으로 추정된다. ⓒ서울역사박물관

4 석조전 서쪽 입면도. 하딩이 설계한 석조전 도면으로 석조전이 황궁으로 설계되었음을 확인한 중요한 자료이다. 설계도 아래에는 하딩이 직접 서명한 J. Reginald Harding과 1898년 2월 20일 중국 체후에서 설계했다고 적혀있다. 일본 하마마츠 시립도서관 소장 청사진 도면을 필자가 흑백 도면 작업했다.

5 석조전 2층 회랑에서 촬영한 영친왕과
일행. 서양식 난간과 몰딩을 두른 아치형
벽면, 샹들리에, 거울 등이 근대적 실내
장식을 보여준다. ⓒ국립고궁박물관

6 대한제국역사관으로 복원된 석조전 2층
회랑.

7 신고전주의양식의 석조전 정면 페디먼트에는 대한제국의 상징인 오얏꽃이 양각으로 새겨져 있다. 일제가 이 오얏꽃에 붉은 일장기를 그렸다는 기사가 게재된 적이 있는데, 붉게 색이 바랜 오래된 사진엽서를 보고 오인한 해프닝이었다.

8 석조전 2층 기둥 화랑에서 바라본 석조전 정원. 석조전 완공 당시에는 명동성당까지 한눈에 보였다. 즉, 명동성당에서도 덕수궁을 훤히 내려다볼 수 있었다.

궁궐 안의 미술관
국립현대미술관 덕수궁관

서울특별시 중구 세종대로 99
국가사적 제167호

덕수궁 서쪽 궐역에는 전통 궁궐과는 다른 풍경이 펼쳐진다. 푸른 잔디 정원과 유럽식 석조 건축이 어우러진 이 공간은 1938년 미술관으로 개관했던 덕수궁 이왕가미술관이다. 궁궐 담장을 따라 길게 이어진 이 건물은 전통 궁궐의 목조 건축과 뚜렷한 대비를 이루며, 근대 건축이 궁궐 공간 안으로 들어온 상징적인 사례로 꼽힌다.

이왕가미술관이라는 명칭은 일제강점기 일본이 대한제국 황실을 이왕가李王家로 격하해 부르던 데서 비롯된 것으로, 이 미술관 역시 조선 왕실의 유물을 전시한다는 명목 아래 식민지 권력이 기획한 공간이었다. 오늘날 이 건물은 국립현대미술관 덕수궁관(덕수궁미술관)으로 사용되고 있지만, 건립 당시의 이왕가미술관이라는 명칭과 성격은 이 건물이 놓였던 역사적 상황을 보여준다.

* 현재의 덕수궁 이왕가미술관을 일컬을 때는 덕수궁미술관으로 칭하기로 한다.

일제강점기 일본인 건축가 나카무라 요시헤이는 조선은행 본점의 설계와 현장 감독을 수행하기 위해 경성에 왔다. 덕수궁 이왕가미술관은 그의 작품 가운데서도 예술성과 조형미가 뛰어난 대표작으로, 철근 콘크리트라는 새로운 건축 재료와 기술이 도입된 한국 근대 건축의 중요한 사례이기도 하다.

덕수궁 이왕가미술관은 동쪽의 석조전과 같은 신고전주의양식으로 지어졌으며, 두 건물은 바로크양식 정원과 함께 하나의 건축 앙상블을 이룬다. 앞서 언급했듯 석조전은 영국인 건축가 존 레지널드 하딩이 황궁으로 설계해 1910년 완공한 건물로, 1933년부터 일본미술전시장으로 사용되었다. 이때 석조전의 내부는 전시용 공간으로 개조되었다. 이후 조선총독부는 석조전 서쪽에 조선의 고미술을 전시할 이왕가미술관을 짓기로 하고, 석조전 앞 정원에는 분수대를 갖춘 바로크식 정원을 조성하려 했다.

1936년 나카무라 요시헤이는 덕수궁 이왕가미술관과 분수 정원 설계를 맡았다. 1938년 개관한 이왕가미술관은 석조전과 ㄱ자형 2층 회랑으로 연결되었으며, 회랑의 모서리에는 기관실이 설치되었다. 회랑으로 이어진 두 건물은 마치 하나의 미술관으로 계획된 듯 조화롭게 구성되었지만, 실제로는 약 40년의 시차를 두고 건립되었다. 석조전의 설계가 1898년에 이루어진 반면, 덕수궁 이왕가미술관은 1936년에 설계가 진행되었다. 덕수궁 이왕가미술관의 설계도 역시 필자가 하마마츠 시립도서관에서 찾았다. 하마마츠는 나카무라 요시헤이의 고향이며, 사후에 그의 자료들이 이곳 시립도서관에 소장되어 있다.

해방 이후 덕수궁 이왕가미술관은 한국전쟁으로 일부가 소실되었으나, 수리와 복구를 거쳐 다시 사용되었다. 이후 한동안 다른 기관이 사용하기도 했으며, 석조전의 부속 건물로 운영되었다. 이 시기 석조전은 '동관', 덕수궁 이왕가미술관은 '석조전 서관'이라 불렸다. 현재 석조전은 대한제국역사관(국가유산청 관할)으로, 덕수궁 이왕가미술관은 국립현대미술관 덕수궁관(문화체육관광부 관할)으로 운영되고 있다. 같은 덕수궁 경내에 자리하지만, 두 건물은 서로 다른 기관에 속해 있다.

덕수궁미술관은 중앙 현관과 계단을 중심으로 완벽한 좌우 대칭을 이루는 3층 건물이다. 정면의 기둥은 장식적이고 우아한 코린트식 주두로 꾸며졌으며, 이는 동쪽 석조전의 이오니아식 주두가 주는 중후한 인상과 대비를 이루면서도 조화롭다. 석조전 정면 삼각 페디먼트에는 황실의 문장인 오얏꽃 문양이 새겨져 있으나, 덕수궁미술관은 정면에 페디먼트를 두지 않고 수평적으로 간결하고 절제된 인상을 준다.

건축 재료에서도 차이가 드러난다. 석조전이 철근 콘크리트 구조에 벽돌과 화강석을 적극적으로 사용한 반면, 덕수궁미술관은 철근 콘크리트 구조를 기본으로 하면서 화강석을 기둥과 창문 인방 등 장식적 요소에만 사용했다. 외벽에는 화강석 무늬를 새긴 인조 콘크리트 판인 캐스트 스톤cast stone이 사용되었는데, 이는 근대기 건축 재료와 시공 기술의 변화를 보여준다.

정문의 철문과 현관 홀의 유리문에는 건립 당시 제작된 에칭 문양이 원형 그대로 남아 있으며, 중앙 홀은 2층과 3층까지 트인 개방형 공간으로 설계되었다. 양쪽으로 전시실이 배치된 구조는 미술관으로서의 기능을 고려한 근대적 공간 구성을 보여준다. 특히 3층 전시실은 천창을 통해 자연광을 끌어들이도록 계획되었으나, 현재는 천창을 막고 인공 조명으로 대체하고 있다. 바닥은 인조석 갈기와 목재로 마감되어 신고전주의 양식 속에서도 기능성을 중시한 근대 건축의 성격을 드러낸다.

여러 차례의 용도 변화와 보수를 거쳤음에도 덕수궁미술관은 건립 당시의 재료와 구조적 형태를 비교적 잘 간직하고 있다. 전통 궁궐 한가운데 자리한 이 근대 건축물은 석조전과 중화전, 그리고 정원과 어우러지며 독특한 풍경을 이루고, 나카무라 요시헤이가 구현한 근대적 조형 감각과 공간 구성의 미학을 오늘날까지 전하고 있다.

1 나카무라 요시헤이의 설계로 1938년
완공된 덕수궁 이왕가미술관. 좌우 대칭
입면과 중앙의 코린트식 기둥이 특징이며,
조선 고미술품과 일본 근대 미술품을
전시하는 공간으로 사용되었다.
ⓒ 이왕가미술관요람

2 덕수궁 이왕가미술관은 오늘날
국립현대미술관 덕수궁관이 되어 미술품
전시의 기능을 잇고 있다.

3 덕수궁미술관의 코린트식 기둥은 인접한
석조전의 이오니아식 기둥과 대비를
이루면서도, 함께 조화를 이루어 하나의
신고전주의 건축군을 형성한다.

4 1938년 덕수궁 이왕가미술관 중앙 홀의
모습. ⓒ 이왕가미술관요람

5 덕수궁미술관 2층에서 내려다 본 중앙 홀.
출입문 유리의 에칭 문양과 난간의 문양이
원형 그대로 남아 있다.

   10 덕수궁 이왕가미술관

11 | 덕수궁 석조전 정원

서울특별시 중구 세종대로 99
국가사적 제167호

덕수궁 대한문을 지나 금천교를 건너 중화문으로 향하면, 문 사이로 중화전과 넓게 박석이 깔린 월대가 눈에 들어온다. 월대는 경복궁 근정전이나 종묘처럼 격식 높은 의례용 건물 앞에 놓인 석조단으로, 덕수궁에서는 전통 궁궐 건축이 모여 있는 영역의 경계를 이룬다. 이 경계를 지나면 유럽의 신고전주의양식으로 지어진 석조전과 덕수궁미술관, 그리고 바로크양식의 정원이 펼쳐진다. 이 두 건물과 정원을 하나의 공간으로 묶어 '석조전 앙상블'이라 부르며, 덕수궁 서쪽 궐역에서 유럽 신고전주의 건축의 존재감을 드러낸다.

중화전 서쪽, 석조전과 덕수궁미술관이 ㄱ자 형태로 감싸고 있는 바로크양식의 정원은, 석조전이 처음 조성될 당시의 모습에서 다소 변화가 있지만 전체적인 구조와 형식은 오늘날까지 이어지고 있다. 현재의 석조전 정원은 일본인 건축가 나카무라 요시헤이가 1936년에 설계해 1938년에 완공한 것으로, 덕수궁 이왕가미술관과 함께 조성되었다. 그러나 이 정원의 기원은 훨씬 이른 1910년으로 거슬러 올라간다.

1898년 영국인 건축가 존 레지널드 하딩이 설계한 석조전은 10여 년의 공사 끝에 1910년 완공되었다. 이후 영국인 기술자 헨리 윌리엄 데이비드슨Henry William Davidson, 1878~?이 정원 조성과 남은 공사를 맡아 1911년에 마무리했고, 그 공로로 1913년 3월 고종으로부터 상을 하사받았다. 대한제국은 근대 제국의 위상에 걸맞은 황궁과 정원을 조성하고자 했고, 석조전은 그러한 의도를 담아 설계, 건립된 공간이다. 그러나 1910년 일본에 강제병합된 이후에는 왕실로의 사용이 점차 줄어들고, 외빈을 맞이하는 영빈관으로 역할이 제한되었다. 그럼에도 석조전은 1919년 고종이 승하할 때까지 왕실의 공식 공간으로 남아 있었다.

헨리 윌리엄 데이비드슨이 설계한 초기 정원은 석조전을 중심으로 중앙 산책로 양쪽에 대칭적으로 잔디와 수목을 배치한 단정한 유럽식 바로크 정원이었다. 1919년 고종의 장례 당시 사진을 모은 《국장화첩》에서도 연못이나 분수, 조각상이 없는 절제된 정원의 형태가 확인된다. 이 시기의 정원은 단순하고 균형미가 강조된, 근대 초기 조경의 전형적인 모습이었다.

고종 승하 후, 정원 중앙에 사각형 연못이 새로 조성되면서 네 모서리에 동물 석수가 놓였고, 중앙에는 석조전을 향해 거북상이 설치되었다. 거북상은 고종의 장수를 기원한 상징물로 알려졌지만, 1919년 이전 자료에는 등장하지 않는다. 즉, 고종 승하 이후에 추가된 장식으로, 초기의 정원 구성에는 포함되지 않았다.

1930년대에 들어서면서 정원의 모습은 다시 크게 바뀌었다. 1938년 일본인 건축가 나카무라 요시헤이가 덕수궁 이왕가미술관을 설계하면서 정원을 전면 개편했고, 이 과정에서 거북상이 철거되고 그 자리에 꽃잎 모양의 연못과 분수가 새로 설치되었다. 연못의 동서남북 네 방향에는 물개상 분수가 배치되어 석조전과 덕수궁 이왕가미술관, 중화전을 하나의 시각적 축으로 연결했다. 이 물개상은 당시 도쿄미술학교 교수였던 츠다 시노부津田信夫, 1875~1946가 제작했다.

석조전 정원의 분수에 놓인 물개 조각상을 둘러싸고 여러 해석이 제기되었다. 일부에서는 물개의 '개犬'가 주는 뉘앙스를 문제 삼아, 일본이 조선 왕실을 모욕하기 위해 고종의 장수와 안녕을 기원한 거북상 대신 설치한 것이라며 물개상 분수 철거를 주장한다. 그러나 물개상은 1930년대 유럽식 조경에서 흔히 사용된 장식 모티프로, 일본이 조선의 왕실을 폄하하기 위한 정치적 의도라기보다 당시 조형 예술의 미적 경향을 반영한 것으로 보는 것이 타당하다.

석조전과 그 정원은 대한제국이 서양 문화를 수용해 자주적 근대화를 모색하던 흔적이자, 일제강점기를 거치며 본래의 용도와 상징성이 바뀐 역사의 증거다. 지금의 석조전 정원은 시대의 흔적이 켜켜이 쌓여서 한 나라의 근대와 제국, 그리고 식민의 역사가 교차하는 장소로 남아 있다.

1 거북상이 놓인 연못 쪽에서 석조전을
바라본 모습. 사각형 연못과 거북이상은
1919년 고종 승하 후 한참 뒤에
조성되었다. 석조전보다 낮은 지대에
조성된 침강식 바로크양식의 정원 구조는
현재까지 유지되고 있다. ⓒ저자 소장

2 석조전에서 내려다본 정원. 서양식 정원
너머로 중화전 일대가 보인다. 전통 궁궐
건축과 서양식 공간 구성이 공존하는
대한제국기 궁궐의 변화를 보여준다.
ⓒ국립민속박물관

3   덕수궁 전경. 중화전 영역과 경계를
     이루며, 석조전과 덕수궁미술관이 정원을
     중심으로 유럽식 건축 앙상블을 이루고
     있다.

4   덕수궁미술관에서 바라본 정원과 중화전.
     나카무라 요시헤이가 설계한 중앙 분수
     정원에 1940년 츠다 시노부가 디자인한
     물개상 네 개가 설치되었다.

70여 년 만의 완공

대한성공회 서울주교좌성당

서울특별시 중구 세종대로21길 15
국가등록문화유산 제676호

대한성공회 서울주교좌성당이 자리한 정동은 근대기 서울의 중심지로, 외국 공사관과 영사관이 들어서면서 외교 기관과 서양식 건축물이 집중되었던 지역이다. 덕수궁 담장 사잇길을 따라 대한성공회 서울주교좌성당과 영국대사관, 구세군 서울제일교회가 차례로 이어진다. 모두 영국에 뿌리를 둔 종교 및 외교 기관들이다.

영국성공회는 1534년 시작된 영국의 국교로, 가톨릭의 직제를 따르되 로마 가톨릭교회로부터는 독립했다. 성공회는 1890년 조선의 인천 제물포에 첫발을 디뎠다. 성공회는 토착화 선교 정책에 따라 조선의 전통 가옥양식인 한옥을 활용해 성당을 지었으며, 이러한 선교 방식 때문에 오늘날에도 전국 곳곳에서 한옥양식의 성공회 성당을 볼 수 있다. 대한성공회 서울주교좌성당의 전신은 선교 초기 정동에 세운 한옥 교회인 장림성당이다. 이후 교세가 확장되면서 현재의 서양식 석조 성당을 건립했다. 당시의 이름은 조선성공회 대성당이었다.

제3대 교구장 마크 트롤로프Mark N. Trollope, 1862~1930 주교는 오랜 세월에 걸친 모금 끝에 조선성공회 대성당 건축을 추진했다. 대성당으로서의 위상에 걸맞게 한옥이 아닌 유럽식 로마네스크양식을 채택했으며, 인근의 덕수궁과 조화를 이루면서도 명동성당의 고딕양식과는 다른 분위기를 의도했다.

설계는 영국 건축가 아서 딕슨Arthur Dixon, 1856~1929이 맡았다. 그는 영국에서 여러 로마네스크양식 성공회 성당을 설계했으며, 노구를 이끌고 직접 한국을 방문해 설계를 지휘했다. 공사는 1922년 9월 24일에 시작되어 1926년 5월 2일 부분 완공되었다. 예산 부족으로, 계획했던 라틴 십자가형 평면 대신 교차부 날개동(횡축)이 생략된 단일 축선형 평면으로 1차 공사가 마무리되었다. 이후 약 70년 동안 사용되다가, 1996년 건축가 김원이 아서 딕슨의 고향에 있는 버밍엄도서관에서 원설계도를 발견하면서 공사가 재개되었다. 조선성공회 대성당은 영국인 건축가와 한국인 건축가가 70년의 세월을 두고 완성한, 시대를 잇는 건축물이다.

성당의 문을 열고 들어서면 제대祭臺 위 반구형 돔을 가득 채운 비잔틴양식의 모자이크 성화가 시선을 사로잡는다. 모자이크는 영국 예술가 조지 잭George Jack, 1855~1932의 디자인으로, 조지 잭이 1927년과 1938년 조선을 두 차례 직접 방문하여 완성하였다. 성화 속 예수는 "나는 세상의 빛이다"라는 뜻의 라틴어 "Ego Sum Lux Mundi"가 적힌 성서를 들고 있으며, 오른손을 들어 "하느님 아버지와 나는 하나이다"라는 뜻을 전한다. 그 아래에는 아기 예수를 안은 성모 마리아가 앉아 있고, 성모자의 좌우에는 순교자 스테파노와 복음사가 요한, 예언자 이사야, 그리고 산타클로스로 알려진 성인 니콜라오가 배치되어 있다.

이 모자이크의 놀라운 점은 관람 위치에 따라 달라지는 시각적 경험이다. 신도석에서 모자이크화를 바라보면 예수의 두 눈이 비대칭으로 보이지만, 제대 밑에서 올려다보면 두 눈이 완전한 대칭으로 보인다. 이는 이성과 신성을 표현하기 위한 정교한 예술적 계산에 기반한 시각적 장치이다.

이곳에는 반드시 들러야 하는 특별한 공간이 있는데 바로 지하 성당 '크립트Crypt'이다. 지하 성당에는 조선성공회 대성당 건립을 주도한 제3대 교구장 마크 트롤로프 주교의 묘가 있다. 당시 사대문 안에는 묘지를 둘 수 없었으나, 트롤로프 주교만 유일하게 성당 지하에 안치되었다. 무덤은 황동판으로 덮여 있으며, 손에 조선성공회 대성당 모형을 들고 있는 그의 부조가 새겨져 있다.

조선성공회 대성당은 건축적 완성도와 예술적 품격을 두루 갖춘 명작일 뿐 아니라, 한국 근현대사의 중요한 현장을 함께해온 공간이기도 하다. 일제강점기에는 3·1운동에 참여한 기독 학생들이 이곳에 모였고, 한국전쟁 때에는 성직자들이 체포되거나 희생되는 와중에도 성당을 지켜냈다. 군사 정권 시기에는 수많은 재야 운동가와 지식인들이 민주화운동의 거점으로 이곳을 사용했다. 이 성당은 종교 건축을 넘어, 한국 근대사의 고통과 희망을 함께 품은 장소이자 예술과 신앙, 역사와 민주주의가 공존하는 살아있는 문화유산이다.

1 대한성공회 서울주교좌성당 전경.
뒤쪽에 석조전, 덕수궁미술관이 있는
덕수궁 영역과 앞쪽에 경성부민관(현
서울특별시의회 본관)이 이어지며 정동의
근대 건축군이 한눈에 들어온다.

2 1922년부터 시작된 성당 공사는 1926년
1차 준공되었다. 1996년 건축가 김원이
영국에서 찾은 아서 딕슨의 원설계도에
따라 후면 앱스와 익랑부가 지어졌다.

3 조지 잭의 모자이크화. 그리스도 아래에 마리아와 성인들이 배치되어 있다. 그리스도의 두 눈은 제대 아래에서 보아야 대칭적으로 보이도록 설계되었다.

4 신랑(身廊, nave) 중앙에서 제대를 바라본 모습. 신랑의 네 번째 기둥부터 1996년에 새로 지어진 부분이다.

5 성세례자 요한 성당으로 불리는
지하 성당에는 성공회 3대 교구장인
마크 트롤로프 주교의 유해가
안장되어 있다. 사대문 안에 묘지를
둘 수 없게 엄격히 규제했으나
트롤로프 주교의 묘지만은
예외였다.

6 마크 트롤로프 주교가 1926년
조선성공회 대성당을 봉헌하는
모습이 묘지 동판에 새겨져 있다.
손에 들린 성당은 1926년 1차로
준공한 조선성공회 대성당의
모습이다.

7 아서 딕슨은 조선의 전통 창호 문양인
격자무늬살을 성당 창에 적용했다.

8 정초석에는 마크 트롤로프 주교의 한자
이름인 '조마가(趙瑪可)'와 '천주강생
1922년 9월 24일'이 새겨져 있다.

경기도 경성부 서울

서울도서관

서울특별시 중구 세종대로 110
국가등록문화유산 제52호

서울시청사는 유리 외벽의 신청사와 그 옆에 나란히 자리한 옛 청사(현 서울도서관)로 이루어져 있다. 서울도서관 건물은 본래 일제강점기에 세워진 경성부청사였다. 1925년 3월 공사를 시작해 1926년 10월 준공기념식을 열었고, 해방될 때까지 경성부의 행정청으로 사용되었다. 해방 후 미군정기를 거쳐 1948년 대한민국 정부가 수립되면서 '경성부청사'는 '서울시청'으로 이름을 바꿨다. 이 건물은 2008년까지 서울시 행정의 중심지로 기능하다가 2012년 10월 유리 외벽의 신청사가 완공되면서 시민을 위한 공공도서관인 서울도서관으로 새롭게 문을 열었다.

1910년 한일강제병합 직후 일제는 조선총독부의 행정 조치를 통해 서울의 옛 이름인 '한성부'를 '경성부'로 개칭하고, 이를 경기도 관할 아래 두었다. 이로 인해 서울에 위치한 건물임에도 공식 명칭은 경성부청사로 불리게 되었다. 초기 경성부청사는 현재의 신세계백화점 본점 자리에 있던 일본 영사관 건물을 그대로 사용

했다. 이 건물은 1896년에 지어져 1905년 을사늑약 이후에는 경성
이사청京城理事廳으로, 1910년 한일강제병합 이후에는 경성부청사
로 사용되었다. 한일강제병합 이후 경성부의 행정 업무가 확대되
면서 조선총독부는 새로운 부지를 물색해 경성일보 사옥을 철거
한 자리에 새 경성부청사를 건립했다. 이렇게 완공된 경성부청사
는 1920년대 세종대로 일대에 조성된 식민지 행정기관들의 중심
축이 되었다.

경성부청사는 조선총독부 건축 과장이었던 이와이 조사부로岩
井長三郎와 사사 케이이치笹慶一의 설계로 지어졌다. 르네상스양식
의 지상 4층 건물로, 중앙의 옥상 탑까지 합치면 6층 높이에 달한
다. 철근 콘크리트 구조로 기둥 사이를 벽돌로 채운 커튼월 방식을
적용했으며, 외벽 하부에는 화강석을 붙이고 상부는 석재 뿜칠로
마감했다. 중앙 정면의 탑은 원래 동판 재질이었으나 현재는 유리
로 교체해 실내로 자연광이 들어온다.

건물 내부로 들어서면 화강석 바닥과 모자이크 타일로 장식된
중앙 홀, 대리석으로 마감된 계단이 방문객을 맞는다. 특별실은 목
재 징두리벽과 벽지로 꾸미고, 일반실은 흰색 회반죽과 석고 장식
으로 마감했다. 지금도 석고 장식, 돌림띠, 보樑, 천장 부재 등이 원
형 그대로 남아 있다. 또한 연약한 지반을 보강하기 위해 사용되었
던 말뚝 파일이 4층에 전시되어 있다.

서울도서관 3층에는 과거 시장의 집무실과 접견실, 기획상황실
이 복원되어 있으며, 옛 대회의실인 태평홀은 지하로 옮겨 재현되
었다. 서울시는 신청사 건립을 위해 세종대로 쪽 외벽과 일부 구조

물만 남기고, 북쪽 건물과 태평로 쪽 일부를 철거했으며 내부 공간인 태평홀도 철거했다. 그 자리에 오늘날의 거대한 유리 외벽 신청사가 들어섰다.

당시 문화재위원회는 태평홀의 원형과 위치를 보존할 것을 권고했으나, 서울시는 구조 안전상의 이유를 들어 태평홀을 등록문화재 심사 중에 철거했다. 문화유산을 보호해야 할 행정기관이 스스로 근대 유산을 훼손하는 결과를 낳은 것이다. 여러 논의와 갈등 끝에 현재의 신·구청사가 공존하는 복합 형태로 완성되었다.

시청사 철거 및 공사 과정에서 조선 시대 군기시터(무기 제조소)와 청계천의 옛 물길을 따라 놓인 호안석축, 근현대 건물의 유구도 발굴되었다. 이 유적들은 현재 서울도서관 지하 전시실에 보존되어 시민들에게 공개되고 있다. 지하 전시실을 관람한 뒤 옥상 정원에 오르면 1920년대 경성의 흔적과 함께 서울의 스카이라인이 한눈에 들어온다. 과거와 현재가 맞닿은 이 장소는, 식민 도시의 유산이 어떤 방식으로 시민의 공간으로 전환되었는지를 드러낸다.

1 경성부청 전경으로, 신축 낙성을 기념해
제작된 사진 엽서이다. 중앙 현관과
돔을 중심으로 좌우 대칭을 이루고, 창이
규칙적으로 배열된 입면이 특징이다.
ⓒ서울역사박물관

2 2012년 개청한 전면 유리의 신시청사와
서울도서관으로 바뀐 경성부청사.
중앙탑에 있던 경성부 휘장(徽章)은
시계로 대체되었다.

3   옥상의 중앙탑 지붕은 원래 동판 재질이었으나 유리로 교체되었다.

4   주출입구 홀에 사용된 대리석 계단과 바닥 모자이크 타일의 정교한 마감에서 이 건축물이 가졌던 위엄과 중요성을 짐작할 수 있다.

5   계단실에도 증축과 변형은 있었지만, 경성부청사로 사용될 때의 고급 자재와 인조석 계단의 독특한 디테일은 남아 있다.

14 | 경성부민관

공연장에서 의사당으로　　　　　　　(서울특별시의회 본관)

서울특별시 중구 세종대로 125
국가등록문화유산 제11호

　　광화문광장과 맞닿은 세종대로에 자리한 경성부민관은 1935년에 완공되었다. 1926년 이후 세종로를 중심으로 각종 관공서 건물들이 속속 들어섰고, 부민관 앞에는 조선성공회 대성당이, 주변에는 덕수궁과 경성부청사가 자리했으며 대형 언론사들도 밀집해 있었다. 이 일대는 일제강점기부터 지금까지 서울의 중심부로 꼽힌다.

　　서울이 경성부로 불리던 시절, 경성부민관은 부민을 위한 다목적 공공건물로 지어졌다. 인근 경성부청사가 수용하지 못하던 문화 행사와 집회의 수요를 충족하기 위해 대규모 공연장은 물론, 각종 모임과 사교 행사를 위한 공간이 마련되었다. 해방 이후 미군정기에는 미군사령부와 제24군단의 전용 극장으로, 1954년부터 1975년까지는 국회의사당으로 이용되었다. 국회가 여의도로 이전한 뒤에는 세종문화회관 별관1975~1990으로, 1991년부터는 서울특별시의회 본관과 별관으로 사용되고 있다.

경성부민관은 1934년 7월 착공해 1935년 12월 완공된 지하 1층, 지상 3층 규모의 철근 콘크리트 건물이다. 전면 모서리에는 높이 약 45미터의 시계탑이 세워져 있어, 마치 교회나 성당의 종탑을 연상시킨다. 대규모 공연장으로 계획된 만큼 난방, 환기, 조명 시설이 완비되어 있었고, 대·중·소강당을 갖추어 다양한 행사를 열 수 있었다. 사교 공간과 각종 편의시설도 마련되어 근대적 복합 문화시설의 면모를 보여주기도 했다.

건물은 세종대로를 따라 가로로 길게 뻗은 장방형 형태로, 외벽의 수직 창들이 일정한 간격으로 배열되어 외관에 리듬감을 부여한다. 시계탑의 수직선은 지면에서 꼭대기까지 단일한 선으로 이어지고, 수평으로 길게 뻗은 강당부와 만나 조화로운 비례를 이룬다. 주출입구는 전면부의 약 3분의 1이 세종대로 방향으로 돌출되어 입면에 깊이감을 더한다.

1980년 세종대로 확장 공사로 인해 건물 일부가 잘려나가면서 도로 쪽에 있던 주출입구는 시계탑 서편, 지금의 출입구 자리로 옮겨졌다. 이후 여러 차례의 보수와 개보수가 있었으나, 비교적 원형을 잘 간직하고 있다.

건립 초기의 부민관은 영화, 음악회, 연극, 무용 등 다양한 문화 활동의 무대였다. 그러나 중일전쟁 후부터는 전시체제 선전과 군사 동원을 위한 집회 장소로 활용되었다. 1945년 7월 24일 밤, 이곳에서 열린 '아시아민족 분격대회'에서 친일 인사 박춘금이 전쟁 참여를 독려하던 중 독립운동가 강윤국, 유만수, 조문기가 폭탄을 터뜨리는 의거가 일어났다. 일제 패망을 불과 스무 날 앞둔 때의 일이었다.

　현재 서울특별시의회 본관으로 사용되고 있는 이 건물의 정초석에는 당시 경성부윤(지금의 서울 시장)이었던 다테 시오伊達四雄의 휘호가 새겨져 있다. 글귀는 "정초 소화 10년 6월 1일 다테 시오定礎 昭和十年六月一日 伊達四雄"로, '1935년 6월 1일에 다테 시오가 건물의 초석을 놓았다'는 뜻이다. 그리고 건물 앞에는 '부민관 폭탄 의거 터' 표석이 세워져 있다. 식민지 시대의 건축물과 그 안에서 일어난 저항의 흔적이 함께 남아서, 억압과 독립의 역사를 증언하고 있는 것이다.

1 1935년 건립된 경성부민관은 경성부민을 위한 다목적 공간으로 건립되었다. 주출입구가 도로를 향해 있었으나, 현재 주출입구는 시계탑 뒤로 옮겨졌다. ⓒ부산시립박물관

2 미군 전용 극장으로 사용되었던 경성부민관의 모습. 해방 직후, 미군정 당시의 경성부민관은 미군의 전용 극장으로 사용되었다. 서울에 주둔했던 미군은 1949년 6월 철수하면서 서울시에 경성부민관을 돌려주었다. 동쪽에 보이는 건물은 조선일보사 사옥이다. ⓒ서울역사박물관

　　　14 경성부민관

3   경성부민관은 서울특별시의회 본관으로
     쓰이고 있다. 도로 맞은편에 서울시청이
     자리하고 있다.

15

미츠이물산 경성 사옥

모더니즘 사옥의 탄생 （폐쇄）

서울특별시 중구 을지로 23
국가등록문화유산 제238호

서울시청으로 이어지는 을지로1가 대로변, 유리 빌딩들 사이로 옅은 갈색의 4층 건물이 눈에 들어온다. 규모는 크지 않지만 단정한 비례와 단단한 외벽 덕분에 분명한 존재감을 드러낸다. 많은 이들이 이 건물을 '옛 미문화원 건물'로 기억하지만, 본래는 일제강점기 일본의 대형 상사 미츠이물산三井物産 경성 사옥이었다.

1937년 9월 중일전쟁이 한창이던 시기에 착공해 1938년 10월 완공되었다. 철근 콘크리트 구조의 지하 1층, 지상 4층 규모로, 장식이 거의 없는 단순한 형태의 모더니즘양식 건축이다. 화려함보다는 기능과 실용성을 강조한 건물로, 상업 시설이면서도 은행 건물처럼 안정감을 주는 비례를 갖추었다. 도로를 따라 길게 뻗은 L자형 평면으로 설계되었으며, 중앙 출입구는 2층까지 이어지는 돌출 테두리로 강조되어 있다. 크고 단정한 중앙 출입부가 시선을 모으고, 전체 건물에 질서를 부여한다.

이 건물을 설계한 마츠이 기타로松井貴太郎, 1883~1962는 일본에서 미츠이물산 계열의 여러 사옥을 설계한 건축가다. 그는 전면 입구를 강조하고, 창의 간격과 폭에 미묘한 변화를 주어 리듬을 만드는 설계 방식을 즐겨 사용했다. 미츠이물산 경성 사옥은 출입구를 중심으로 좌우 대칭을 이루고, 수직 창 사이의 벽면을 살짝 돌출시켜 수직성을 강조했다. 띠 형태로 이어진 창 배열은 단조로움을 덜어내며, 천으로 커튼을 드리운 듯한 부드러운 리듬을 만든다.

외관 재료에서도 위계가 드러난다. 전면 하단은 세 겹의 화강석으로 마감하고, 상부에는 작은 타일을 붙였으며, 외벽 상단은 자기질 타일과 페인트 뿜칠로 처리했다. 완공 당시에는 7층까지의 증축을 염두에 두고 엘리베이터를 설치했으며, 현재의 외벽 색은 해방 이후 여러 차례 보수를 거치며 형성된 것이다.

해방 이후 미츠이물산 경성 사옥은 미군에 인수되어 한동안 주한 미국대사관으로 사용되었다. 대사관이 세종로로 이전한 뒤, 1985년부터는 미국문화원으로 용도가 바뀌었다. 같은 해 5월 23일, 이 건물에서는 한국 현대사에 깊이 각인될 사건이 일어났다. 대학생 73명이 2층 도서관을 점거하고 농성을 벌이며, 광주항쟁 진압 과정에서 미국이 신군부를 지원했다는 의혹에 대한 사과와 해명을 요구하고 주한 미국대사와의 면담을 요청한 것이다. 이른바 '서울 미문화원 점거농성사건'으로 기록된 이 일은 이후 한국 민주화 운동의 중요한 분기점으로 평가된다. 당시 건물에 있던 나무 창틀과 좁은 계단은 지금도 이 사건을 기억하는 이들에게 생생한 공간적 인상으로 남아 있다.

1990년대에 들어 건물의 소유권은 서울시로 이관되었다. 서울시는 이곳을 서울시 종합사료관으로 사용하다가, 새 서울시청사가 완공된 뒤에는 민간에 임대하여 밀랍인형 박물관 '그레뱅 뮤지엄'으로 운영했다. 내부 공간은 전시를 위해 크게 개조되었고, 약 80여 구의 밀랍인형이 관람객을 맞았다. 한때는 연예인, 정치인, 세계적 인물의 인형 앞에서 사진을 찍는 시민들로 붐볐다. 그러나 박물관은 5년 만인 2019년 문을 닫았고, 지금은 일반인의 출입이 제한된 채 조용히 닫혀 있다.

미츠이물산 경성 사옥은 시대에 따라 이름과 쓰임이 수차례 바뀌었다. 미츠이물산 경성 사옥에서 미국대사관으로, 다시 미국문화원과 시청 별관, 민간 박물관으로 변모하며, 식민지와 냉전, 민주화와 상업화의 시간을 모두 거쳤다.

미츠이물산 경성 사옥에는 일본 제국의 흔적과 미군정기의 기억, 그리고 1980년대 뜨거운 저항의 시간이 겹쳐 있다. 도심 한가운데서 주인과 이름을 바꿔가며 시대의 변화를 겪었고, 지금도 새로운 이름과 시간을 향해 서 있다.

1 미츠이물산 계열의 건축물 설계로 유명했던 마츠이 기타로는 중앙 출입구를 2층 높이로 강조하는 건축 언어를 이 건물에서도 보여준다.

2 미츠이물산 경성 사옥은 해방 후 미문화원으로 사용되었다. 1985년 5월 23일 대학생들이 점거 농성을 한 민주화운동의 역사적 공간이기도 하다.

3   미츠이물산 경성 사옥의 주출입구. 정면
출입구를 2층 높이의 돌출된 프레임으로
강조하고 석재 타일로 외벽을 마감했다.

4   창문 사이 직선의 띠들이 다양한 폭과
깊이로 전면 파사드에 리듬감을 준다.

16

경성재판소

전시장이 된 법원　　　　　　　　　(서울시립미술관 서소문본관)

서울특별시 중구 덕수궁길 61
국가등록문화유산 제237호

　덕수궁 돌담을 따라 정동길을 걷다 보면, 수목과 조형물이 놓인 완만한 구릉 위로 서울시립미술관이 모습을 드러낸다. 미술관 정원 한편의 조형물 사이에는 이곳이 한때 독일공사관이 자리했던 터임을 알리는 팻말이 서 있다. 또한 이 자리는 대한제국의 평리원이 있던 곳이다. 평리원은 1899년부터 1907년까지 운영된 대한제국의 최고 법원으로, 대한제국 사법 체계의 정점에 있던 기관이다. 1928년 이 자리에 경성재판소 건물이 들어서며 평리원의 역할을 대신했다.

　이곳은 주변보다 지대가 높아 정동과 덕수궁 일대를 한눈에 내려다볼 수 있다. 경성재판소 건물은 해방 이후에도 대법원청사로 사용되었고, 1995년 대법원이 서초동으로 이전할 때까지 대한민국 대법원 청사로 기능했다. 이후 서울시립미술관으로 용도가 변경되면서, 전면 현관부를 제외한 기존 건물은 철거되고 새로운 미술관 건물이 들어섰다.

경성재판소는 조선총독부 내무부 건축과가 설계한 건물로, 지하 1층, 지상 3층 규모의 철근 콘크리트 구조에 벽돌을 사용했다. 중앙의 아치형 현관을 중심으로 좌우 대칭을 이루며, 일日자 평면으로 중정을 감싸는 형식이다. 정면 중앙에는 세 개의 아치를 지닌 포치가 돌출되어 있고, 그 위 3층에는 서로 연결된 네 개의 반원형 창이 배치되어 건물의 중심성을 강조한다. 아치형 창은 화강석 띠로 장식되어 있다.

포치 좌우 1층 창 역시 모두 아치형의 좁고 긴 형태이며, 2층과 3층의 수직 창은 장식을 최소화해 단순하게 처리했다. 이는 고전적 건축 요소와 근대적 합리성이 공존하는 과도기적 양식을 보여준다. 외벽은 엷은 노란빛을 띤 갈색 타일로 마감했는데, 이는 일제강점기 관공서와 대형 건축물에서 흔히 사용되던 재료다. 건물 상부에는 화강석 띠가 수평으로 둘러져 코니스 장식을 대신한다.

서울시립미술관으로 탈바꿈하는 과정에서 옛 대법원 건물은 전면 입구와 일부 외벽만 남기고 철거되었다. 그 결과 내부에서는 경성재판소의 흔적을 찾기 어렵지만, 전면 출입구 부분만 원형을 비교적 온전히 유지한 채 국가등록문화유산으로 보존되고 있다.

미술관은 옛 벽체와 새 전시관 사이에 로비를 두어 과거와 현재를 잇는 중성적 공간을 형성했다. 백남준의 비디오 작품이 설치된 이 로비는 3층 높이의 천장까지 트여 있으며, 유리 천창을 통해 들어온 자연광이 바닥까지 스며든다. 미술관은 지하 2층, 지상 3층 규모로 여섯 개의 크고 작은 전시실을 갖추고 있고, 2층의 천경자 컬렉션 전시실에는 화가 천경자의 스케치, 채색화, 기록화 등 기증 작품이 상설 전시되어 있다.

　건물을 나서기 전, 중앙 출입구 외벽 하단에 놓인 정초석을 반드시 살펴볼 필요가 있다. 정초석에는 다음과 같은 문구가 새겨져 있다.

定礎 昭和二年十一月 朝鮮總督子爵齋藤實

(정초 소화이년십일월 조선총독 자작 사이토 마코토)

　이는 '1927년 11월, 조선총독 자작 사이토 마코토가 초석을 놓음'이라는 뜻이다. 정초석은 건물의 이력서와 같다. 일제강점기에 지어진 많은 건축물의 정초석이 훼손되거나 사라진 것과 달리, 이곳의 정초석은 비교적 온전히 남아 있다. 누차 강조하지만, 부수거나 지운다고 해서 역사가 사라지는 것은 아니다. 남기고 기억할 때, 잘못된 역사는 반복되지 않는다.

1 1928년 준공 당시의 경성재판소. 해방
후에는 대법원청사로 이용되었다.

2 미술관으로 전용된 경성재판소. 아치
출입구의 돌출 포치를 중심으로 좌우
엄격한 대칭을 이루는 3층 건물이다.

3 　서울시립미술관으로 바뀌면서 내외부 공간이 크게 달라졌다. 경성재판소의 흔적은 전면 파사드에서만 찾을 수 있다. 파사드만 등록문화유산이다.

4 　신축된 내부 벽체 사이에 높고 긴 유리 천창이 중성 공간을 만들고 있다.

5 　조선총독 사이토 마코토의 정초석. 정초석 글자가 훼손되지 않은 드문 사례이다.

17　｜　배재학당 동관

한국 최초의 근대 사립학당　　　　　　　　(배재학당역사박물관)

서울특별시 중구 서소문로11길 19
서울특별시 기념물 제16호

　　근대기 정동은 덕수궁을 중심으로 정치와 외교가 집중
되고, 새로운 서구 문명이 유입되던 서울의 중심지였다. 이곳에서
오랜 시간을 지켜온 정동제일교회와 아펜젤러기념공원 사이에는
배재학당 건물이 자리하고 있는데, 두 건물은 닮은 모습을 하고 있
다. 이는 정동교회와 배재학당 모두 미국 북감리교 선교사 헨리 게
르하트 아펜젤러Henry Gerhart Appenzeller, 1858~1902의 선교 활동에서 비
롯되었기 때문이다.

　　1885년 아펜젤러는 작은 한옥에서 영어와 신학문을 가르치고,
자신의 사저에서 예배를 드리며 교회를 세웠다. 이듬해인 1886년,
배재학당은 정식 학교로 문을 열며 구한말 근대식 고등교육의 기
틀을 마련했다. 북감리교회가 운영한 배재학당은 학생이 늘어날
수록 교회 신도 역시 함께 늘어났고, 1887년에는 좀 더 넓은 예배
당을 마련해 오늘날의 정동제일교회가 탄생했다. 같은 해 세워진
단층 벽돌 교사는 이후 철거되었고, 그 자리에 배재학당 서관이 건

립되었다.

1902년 아펜젤러가 해상 사고로 사망한 뒤에는 남·북감리교회가 공동으로 학교를 운영했다. 이후 1905년 북장로교회와 협력 운영을 시도했으나, 1908년 다시 북감리교회 단독 운영 체제로 돌아갔다. 1910년 한일강제병합 이후 조선총독부가 1911년 사립학교 규칙, 1915년 개정 사립학교 규칙을 공포하면서 배재학당 역시 일제의 통제 아래 놓이게 되었다.

1916년 배재학당은 '사립 배재고등보통학교'라는 교명으로 기독교계 사립학교 가운데 처음으로 조선총독부의 인가를 받았다. 현재 남아 있는 배재학당 동관은 이 해에 완공되어 교실로 사용되었으며, 1984년 배재중·고등학교가 이전한 이후에는 배재학당역사박물관으로 활용되고 있다.

구한말 조선은 여러 나라와의 통상 조약을 통해 오랜 쇄국의 문을 열면서 외국 선교사들이 조선에 들어왔다. 그러나 이들이 처음 맞닥뜨린 것은 조선 사회에 깊이 뿌리내린 유교적 가치관이었다. 유교 사회에서는 남녀와 신분, 직업의 귀천을 엄격히 구분하고 조상 제사를 중시했다. 반면 기독교는 신 앞의 평등과 유일신 신앙을 강조했다. 이러한 가치의 충돌로 선교사들은 처음부터 환영받지 못했으며, 직접적인 포교보다는 교육과 의료 활동을 통해 우회적으로 서서히 조선 사회에 스며들었다.

아펜젤러 역시 교육자로 활동하며 왕실로부터 학교 설립 허가를 받았다. 1887년 고종은 학교 이름을 '배재培材'라 지어주었는데, '인재를 기른다'는 뜻이었다. 임금이 직접 이름을 내리자 조선인들의 관심이 커지며 학생 수가 급격히 늘었다. 배재학당에서 신학문을 배운 인물로는 김소월, 여운형, 이승만, 주시경이 있으며, 서재필은 교사로 재직했다. 배재학당은 오늘날 배재중·고등학교, 배재대학교, 감리교신학대학교의 모태가 되었다.

배재학당 동관은 붉은 벽돌과 화강석을 부분 장식에 사용한 네오르네상스식 건축물로, 반지하층을 포함한 지상 2층 구조이다. 벽돌 건물의 박공지붕은 지붕층까지 방이나 부대 공간으로 활용된다. 반지하층과 지상층 사이에는 화강석 띠가 건물을 둘러 수평선을 이루고, 1층과 2층 사이에는 벽돌 모서리를 활용해 정교한 수평띠 장식을 더했다.

정면 중앙의 현관을 중심으로 좌우 대칭의 수직 창이 배치되어 있으며, 창호는 목재 오르내리창과 화강석 창틀로 제작되었다. 중앙 현관은 돌출된 포치 형태로, 세 개의 화강석 원형 기둥이 전면 모서리를 지탱하고 그 위에 삼각형 박공형 페디먼트가 얹혀 있다. 좌우 측면 출입구에도 각각 두 개의 원형 기둥과 페디먼트 지붕 장식이 설치되어 있다.

근대식 건물에서 근대 교육을 실천한 배재학당은 아펜젤러의 기독교 정신을 바탕으로 수많은 지식인을 길러냈다. 현재 동관은 역사 전시 공간으로 활용되며, 아펜젤러의 선교 활동과 근대 교육의 현장을 후대에 전하는 역할을 하고 있다.

태평통선

1   1916년에 준공된 배재학당 동관. 이
건물은 처음 지어질 때의 모습을 잃지 않고
있으며, 우리나라 근대 건축의 중요한
지표가 된다. ⓒUniversity of Southern
California

2   1916년 준공된 배재학당 동관.

3   배재학당 동관 동쪽 출입구. 돌 구조
현관이 잘 보존되어 있으며 남쪽을 제외한
세 방향에 출입구를 두고 있다.

이화학당 심슨기념관

한국 최초의 여성 교육기관　　(이화여자고등학교 이화박물관)

서울특별시 중구 정동길 26
국가등록문화유산 제3호

덕수궁을 지나 붉은 벽돌 건물들이 늘어선 정동길 초입에 들어서면 정동제일교회가 자리하고, 돌담길을 따라 걷다 보면 이화여자고등학교의 출입문과 마주하게 된다.

그 옆에는 기와를 얹은 솟을대문과 하마비下馬碑가 나란히 서 있다. 이 한옥 대문은 이화학당 시절 여학생들이 드나들던 학교의 정문인 사주문四柱門이다. 사주문은 네 개의 기둥 위에 기와지붕을 얹은 격식 있는 한옥 대문으로, 앞에 세워진 화강석 하마비에는 학교에 들어서기 전 신분의 높고 낮음을 막론하고 모두 말에서 내려 걸어 들어가야 한다는 뜻이 새겨져 있다.

이화여자고등학교 정문을 지나 안으로 들어서면 왼편에 붉은 벽돌 건물, 심슨기념관이 보인다. 이 건물은 2011년 복원 공사를 통해 1915년 이화학당 시절의 원형을 되찾았으며, 현재는 이화박물관으로 사용되고 있다.

이화여자고등학교의 전신인 이화학당은 1886년 미국 북감리교 선교사 메리 스크랜튼Mary F. Scranton, 1832~1909이 세운 우리나라 최초의 여성 교육기관이다. 설립 초기 스크랜튼은 자신의 한옥에서 교육을 시작했다. 이듬해인 1887년 고종은 '배꽃처럼 순결하고 아름답고 향기로운 열매를 맺으라'는 뜻으로 '이화학당梨花學堂'이라는 이름을 내렸다.

학생 수가 점차 늘면서 이화학당은 1899년 최신 설비를 갖춘 2층 규모의 메인 홀을 세우고, 1915년 심슨기념관Simpson Memorial Hall, 1922년 프라이홀Frey Hall을 차례로 건립하며 교정을 서구식 근대 건축물로 채워나갔다. 심슨기념관은 미국인 사라 심슨Sarah J. Simpson의 기부로 건립된 지하 1층, 지상 3층 규모의 벽돌 건물이며, 1922년에 증축되었다. 한국전쟁 중에 메인 홀이 파괴되고 심슨기념관 일부도 붕괴되었으며, 프라이홀은 1975년 화재로 소실되었다. 프라이홀 자리에 백주년기념관이 들어섰다.

간신히 남아 있던 심슨기념관은 1961년 복원을 진행했다. 남쪽 건물 외관은 초기 모습을 최대한 복원했으나, 그 외에는 상당 부분 변형되었다. 오늘날 심슨기념관은 이화여고 교정에서 가장 오래된 건물로 남아 있다.

심슨기념관은 T자형 평면 구조로, 붉은 벽돌과 화강석을 사용해 외벽을 구성했다. 아치창의 키스톤과 창 하부 인방은 기능과 장식을 겸하며, 밝은 화강석과 붉은 벽돌의 대비가 건물 외관에 품격을 더한다. 전면에는 돌출된 포치형 현관이 있고, 내부는 중앙 계단실과 중복도를 중심으로 양쪽에 전시실이 배치되어 있다. 1층에는 유관순 열사가 공부하던 교실이 재현되어 있다.

　　　　　18 이화학당 심슨기념관

테니스장으로 이어지는 남쪽 출입구는 과거의 정문으로, 출입구 위에는 'SARA H. J. SIMPSON MEMORIAL'이 현판에 새겨져 있다. 화강석에 배흘림을 준 도리아식 붙임기둥과 삼각형 박공지붕은 건물에 웅장함과 위엄을 더한다. 남쪽 출입구 앞 후원 한쪽에는 유관순 정원, 우물, 유관순 동상, 고려시대 3층 석탑, 문인석文人石 등 다양한 석조 유물이 자리하고 있다.

이화박물관은 상설 전시실과 기증 전시실을 갖추고, 학교의 역사 자료들을 전시한다. 이화여자고등학교가 배출한 한국 최초의 여의사 김점동(박에스더, 1876~1910), 최초의 여성 비행사 권기옥1901~1988 등 수많은 여성 선구자들의 업적도 이곳에서 만날 수 있다.

선교사 메리 스크랜튼이 세운 이화학당은 '사람을 가꾸는 정원'이었다. 세월이 흘러 심슨기념관은 이화박물관으로 거듭났으며, '역사의 정원'으로 남아 후세에게 그 뜻을 전하고 있다.

1 이화학당 심슨기념관에 모인
여학생들의 모습. 이화학당
심슨기념관은 1915년에 건립된
지하 1층, 지상 3층 규모의 근대
건축물이다. 학교 건축 초기의
서양식 건축양식을 보여준다.
ⓒ이화박물관

2 심슨기념관 후면. 건립 초기
심슨기념관의 주출입구는 동남쪽에
위치했으나 현재는 건물의 후면인
북서쪽 입구를 출입구로 사용하고
있다.

3 심슨기념관은 붉은 벽돌의 3층 건물로 아치 중앙과 모서리에 화강석을 붙여 기능과 장식을 겸하고 있다.

4 이화여자고등학교 옛 정문에 있는 솟을대문과 하마비. 하마비에는 "대소인원개하마(大小人員皆下馬)"라고 써 있다. 신분과 지위의 높고 낮음을 막론하고 모두 말에서 내리라는 의미로 일반적으로 궁궐이나 종묘, 향교 등에 세웠는데, 이화학당 정문에 놓였다는 것은 교육의 평등성을 상징하는 것으로 보인다.

태평통선

19 | 싱거미싱 사옥

재봉틀과 신문이 펼쳐진 곳 (옛 신아일보사 별관)

서울특별시 중구 정동길 33
국가등록문화유산 제402호

이화여자고등학교 맞은편에는 작고 단정한 붉은 벽돌 건물 하나가 서 있다. 지금은 '옛 신아일보사 별관'으로 알려져 있지만, 이 건물의 원주인은 신문사가 아니라 미국 기업 싱거미싱사 Singer Sewing Machine Company이다. '재봉틀의 대명사'로 불렸던 싱거미싱사는 1930년대 이곳에 사옥을 세웠다.

그러나 이 건물에서의 시간은 길지 않았다. 태평양전쟁이 발발하면서 미국은 일본의 적국이 되었고, 조선에 있던 미국 기업과 무역상들은 모두 철수해야 했다. 싱거미싱사도 결국 이곳을 떠나야 했다.

해방 이후 싱거미싱사는 다시 이 건물을 사용하다가 1969년 신아일보사에 매각했다. 신아일보사는 1975년 3층과 4층을 증축해 별관으로 사용했다. 신아일보사는 1965년 창간된 경제·산업 중심의 상업 신문으로, 기업 활동과 시장 경제를 중시하는 논조를 보였다. 그러나 1980년 언론 통폐합 조치로 경향신문사에 흡수되며 폐간되었다. 현재 이 건물은 여러 업체가 입주해 사무실과 카페로 사용되고 있다.

싱거미싱 사옥은 1930년대 민간 건축에서는 드물게 한방향 장선 슬라브 구조와 원형 철근을 사용해 지은 건물로, 당시의 건축 기법과 구조적 특징을 보여주는 기술사적 가치를 지닌다. 또한 1980년대 신군부 시절 언론 통폐합으로 폐간된 신문사의 별관이었다는 점에서, 언론 수난사의 현장이자 근현대사의 증언자로 평가된다.

건물은 지하 1층, 지상 2층 규모의 철근 콘크리트 구조에 붉은 벽돌 치장쌓기를 했다. 지하는 반층 이상이 지상으로 드러나 있어 반지하 형태에 가깝다. 준공 당시 사진을 보면 2층 규모의 모임지붕을 얹은 건물로, 2층에는 베란다가 있었다. 베란다 난간 위의 화강석은 후대에 추가된 것이다.

전체 평면은 T자형으로, 정면 출입구를 중심으로 좌우 대칭을 이루고 있다. 창문틀은 화강석을 사용했다. 1975년 증축으로 모임지붕은 평지붕으로 바뀌었고, 건물은 지하 1층, 지상 4층 규모로 확장되었다. 2층으로 오르는 양방향 계단이 새로 만들어졌으며, 좌측면에도 출입용 계단이 추가되었다.

중앙 출입구로 들어가려면 반층 정도를 계단으로 올라야 한다. 출입구 위에는 돌출된 포치가 있고, 실내에는 벽난로 등 초기 원형의 흔적이 남아 있다. 벽돌 벽면의 창문과 흰색 콘크리트 띠 창문은 상하부 인방을 두어 구조적 안정감과 미학적 균형을 이루고 있다.

지층의 아치형 출입문을 지나면 카페 공간이 펼쳐진다. 카페 안쪽으로 들어서면 신아기념관이 자리하고 있다. 작은 공간이지만, 건물의 역사와《신아일보》의 창간부터 폐간에 이르는 과정이 간결하면서도 충실하게 정리되어 있다.

좋은 주인을 만난 건물이다. 거창하지는 않지만, 건물이 품어온 시간과 이야기를 존중하는 방식으로 그 흔적을 공간 곳곳에 남겨두었다. 이러한 태도는 2층에서도 이어진다. 현관 홀의 작은 공간에 놓인 오래된 싱거 미싱 한 대는 이 건물이 지나온 시간을 말없이 전한다. 요란한 설명이나 과장 없이도 작은 물건 하나가 건물의 역사를 상징적으로 드러내며, 이 공간이 주는 울림이 크기가 아니라 내용에서 비롯됨을 보여준다.

1 싱거미싱 사옥으로 쓰이던 당시의 사진. 지하 1층, 지상 2층 철근 콘크리트 구조에 벽돌 건물로 지어졌다. ⓒ서울역사박물관

2 싱거미싱 사옥은 1975년 두 개 층이 증축되면서 총 5층 건물이 되었다.

3   지층의 카페와 작은 역사관으로 진입하는
     출입구.

4   미국 싱거미싱사의 오래된 미싱이 건물
     한편에 전시되어 있다.

사관학교라는 이름의 선교 공동체   정동1928 아트센터

서울특별시 중구 덕수궁길 130
서울특별시 기념물 제20호

덕수궁 서쪽에 위치한 평성문을 나오면 덕수궁 길을 사이에 두고 주한 미국대사관저가 마주 보고 있다. 북쪽으로 조금 걸어가면 덕수궁이 끝나는 지점에서 구세군중앙회관을 만날 수 있다. 이 일대는 구세군 관련 건축물이 모여 있는 지역으로, 구세군 서울제일교회와 구세군중앙회관이 자리하고 있으며 그 뒤편 언덕에는 영국대사관과 대한성공회 서울주교좌성당이 있다. 한마디로 근대기 덕수궁 담장 뒤편 언덕 위의 넓은 대지는 영국인의 영역이었다. 이곳에 영국공사관과 교회가 자리했고, 지금도 남아 있다. 구한말부터 대한제국기를 거쳐 덕수궁 주변에 포진했던 열강의 공사관들 가운데 지금까지 같은 자리에 남아 있는 건물은 영국공사관이 유일하다. 1957년에 대사관으로 승격되었다.

영국에서 시작된 구세군은 영국공사관 인근에 구세군중앙회관을 세우고, 낯선 한국 땅에서 본국 공사관의 보호와 지원을 받으며 선교와 사회사업을 펼쳤다. 12월 크리스마스 시즌이 되면 빨간 옷

을 입고 자선 냄비 옆에 서 있는 구세군은 오늘날 우리에게도 친숙하다.

구세군은 1865년 영국 감리교 목사 윌리엄 부스William Booth, 1829~1912가 런던에서 시작한 선교 공동체 운동에서 비롯되었다. 그는 1878년 '구세군救世軍, The Salvation Army'이라는 이름으로 기독교 교단이자 사회봉사 조직을 창설했다. 1880년에는 런던에 구세군 국제본부를 세우고 '마음은 하나님께, 손길은 이웃에게Heart to God, Hand to Man'라는 표어 아래 전 세계에 선교사를 파견했다.

1908년 구세군은 머나먼 조선 땅에서 선교를 시작했다. 구세군은 교회 조직을 군대식으로 운영했으며, 성직자를 양성하는 신학교를 '사관학교', 목사를 '사관'이라 불렀다. 신앙을 따르는 이들은 '병사' 혹은 '신도'라 불렀다.

구세군중앙회관은 '구세군사관학교'라는 이름으로 1927년 11월 착공해 이듬해 붉은 벽돌의 2층 건물로 완공되었다. 1959년에는 1층과 2층 일부를 증축하고 강당의 천장을 높이면서 구세군 대한본영인 본부 사무실도 이전해왔다. 이때부터 건물 이름도 '구세군중앙회관'으로 바뀌었다. 2019년에는 복합문화공간 '정동1928 아트센터'로 새롭게 문을 열어, 과거와 현재가 공존하는 문화의 장으로 자리하고 있다.

구세군사관학교는 정면 중앙의 박공지붕을 중심으로 좌우 대칭을 이루는 구성이며, 네 개의 원형 기둥이 우뚝 서 있다. 이는 영국에서 유행했던 신고전주의양식의 변형으로, 기둥에는 배흘림 기법이 사용되었다. 기둥의 허리 부분이 볼록하고 위로 갈수록 좁아지는 형태로, 건물에 안정감을 주는 건축 기법이다.

전면의 박공에는 '구세군사관학교(救世軍士官學校)'와 '1928'이라는 숫자가 새겨져 있다. 1928년은 구세군사관학교가 준공된 해를 의미한다. 또 '구세군영(救世軍營)'이라 새겨진 현판도 건물 오른쪽 전면 벽에 있다. 이 현판은 2003년 구세군중앙회관 마당에서 발견된 것으로, 1915년 당시 예배당에 걸려 있던 것이다.

건물 뒤편에는 여러 차례의 증축과 내부 개조가 있었지만, 외관은 초기의 원형을 비교적 잘 보존하고 있다. 현재 1층은 사무실과 카페로 사용되고, 2층에는 목조 트러스가 드러난 높은 천장의 강당이 있어 모임과 연회 등 다양한 행사가 열린다. 왼편 건물에는 구세군의 역사와 활동을 한눈에 볼 수 있는 구세군역사박물관이 마련되어 있다.

1 구세군사관학교의 전경을 담은 사진 엽서. 촬영 시기는 1930년대로 추정된다. 뒤쪽 언덕에 철탑이 높게 서 있는 곳이 1926년 개국한 경성방송국이다. ⓒ서울역사박물관

2 구세군사관학교는 중앙 현관의 기둥 네 개는 신고전주의 건축양식이다. 건축물에 중후한 위엄을 보여주는 건축기법이기도 하다.

3   정면 박공에는 '구세군사관학교 1928'이
새겨져 있다.

4   구세군사관학교 내부. 해머빔 트러스
구조를 활용해 기둥 없이 넓은 내부를
형성했다.

5   천장 구조목의 디테일. 구세군의 상징인
S자와 십자가 문양을 결합해 구조와 미감을
강조했다.

동아일보사 사옥

언론사에서 미술관으로

일민미술관

서울특별시 종로구 세종대로 152
서울특별시 유형문화유산 제131호

세종대로와 만나는 광화문 사거리에는 밝은 연황색 벽돌 타일의 6층 건물이 있다. 세월의 흔적을 머금어 중후한 색감을 띠고 있으며, 건물 곳곳에는 고전적인 부조 장식이 벽면을 장식하고, 1층 정면 출입구의 석재 마감도 특별한 품격을 보여준다. 이 건물은 한때 동아일보사 사옥으로 사용되었던 일민미술관이다. 동아일보는 1926년부터 이곳에서 신문을 발행했고, 1992년 새 사옥으로 이전할 때까지 운영되었다. 동아일보사 사옥은 1996년 일민미술관으로 개관했는데, 고려대학교 창립자이자 《동아일보》 설립자 중 한 명인 인촌 김성수1891~1955의 장남, 일민 김상만1910~1994을 기리기 위해 세운 미술관이다. 2001년 일민미술관은 리노베이션을 거쳐 지금의 모습이 되었고, 증축된 5층과 6층에는 한국 신문의 역사를 한눈에 볼 수 있는 국내 최초의 신문 박물관이 자리하고 있다.

《동아일보》는 1920년 창간 후, 화동에 있는 옛 중앙고등학교에서 사무소를 운영하다가, 조선 요리 전문점 명월관이 있던 세종로 139번지 땅을 사들여 신사옥을 지었다. 1926년 완공 당시 동아일보사 사옥은 지금의 일민미술관과는 달랐다. 낙성식 관련한 1927년 4월 30일 자 《동아일보》 기사에 따르면, 설계와 감독은 조선식산은행 영선과장으로 근무하던 나카무라 마코토中村誠가 맡았고, 시공사는 시미즈구미淸水組였다. 철근 콘크리트 구조로 내진·내화 설계를 갖춘 근대기 건축물로, 외벽은 벽돌 위에 돌과 타일을 덧붙였으며, 부분적으로 테라코타 부조로 장식되었다. 1층과 2층 사이에는 수평 돌림띠가 둘러졌고, 지하 1층과 지상 3층 건물은 좌우 대칭형의 르네상스양식으로 지어졌다. 1층 중앙 출입구 위에는 2층부터 옥탑층까지 이어지는 돌출창 베이 윈도가 설치되었다.

대리석이 깔린 현관에 들어서면 중앙 계단실이 있고, 양 끝에도 작은 계단실이 배치되어 있다. 지하에는 난방실, 기관실, 숙직실, 탕비실이 있으며, 1층에는 인쇄실, 공장, 발성부실, 영업국이 있었다. 2층에는 편집국과 사장실, 3층에는 300여 명을 수용할 수 있는 집회실과 사진부가 있었다. 옥상은 창고와 운동장으로 설계되었으며, 낙성식 축하 행사에서는 비행기가 상공을 날았다고 전한다.

동아일보사 사옥은 이후에도 여러 차례 증축과 리모델링을 거쳤다. 1958년에는 오른쪽으로 두 칸을 확장했고, 1962년에는 위로 두 개 층을 수직 증축하여 5층, 1968년에는 한 층을 더 올려 6층의 건물이 되었다. 1994년에는 세 개 층을 전시실로 만들어 일민문화관으로 사용하다가, 1997년 일부 리모델링 후 현재의 일민미술관으로 개관했다. 2001년 전면 리모델링에서는 1층 내부 벽과 창호

　　　　　태평통선

를 보존하면서 카페 공간으로 만들었고, 2층은 미술관으로 조성했다. 3층에는 일민 김상만이 사용하던 유품, 자료와 함께 생전 집무실을 재현한 일민기념실이 자리한다.

일민미술관 오른쪽에는 동아미디어센터가 있다. 완만한 곡선의 유리 아트리움은 청계천을 향해 열려 있으며, 계단실은 시각적·동선적 연결성을 보여준다. 1920년 창간한 《동아일보》는 2020년 창간 100주년을 맞이했고, 투명한 아트리움은 타일 마감의 일민미술관과 유리 빌딩인 동아미디어센터를 하나로 연결하여 과거와 현재를 자연스럽게 이어준다. 세종로에 들어선 높은 빌딩 사이에서, 일민미술관은 100년이 넘도록 위풍당당하게 서 있다.

1 《동아일보》1926년 12월 11일 자에 실린
동아일보사 사옥 준공 당시의 사진.
동아일보사 사옥은 국내에서 가장 오래된
언론사 건물로 1992년까지 이곳에서
신문을 발행했다. 준공 당시에는 지하
1층, 지상 3층으로 철근 콘크리트와 벽돌
구조이며 외벽에는 석재와 타일을 붙였고
인조석도 부분적으로 사용했다.

2 동아일보사 사옥은 1962년 두 개 층을
증축했고, 1996년 일민미술관으로
재탄생했다.

3 동아일보사 사옥 정면. 중앙 현관을
중심으로 수직 장식이 반복되는 좌우 대칭
입면이 특징이다.

4 개구부와 벽면에 화강석 장식 조형물이
배치되어 중후함을 더한다.

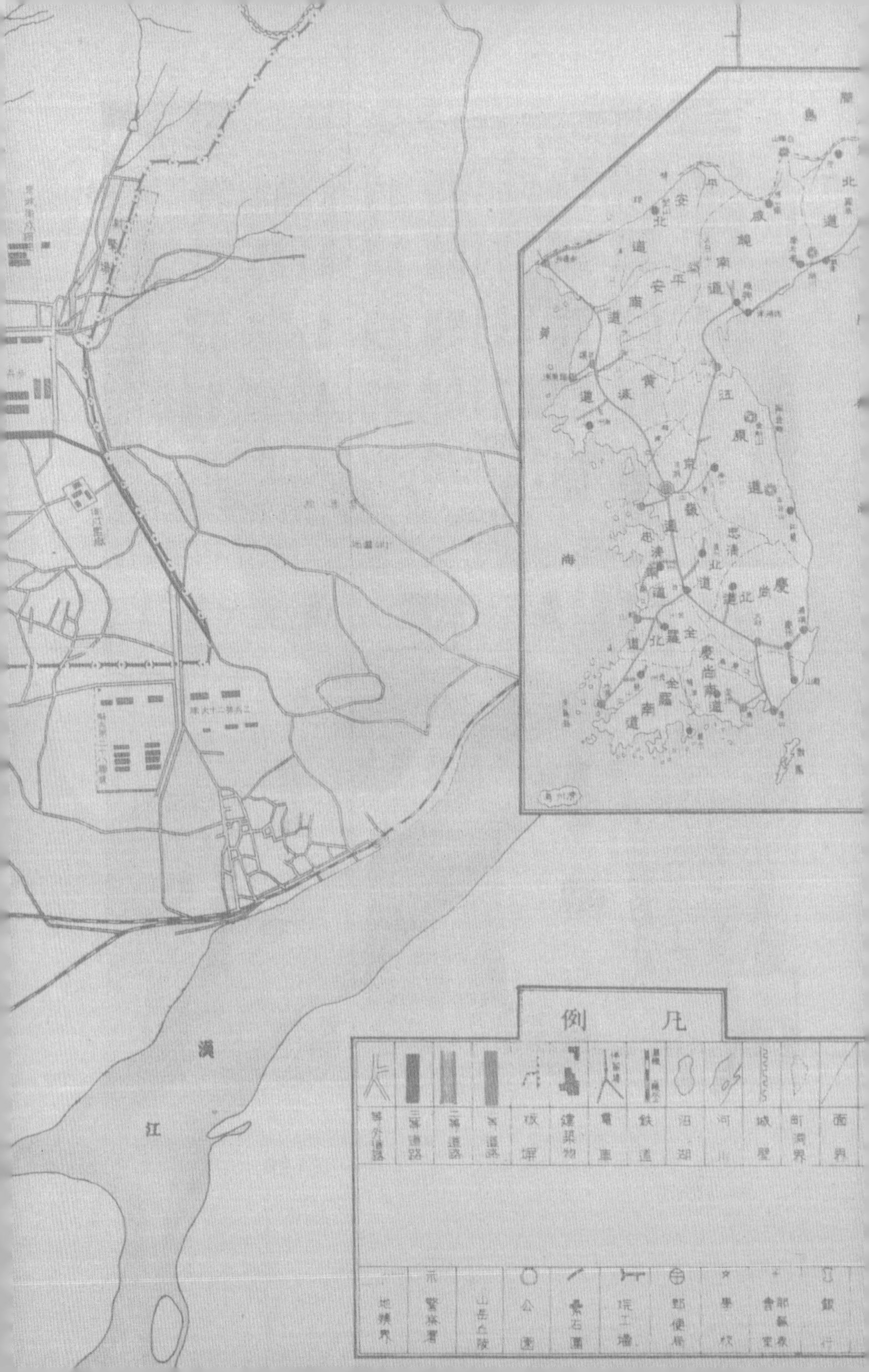
漢江
凡例
咸鏡北道
咸鏡南道
平安北道
平安南道
黃海道
江原道
京畿道
忠淸北道
忠淸南道
慶尙北道
慶尙南道
全羅北道
全羅南道
黃海
西界
府郡界
城壁
河川
沼湖
鐵道
電車
建築物
坂壁
三等道路
二等道路
一等道路
等外道路
地類界
市警察署
山岳石陵
公園
墓石圍
郵便局
學校
銀行

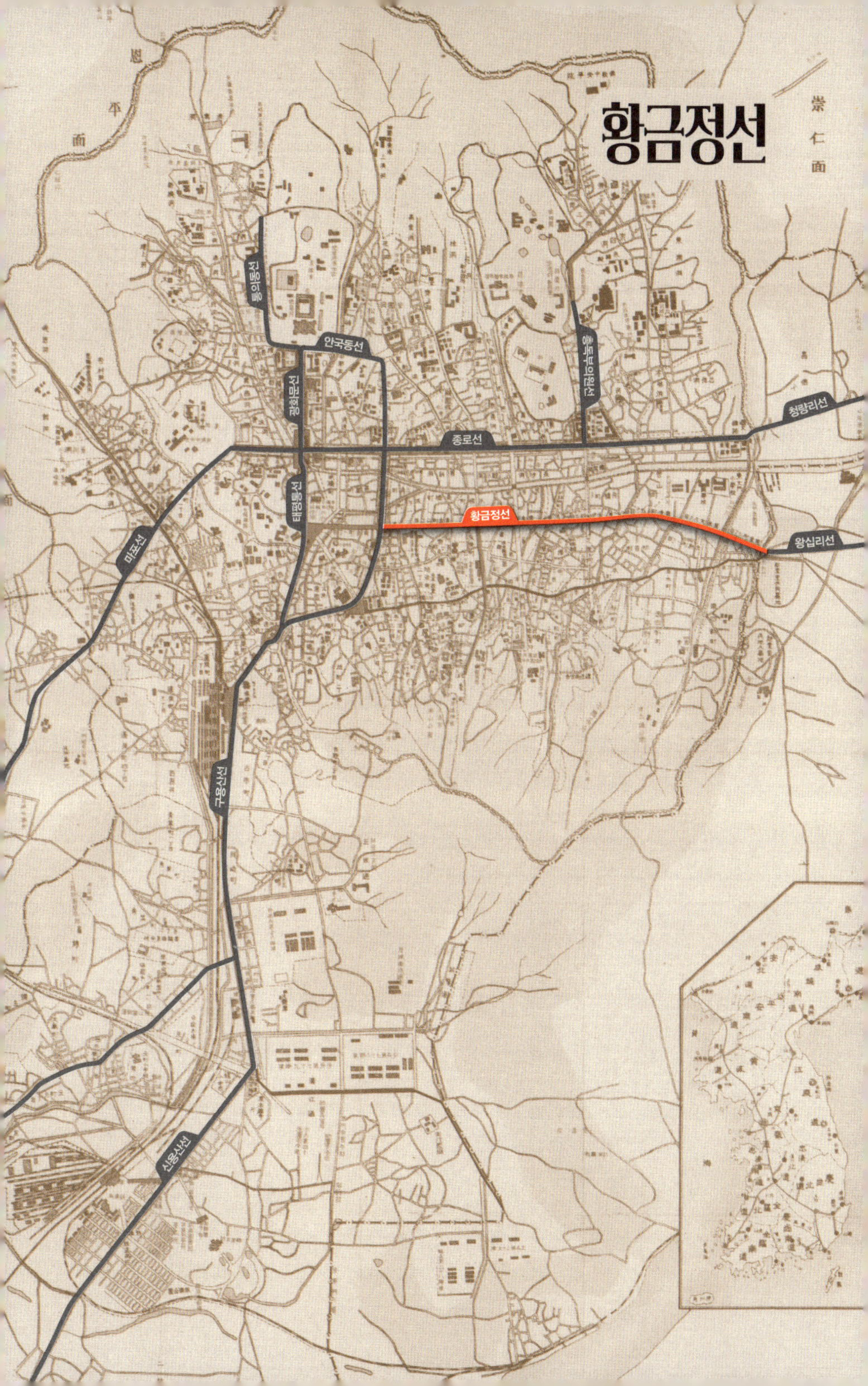

황금정선
崇仁面
안국동선
종로선
청량리선
황금정선
왕십리선
마포선
신용산선

영화의 전당

명동예술극장

서울특별시 중구 명동길 35
서울특별시 미래유산 제2013-092호

일제강점기 명동에는 근대 문화를 상징하는 극장이 들어서기 시작했다. 그중에서도 가장 돋보인 극장은 '명치좌明治座'였다. 오늘날 명동예술극장의 전신이 되는 극장이기도 하다. '명치明治'는 일본의 메이지 시대1868~1912를, '좌座'는 공연과 연극이 이루어지는 극장을 뜻하며, 일본식으로는 '메이지좌'라 불렸다. 명치좌는 1930년대 명동을 대표하는 문화 시설 가운데 하나였다.

1900년대 초 경성에는 이미 20여 개의 극장이 들어섰고, 1920년대에 이르러 명동은 문학, 미술, 음악이 어우러지는 식민지 조선의 문화 중심지로 자리 잡았다. 명치좌는 일본인 건축가 타마다 기츠지玉田橘治가 운영하던 타마다건축의 설계로 1936년 준공된 영화·연극 극장이었다. 타마다 기츠지는 미츠코시백화점 경성점 공사를 계기로 조선과 인연을 맺은 인물로, 단성사(1934), 황금좌(1936), 부산 동래관(1938) 등을 설계하며 1930년대 조선 극장 건축을 이끈 대표 건축가였다.

조선인 거주지가 밀집한 북촌과 일본인 중심지였던 남촌은 일상생활에서는 비교적 뚜렷이 구분되었지만, 극장가에서는 그 경계가 모호했다. 연극과 영화 관람은 언어와 출신을 넘어 많은 사람들이 공유하던 도시적 여가였고, 명동 일대의 극장들은 이러한 수요를 흡수하는 공간이었다. 명치좌 역시 일본인 관객을 주 대상으로 삼았지만, 실제로는 조선인 관객의 출입과 이용이 적지 않았으며, 다양한 계층과 배경의 사람들이 뒤섞여 문화를 소비하는 장소로 기능했다.

무성영화가 주류이던 시기에 명치좌는 발성영화를 상영하며 변사가 필요 없는 최신식 음향시설을 갖춘 극장이었다. 좌석 수 1,000석이 넘는 대형 규모로, 철골·철근 콘크리트 구조 위에 벽돌을 쌓고, 외부는 화강석과 타일로 마감한 네오바로크양식이었다. 외벽의 부조 장식은 건물에 중후함과 우아함을 더했다.

명치좌는 명동성당으로 이어지는 중심대로인 명동길과 명동7길이 교차하는 모퉁이에 자리했다. 일제강점기에는 교차로 모서리에 주요 건물을 배치하는 경우가 많았다. 특히 관공서나 극장처럼 규모가 있는 건물들은 모서리에 주출입구를 두어 사람들의 동선이 자연스럽게 모이도록 설계했다. 명치좌의 입면은 완만한 곡선으로 처리되어 모서리를 부드럽게 잇고, 반원형 캐노피지붕 아래에 주출입구가 자리한다. 2층에서 4층에 이르는 사각 창들은 장식 띠벽과 어우러져 수평의 리듬감을 만들며, 좌우 입면의 아치형 창은 2층과 3층을 하나로 연결한다.

명치좌는 지하 1층, 지상 4층 규모로 지어졌으며, 내부 객석은

1층부터 3층까지 이어졌다. 해방 이후 미군정 시기에는 '국제극장'으로 이름이 바뀌었고, 이후 서울시가 인수해 '시공관'이라는 이름의 집회와 공연 공간으로 활용되었다. 1959년부터는 국립극장으로 운영되다가, 1975년 대한투자금융이 건물을 인수하면서 금융회사 사옥으로 용도가 변경되었다. 1985년에는 내부 전면 개보수가 이루어졌으며, 1994년 철거 계획이 발표되자 명동상가번영회를 중심으로 시민 서명운동이 전개되었다. 결국 철거는 무산되었고, 2004년 문화관광부가 건물을 매입해 보존의 길로 들어섰다.

오랜 리노베이션을 거쳐 2010년 명동예술극장으로 다시 문을 열었다. 이 과정에서 원래의 평지붕 위에 유리벽의 원형 공간이 수직 증축되었고, 내부는 현대적인 공연장으로 재구성되었다.

명치좌는 시대의 풍파 속에 여러 소유주를 거치며 이름과 기능이 수차례 바뀌었다. 그러나 긴 세월 동안에도 명동의 중심에 서서, 이 거리를 오가는 사람들의 기억 속에서 변함없이 '극장'으로 남아 있다. 지금의 명동예술극장은 단순히 복원된 건축물이 아니라, 20세기 명동의 문화사와 근대 도시 풍경을 품은 공간이다.

황금정선

1 명치좌 왼쪽 벽에 1937년 6월 개봉한 영화 〈목격자〉의 현수막이 걸려 있다. 4층의 돌출된 기둥 사이 아치창이 규칙적으로 배열되어 있다. ⓒ위키미디어커먼스

2 옛 명치좌이자 명동예술극장의 외관. 주출입구가 모서리에 있으며 양측면은 대칭을 이룬다.

3 유리로 증축 리모델링된 옥상 층과 처마 디테일. 외부 벽면을 그대로 두고 내부는 전면 개축했으며 옥상에는 유리 파사드 건축물을 신축했다.

경성신사 터의 숭의여학교 (철거)

서울특별시 중구 소파로2길 10

남산 둘레를 따라 이어지는 소파로를 중심으로, 한쪽으로는 남산이 이어지고 다른 한쪽으로는 도심 풍경이 펼쳐진다. 남산 기슭의 높은 축대 위에는 숭의여자대학교가 자리하고 있는데, 이곳은 원래 일제강점기 경성신사가 있던 자리다.

조선이 개항한 뒤 한반도로 이주하는 일본인이 늘어나면서 일본인들은 자신들의 정신적 구심점을 마련하기 위해 신사 건립을 계획했다. 청일전쟁 이후인 1897년, 경성 일본거류민단은 남산의 한 구역을 차지해 그곳을 '왜성대倭城臺'라 불렀다. 왜성대라는 이름은 임진왜란1592~1598 때 일본군이 성을 쌓고 주둔했던 장소라는 점을 근거로 붙여졌다. 이는 조선의 역사적 기억을 일본의 군사적·문화적 존재와 연결 지어 식민 지배의 상징성을 덧씌우려는 의도가 담긴 명명이었다. 일본인들이 남산을 선택한 것 역시 자신들의 정체성을 드러내고 조선 지배의 정당성을 상징화하려는 시도였다.

1898년 일본인들은 이곳에 신사를 세우고, 일본 국왕의 생일인 11월 3일 천장절天長節에 진좌제鎭座祭를 거행했다. 이때 일본 이세 신궁에 있던 신체 일부가 경성으로 옮겨졌다. 처음에는 남산대신궁이라 불렸으나, 규모가 작아 정식 신궁의 격에 미치지 못했고, 1916년 정식 신사로 승격되면서 경성신사京城神社라는 이름을 갖게 되었다. 이곳에는 아마테라스 오미카미와 조선국혼대신 등 일본과 조선의 신이 함께 모셔졌다.

경성신사는 다른 신사와 달리 일본 민간이 중심이 되어 세운 신사였다. 그러나 1929년 왜성대 서쪽으로 자리를 옮긴 뒤, 1936년에는 조선총독부의 관리 아래 국폐소사國幣小社로 승격되었다. 1907년 10월 다이쇼 천황이 황태자 신분으로 조선을 방문했던 일을 기념해 1930년에는 신사 내부에 "황태자전하 어주가지처皇太子殿下御駐駕之處"라 쓰인 비석까지 세워졌다.

일제는 '내선일체' 구호 아래 조선인을 일본 황국의 신민으로 동화시키려 했고, 신사 건립과 참배는 중요한 사상적 통치수단이었다. 1915년 조선총독부는 '신사사원규칙'을 제정하고, 1936년에는 1개 면마다 1개 신사를 세운다는 '1면 1신사주의' 정책을 추진하며 전국 각지에 크고 작은 신사를 세웠다. 중일전쟁이 발발한 1937년 이후에는 모든 조선인과 종교인에게 신사 참배를 강요했다. 기독교계 학교에서는 신사 참배를 우상 숭배로 보고 거부했으며, 참배를 거부한 학교는 폐교 처분을 당하기도 했다.

해방 이후 전국의 신사 대부분은 철거되었고, 그 자리에 교회, 학교, 공원 등이 들어섰다. 경성신사가 있던 자리에는 숭의여학교가 세워졌다. 원래 평양에 있던 숭의여학교는 신사 참배를 거부하며 자진 폐교했는데, 해방 후 경성신사 철거 부지에 다시 학교를 세운 것이다. 숭의여학교는 현재 숭의여자대학교로 운영되고 있다.

숭의여자대학교 정문으로 이어지는 가파른 오르막길을 오르면, 과거 신사로 향하던 길을 따라 걷게 된다. 이 길은 신사의 정전으로 나아가기 위해 의도적으로 만들어진 참도參道로 추정된다. 참도는 도리이가 세워진 입구에서 신을 모신 본전까지 이어지는 길이다. 정문을 지나면 넓은 운동장이 펼쳐지고, 그 뒤로 학교 본관이 자리하며, 본관 뒤편으로 남산 자락이 이어진다. 본관 앞 화단에는 안내문과 표석이 놓여 있다. 안내문에는 일제강점기 신사 참배 거부로 폐교된 평양 숭의학원의 역사와 함께, 사라진 경성신사의 옛 모습이 담겨 있다. 화단에 놓인 석재 유구와 작은 안내판만으로도 이곳이 어떤 시간을 지나왔는지 짐작할 수 있다.

1   경성신사 입구를 알리는 도리이.   **2**   "삼엄한 경성신사 전면(경성)"이라고 적힌 사진 엽서. 경성신사 경내에 또 다른 도리이가 서 있다.

THE FRONT OF SOLEMN KEIJO SHRINE, KEIJO.
頭社社神城京るな殿森（京 城）

A shinto shrine Seoul　　　（其一）　社神城京　　　（朝鮮名所）

3 경성신사 배전. 1898년 일본인들을 위해 남산 왜성대에 세워진 남산대신궁이 1916년 경성신사로 이름이 바뀌며 정식 신사가 되었고 1929년에 현재의 숭의여자대학교 자리로 이전했다.

4 경성신사의 조형물들. 경내 도리이 앞에 신사의 신성 영역을 지키는 코마이누 한 쌍이 놓여 있다. ⓒ천안박물관

5 숭의여대 화단의 경성신사 안내판. 1938년 신사 참배를 거부했던 평양의 숭의여학교는 자진 폐교를 하였고, 해방 후인 1953년 남산의 경성신사 자리에 다시 세워졌다.

옹벽과 벤치로 남은 신사 　　　　　　　　　　　　　(철거)

서울특별시 중구 소파로2길 31

일제강점기 남산에는 일본의 전쟁 영웅 노기 마레스케乃木希典, 1849~1912를 기리는 노기신사乃木神社가 세워졌다. 노기신사는 러일전쟁의 여순 전투에서 활약한 일본 육군대장 노기를 기념하기 위해 건립된 신사다. 노기는 세 아들을 전쟁에서 잃고, 1912년 메이지 천황이 사망하자 부인과 함께 할복자살했다. 일본 사회는 그의 죽음을 충절의 극치로 칭송하며 군신軍神으로 신격화했고, 일제는 식민지 조선에서도 노기를 충성과 희생의 상징으로 이용했다. 오늘날 이 자리에는 한국전쟁 고아를 돌보던 사회복지시설인 남산원이 들어서 있다.

1934년 일제는 남산 국유지 약 1,700평 부지에 노기신사를 건립했다. 이 신사는 인근의 조선신궁과 경성신사와 함께 내선일체와 황국신민화를 주입하는 상징적 공간으로 기능했다. '조선인도 노기 장군처럼 천황을 위해 목숨을 바쳐야 한다'는 메시지를 각인시키려는 의도였다.

해방 이후 1952년 노기신사가 있던 자리에 복지시설이 들어섰다. 공식 명칭은 '군경유자녀원'으로, 한국전쟁으로 부모를 잃은 아이들과 군인·경찰 순직자의 자녀를 보호하기 위해 설립되었다. 당시 이곳에는 69명의 군경 유자녀가 생활했다. 1990년, 시설은 '사회복지법인 남산원'으로 이름을 바꾸었고, 오늘날까지 아동양육시설로 운영되고 있다.

리라초등학교 옆 남산원 입구 오른쪽에는 오래된 화강석 부재들이 흩어져 있다. 무질서하게 놓인 돌무더기 같지만, 가까이서 보면 정교하게 다듬어진 흔적이 남아 있다. 그중 하나인 화강석 수조에는 '소화 9년 9월 타카기 토쿠야·사다코 부부 봉납奉納'이라는 글이 새겨져 있다. 1934년 일본인 부부가 노기신사에 돌 수조를 바쳤다는 뜻이다. 수조 옆면에는 '세심洗心'이라 새겨져 있는데, 이는 신사 참배 전에 손을 씻는 테미즈야手水舍로 쓰였던 시설임을 알려준다.

1945년 일본의 패망으로 전국의 신사와 사당은 대부분 철거되었지만, 노기신사의 일부 건물은 남산원 원생들의 숙소로 사용되었다. 1979년 화재로 대부분이 소실되었고, 지금은 석조 부재만 남아 있다. 남산원 마당 곳곳에는 다양한 크기의 화강석이 옹벽에 박혀 있고, 석등이나 계단 난간에 쓰였던 돌들은 탁자와 벤치로 재배치되었다.

이 석재들은 식민지 조선의 역사를 증언하는 유물임에도 별도의 안내판은 없다. 전국의 다른 지역에서도 신사의 화강석 도리이는 운동장을 고르는 롤러로, 계단 난간석은 연수원의 출입문, 혹은

    24 노기신사

공원의 구조물로 변형되었다. 이처럼 신사의 석조 부재는 대부분 훼손되거나 흩어져 사라졌다.

남산원에 남아 있는 신사 부재와 석물들은 훼손을 멈추고 보존되어야 한다. 그것은 일제의 잔재를 보존하기 위한 일이 아니라, 그 시대의 흔적과 기억을 후대에 전하기 위한 일이다. 돌 하나, 기단 하나에도 식민지 조선이 겪었던 강제와 굴종의 역사가 새겨져 있기 때문이다.

1 노기신사 입구 전경. 입구의 다리와
도리이, 배전이 일직선으로 놓여 있으며,
오른쪽에는 노기신사(乃木神社)라고 적힌
석표가 서 있다. ⓒ교토대학중앙도서관

2 남산원 곳곳에 노기신사에서 쓰이던
석재들이 남아 있다.

3 남산원 옹벽에 사용된 노기신사 석물 부재들.

4 노기신사에서 사용했던 석조 수조인 테미즈야. 석조 수조는 신사 참배자들이 참배 전에 손과 입을 씻는 용도로, 앞면에는 마음을 씻는다는 의미의 세심(洗心), 뒷면에는 기증자의 이름과 날짜가 새겨져 있다.

마포선
崇仁面
종로선
안국동선
청량리선
황금정선
왕십리선
마포
구용산선
신용산선

경성의 파놉티콘 서대문형무소역사관

서울특별시 서대문구 통일로 251
국가사적 제324호

일제강점기 당시 주요 감옥 시설이었던 경성감옥은 현재 서대문형무소역사관으로 운영되고 있다. 경성감옥은 1907년 목조 옥사와 부속 건물로 지어져 약 500명을 수용할 수 있었으며, 일제의 식민지 통치 체계가 본격적으로 자리 잡기 시작한 시기의 대표적인 감옥 시설이다. 1908년 경성감옥으로 출발해 1912년 서대문감옥으로 개칭되었고, 1923년부터는 '형무소'라는 명칭을 사용하며 서대문형무소로 불렸다. 일제의 감시와 탄압이 심화되던 1930년대에는 수용 인원이 2,500명을 넘을 정도로 확장되었다.

해방 후에도 이 시설은 감옥으로서의 역할을 이어갔다. 1946년 서울형무소로, 1961년에는 서울교도소로 변경되었다. 1963년 서울교도소가 안양으로 이전한 뒤에는 서울구치소로 용도가 바뀌었으며, 1987년 서울구치소가 경기도 의왕으로 이전하면서 오랜 감옥의 기능을 마무리했다. 일제강점기부터 해방, 한국전쟁과 산업화 시기까지 다양한 명칭과 역할로 존재했던 이곳은 철거 논의도 있었으나 사적으로 지정되어 보존되었고, 주변이 독립공원으로 조성되면서 시민에게 공개되었다. 그리고 1998년 서대문형무소 역사관으로 개관해 오늘에 이르고 있다.

서대문형무소역사관은 1936년 도면을 기준으로 복원되었다. 건물과 시설은 지난 100여 년 동안 여러 차례 증축, 개조, 철거되었으며, 그 흔적은 공간 구성과 재료, 건축 방식에 남아 있다. 정문을 들어서면 직선 축을 따라 서대문형무소역사전시관이 마주하고, 오른편에는 옛 취사장 건물이 자리한다. 뒤편으로는 아홉 개 동의 옥사가 좌우 대칭으로 배치되어 있으며, 당시 사용된 우물과 추모 공간, 그리고 한센인을 격리 수용했던 병사가 남아 있다. 주요 시설 중 일부는 소실되었지만, 수감자 노역장이었던 공작사와 여옥사, 창고, 격벽장은 기초 흔적을 토대로 복원되었다.

격벽장은 수감자들의 운동 시 외부와의 접촉을 차단하고 감시 효율을 높이기 위해 설치된 시설로, 부채살 모양으로 방사형 차단벽이 배치되어 있다. 현재 전시된 격벽장은 원형보다 축소된 형태로 원래 자리가 아닌 곳에 복원되었다.

경성감옥은 파놉티콘Panopticon 구조로 건축되었다. 파놉티콘은 그리스어로 '모두'를 뜻하는 '판pan'과 '본다'를 뜻하는 '옵티콘opticon'을 합성한 것으로, 영국 법학자 제러미 벤담Jeremy Bentham, 1748~1832이 소수의 감시자가 자신을 드러내지 않고 모든 수용자를 감시할 수 있는 형태의 감옥을 제안하면서 이 말을 창안했다. 중앙 감시 공간을 중심으로 감방이 방사형으로 배치되는 구조로, 수감자의 행동을 한 지점에서 감시할 수 있는 근대 감옥 시스템이다.

경성감옥에서는 중앙물을 중심으로 10·11·12옥사가 부채살 형
태로 연결되었으며, 감방은 중앙 복도를 따라 1층과 2층에 배치되
었다. 통로 상부의 천창을 통해 자연광을 유입시키는 설계도 확인
된다.

서대문형무소는 식민지 권력이 독립운동가들을 탄압하기 위해
만든 감옥이었다. 일부 감방과 시설은 당시 구조를 바탕으로 재현
되어 있으며, 좁은 감방과 어두운 복도, 제한된 공간 구성은 당시
의 수감 생활을 짐작하게 한다. 전시 공간을 따라 이동하다 보면
감옥의 구조와 감시 체계가 어떻게 작동했는지 확인할 수 있다. 서
대문형무소는 식민지 시대의 통제와 억압 방식이 물리적 형태로
남아 있는 장소이다.

1 1945년 서대문형무소 시절의 전경. 현재와 차이가 많다. 남쪽에 줄맞추어 늘어선 장방형 감옥동은 수감자들의 독방으로 추정되는데, 최근 기초가 발굴되었다. ⓒ위키미디어커먼스

2 복원된 격벽장의 모습. 부채 형태로 격벽을 칸칸이 세워 수감자들이 운동을 하는 공간인데 원래 위치가 아닌 곳에 축소, 복원되었다.

3 최근 발굴된 원형의 공간(수감자들의 독방으로 추정). 앞으로 어떻게 보존할 것인가가 과제로 남아 있다.

4 경성감옥에서 서대문형무소역사관으로 거듭난 이곳은 한국 근현대사의 증거다.

5 보안과 청사로 사용되던 건물은 복원하여 서대문형무소역사전시관으로 사용 중이다.

4

5

6 경성감옥 시절의 감옥사가 복원되어 있다. 경성감옥 시절의 감옥사 내부 시설과 크게 달라지지 않았다. 1층과 2층의 옥사는 중앙이 뚫려 있어 자연광이 1층 바닥까지 떨어진다.

7 중앙에서 여러 동의 옥사 정황을 한눈에 감시하고 파악할 수 있도록 설계된 옥사 원형.

목멱산에서 인왕산으로 간 나라 사당

인왕산 국사당

서울특별시 종로구 통일로18가길 20
인왕산 국사당　국가민속문화유산 제28호
무신도　국가민속문화유산 제17호

　　조선 건국 초기, 한양은 풍수지리설을 바탕으로 수도를 정하고 도성을 쌓았다. 백악산(북악산)·인왕산·목멱산(남산)·낙산이라는 네 개의 산, 즉 내사산內四山이 도시를 둘러싸고 있었고, 내사산 능선을 따라 성곽이 축조되었으며 사대문과 사소문도 세워졌다. 또한 도성 경계를 넘어 성저십리까지 행정적 영역을 확장하여 한양에 포함시켰다. 성저십리城底十里는 도성에서 약 십 리, 즉 약 4킬로미터 범위로, 북쪽은 북한산, 남쪽은 한강, 동쪽은 우이천과 중랑천, 서쪽은 모래내에 이르렀다. 행정구역에는 성저십리까지 포함되었으나, '한양'이라 할 때는 도성 안을 의미했다.

　　태조 이성계가 개경에서 한양으로 수도를 옮긴 뒤, 당시 목멱산으로 불리던 남산에 '목멱대왕'이라는 작위를 내리고 이를 모시는 사당인 목멱사(목멱산사)를 건립했다. 이곳에서 수재 때는 기청제, 가뭄 때는 기우제를 국가 제례로 지냈고, 나라의 안녕을 바라는 기양제도 거행되었다. 이곳에서는 개인의 사사로운 제사와 기도는 금지되었으나 조선 후기로 가면서 목멱사는 점차 민간 신앙 공간으로 이용되기 시작했고, 이때부터 국사당으로 불렀다. 국사당의 위치는 지금의 N서울타워 부근 팔각정 자리였다.

1925년 7월 남산에 있던 국사당은 인왕산으로 옮겨졌다. 같은 해 남산 정상에 일제가 조선신궁을 완공하면서 국사당을 그대로 둘 수 없다고 판단했기 때문이다. 일제는 조선의 수호신을 모신 국사당이 일본 신을 모신 조선신궁보다 높은 자리에 있어서는 안 된다고 보았고, 이에 국사당을 인왕산으로 이전시켰다. 조선신궁이 들어선 자리에서는 일본 신을 모시는 진좌식이 거행되었고, 오랜 세월 한양의 수호신이 머물던 목멱산의 신격 또한 지워졌다. 조선신궁 터는 현재 N서울타워 아래 한양도성박물관 일대였다.

인왕산 국사당 터는 무학대사와도 깊은 관련이 있다. 한양도성을 쌓을 때, 무학대사와 유학자 정도전은 인왕산 선바위禪岩를 도성 안에 포함시킬지 여부를 두고 치열하게 논쟁했다. 선바위는 마치 스님이 장삼을 펄럭이며 서 있는 모습과 같아 불교적 예배처로 이용되었는데, 불교를 배척하는 성리학자 정도전의 의견이 받아들여져 도성 밖에 두게 되었다. 궁궐 터를 정할 때도 무학대사는 인왕산을 주산으로, 북악산을 좌청룡으로 두자고 했으나, 정도전은 인왕산을 주산으로 두면 궁궐이 남향할 수 없다는 이유로 북악산을 주산으로 정할 것을 주장했다. 결국 정도전의 의견대로 지금의 위치에 경복궁이 건립되었다.

인왕산 국사당은 선바위 아래에 자리한다. 전면 세 칸, 측면 두 칸 규모의 작은 기와집으로, 一자형 평면에 맞배지붕을 갖추었고 현재는 좌우에 부속 공간이 덧붙었다. 내부에는 ㄷ자 형태의 제단이 있으며, 제단 위 벽면에는 〈무신도〉와 함께 무속에서 수호신으로 삼는 둥근 청동거울인 명두가 걸려 있다. 국사당의 〈무신도〉는 19세기 전반에 제작된 것으로 추정되며, 품격과 예술적 수준이 높다. 비단 위에 그린 21점의 〈무신도〉에는 산신, 칠성, 용왕신, 조선 태조, 무학대사, 나옹, 최영 장군 등 다양한 신격이 섬세하게 표현되어 있다.

국사당과 〈무신도〉는 각각 문화유산으로 지정되어 있으며, 문화적·신앙적 가치를 인정받고 있다. 목멱산에서 나라의 국사와 백성의 안녕을 기원하던 국사당은 인왕산으로 옮겨진 뒤 개인 소유가 되어 개인의 복을 비는 폐쇄적인 무속 의례의 장이 되었고, 〈무신도〉는 굿거리의 배경으로 활용되고 있다.

1   1930년에 촬영한 인왕산 선바위의 모습.
국사당은 사진의 오른쪽 아랫부분 터에
자리를 잡았다. ⓒ서울역사박물관

2   남산 팔각정 자리에 있었던 국사당을
    1925년 지금 자리인 인왕산으로 옮겼다.
    전면 세 칸, 측면 두 칸의 한 동짜리
    건물이었는데, 지금은 양 끝에 증축되었다.
    국사당에서는 매년 나라의 제사를
    지냈으나 해방 후 적산가옥들이 민간에
    매각된 것처럼 국사당도 언제부터인가
    개인 소유가 되어 방문객이나 관람객을
    제한하며 현재는 무속인들이 굿당으로
    이용 중이다.

테일러 가의 지극한 한국 사랑 딜쿠샤

서울특별시 종로구 사직로2길 17
국가등록문화유산 제687호

오래된 은행나무 한 그루가 눈길을 끄는 동네가 있다. 이곳은 한때 행촌동이라 불리던 곳으로, 권율 장군의 집터로 알려진 자리이기도 하다. 또한 이곳 행촌동에는 페르시아어로 '이상향', '기쁜 마음'이란 뜻의 '딜쿠샤DilKusha'라는 붉은 벽돌집이 자리한다.

딜쿠샤는 일제강점기 통신사 기자로 활동한 미국인 앨버트 와일더 테일러Albert Wilder Taylor, 1875~1948와 그의 부인 메리 테일러Mary Linley Taylor, 1889~1982의 집이었다. 테일러 부부는 인도의 '딜쿠샤 궁'을 방문한 뒤 그 이름과 의미에 깊은 인상을 받아, 조선에 와서 은행나무 옆에 붉은 벽돌집을 지으며 같은 이름을 붙였다. 딜쿠샤는 1923년 착공해 1924년에 완공되었다.

딜쿠샤는 1926년 7월 낙뢰로 인한 화재로 지붕층과 2층 일부가 소실되었고, 1930년에 복구, 재건되었다. 앨버트 테일러는 1910년부터 서울에 거주하며 광산업에 종사했고, 고종의 국장 취재를 계기로 외신 특파원으로 임명되었다. 그는 민족대표 33인이 작성한 독립선언서를 동생을 통해 도쿄로 밀반출해 3·1운동 소식을 전 세계에 알렸으며, 제암리 학살 사건 등 일제의 탄압을 해외에 폭로하기도 했다. 이 활동으로 일제에 의해 6개월간 구금되었고, 태평양전쟁 발발 후 조선에서 강제 추방되었다.

테일러 부부가 떠난 뒤 딜쿠샤는 방치되었다. 1959년 정치인의 소유가 되었다가 1963년 국가 재산으로 귀속되었지만 제대로 관리되지 못했고, 무단 거주자가 들어와 살면서 편의대로 증개축이 반복되어 건물의 원형이 크게 훼손되었다.

시간이 한참 흐른 뒤, 2006년 방한한 아들 브루스 테일러가 정초석을 확인하면서 자신이 어린 시절을 보냈던 집임을 밝혀냈다. 정초석에는 "DILKUSHA 1923"과 함께 "PSALM CXXVII-I"이라 새겨져 있는데, 이는 구약성서 시편 127편 1절로 "여호와께서 집을 세우지 아니하시면 세우는 자의 수고가 헛되며, 여호와께서 성을 지키지 아니하시면 파수꾼의 깨어 있음이 헛되도다"라는 구절이다.

딜쿠샤는 지하 1층, 지상 2층의 H자형 평면을 가진다. 좌우 날개동 위에는 박공지붕이 얹혀 있고, 중앙부의 다섯 기둥은 전면 테라스를 형성한다. 동쪽 날개동은 식당, 서쪽은 욕실과 자녀 방으로 사용되었으며, 2층 베란다에서는 한강이 내려다보였다고 전해진다. 1층과 2층의 벽난로는 당시 벽돌 가옥의 난방 방식을 보여주며, 특히 2층 날개동의 원형 벽난로가 보존되어 있는 것이 특징적이다. 외벽은 벽돌 사이에 공동을 두어 단열과 방음 효과를 높였다.

서울시는 2001년부터 딜쿠샤를 국가등록문화유산으로 등재하려고 추진했으나, 무단 점거 문제가 해결되지 않아 건물은 다시 방치되었다. 수십 년간 점거가 지속되자 2012년 종로구는 안전 문제를 이유로 최소한의 보수 공사를 진행했다. 2015년에는 외관과 접근 가능한 일부 내부에 대해 실측도면 작성과 촬영 등 기록화 작업을 시행했다. 2016년 서울시는 기획재정부, 문화재청, 종로구와 협약을 맺어 무단 점유 문제를 해결하고 딜쿠샤를 국가등록문화유산으로 지정해 복원하기로 합의했다.

2017년 딜쿠샤는 국가등록문화유산으로 등록되었고, 2018년 7월 모든 거주민이 이주를 마치면서 본격적인 원형 복원 공사가 시작되었다. 서울시는 딜쿠샤를 '일제로부터 한국의 독립을 도운 외국인들을 조명하는 전시관'으로 조성해 2021년 개관했다. 정초석과 함께 남아 있는 이 집은, 한 세기를 넘어 이어진 테일러가의 한국 사랑을 기억하게 한다.

1 화재 발생 전의 딜쿠샤 전경. 촬영 시기는
1924~1926년 사이로 추정된다. 딜쿠샤는
H자형 평면의 지하 1층, 지상 2층 벽돌
건물이었다. 중앙부에는 베란다와 현관,
대연회장이 있고, 양쪽에는 식당과
침실 등 생활 공간이 배치되었다. 2층
응접실에서는 한강까지 조망할 수 있었다.
ⓒ서울역사박물관

2 딜쿠샤는 오랫동안 방치되었다가 복원해
2021년 개관했다.

　　　　　　　　　　　　　　　　　　　　　　마포선

<table>
<tr>
<td>3</td>
<td>'기쁜 마음'이라는 뜻의 DILKUSHA와 시편
127편 1절이 새겨진 정초석.</td>
<td>4</td>
<td>재현된 딜쿠샤 내부. 복원의 한계와 재현의
범위가 어디까지인가를 돌아보게 한다.
건축문화유산의 재현된 공간은 자칫
영화나 드라마 세트장으로 전락할 수 있기
때문이다.</td>
</tr>
</table>

5 딜쿠샤의 실내 벽난로가 원형 그대로
전시되고 있다. 일반적인 벽난로는 벽면의
반 정도 높이로 타일이나 대리석으로
마감하는데, 딜쿠샤의 벽난로는 천장까지
붉은 벽돌을 쌓은 형태이다.

5

근대 음악을 이끈 선구자의 집   홍난파 가옥

서울특별시 종로구 송월1길 38
국가등록문화유산 제90호

경희궁 서쪽의 완만한 언덕길은 한양도성 성곽을 따라 이어진다. 이 언덕길에는 근대 가옥들이 옹기종기 자리하고 있는데, 그중에는 여름이면 담벼락을 가득 덮는 푸른 담쟁이덩굴과 겨울이면 붉은 벽돌의 질감이 도드라지는 작은 2층집이 있다. 바로 홍난파 가옥이다.

이 집은 1930년대 독일인 선교사가 지은 서양식 주택으로 알려져 있으나 정확한 기록은 없다. 여러 사람의 손을 거치다가 1936년경 작곡가 홍난파가 매입해 거주했고, 그가 음악 활동을 펼치던 시기에 중요한 생활 공간으로 사용되었다. 2004년 서울시는 이 건물을 홍난파 기념공간으로 조성해 전시와 문화행사를 위한 공간으로 운영하고 있다.

홍난파 가옥은 현재 본채, 별채, 외부 계단실의 세 덩어리로 구성되어 있다. 본채는 홍난파가 살았던 당시의 모습을 간직하고 있으며, 별채는 1967년 이후에 증축된 것으로 추정된다. 계단실은 본채와 별채를 연결하기 위해 덧붙인 공간으로, 본채의 외벽에 붙어 지하 2층까지 내려가는 별채를 이어주는 역할을 한다.

홍난파 가옥은 남쪽과 북쪽 사이에 한 층 정도의 높이 차이가 있다. 본채의 현관은 남쪽에서 계단을 따라 1미터 정도 올라가면 나타난다. 현관으로 들어서면 오른쪽에 큰방이 있고, 왼쪽에는 거실과 작은방이 배치되어 있다. 현재는 기념관으로 사용되면서 1층의 칸막이 벽이 제거되었다. 1층은 주택의 중심 공간으로, 홍난파의 대표곡들이 작곡된 곳이다. 거실에는 세 개의 전구가 달린 전등과 벽난로가 설치되어 있다.

지하층에는 현관과 주방 겸 식당, 다락, 계단실이 자리한다. 개념적으로는 지하층이라 부르지만, 경사 지형 때문에 일부는 지상에 드러나 있다. 본채 북쪽에는 1층과 지하층을 연결하는 계단이 마련되어 있다. 본채가 먼저 지어진 뒤, 이후에 별채와 외부 계단실이 차례로 증축되었다. 이 공간들은 경사진 지형을 효율적으로 활용하기 위한 장치로 덧붙었다.

홍난파는 본명인 '영후'보다 '난파'라는 호로 더 잘 알려져 있다. 1898년 4월 경기도 화성에서 태어나 어린 시절 가족과 함께 서울로 상경한 그는 교회에서 처음 서양 음악을 접했다. 중앙기독교청년회 중학부 시절부터 뛰어난 음악적 재능을 보였고, 1912년 조선정악전습소 서양학부 성악과에서 공부한 뒤 기악과로 옮겨 바이올린을 배웠다.

그후 부친의 뜻에 따라 입학한 세브란스 의전(현 연세대학교 의과대학)을 1년 만에 중퇴하고 일본 도쿄 우에노음악학교로 유학을 떠났다. 예과를 마친 후 본과 입학이 좌절되자 귀국하여 '경성악우회'를 조직하며 음악 활동을 이어갔다. 이 무렵 작곡한 곡이 그의 대표작 〈봉선화〉이다. 〈봉선화〉는 1920년 홍난파가 작곡한 〈애수哀愁〉라는 제목의 기악곡에 1926년 김형준이 가사를 붙여 만든 가곡이다. 일제는 〈봉선화〉가 나라 잃은 조선인의 슬픔을 상징한다는 이유로 가창을 금지했다.

한국 근대 음악의 선구자로 평가되는 홍난파는 바이올리니스트이자 피아니스트, 작곡가, 음악평론가, 문필가로도 활동했다. 1925년 한국 최초의 음악 전문지《음악계》를 창간했고, 한국인 최초로 바이올린 독주회를 열었다. 1929년에는 동요 보급을 위해《조선동요백곡집》이라는 동요집을 내기도 했는데, 오늘날에도 사랑받는 〈고향의 봄〉이 여기에 실려 있다.

1931년 미국 유학 후 1933년 귀국한 그는 중앙보육학교와 경성보육학교에서 교사로 일했고, '난파 트리오'로 무대에 섰으며 경성학교 관현악단을 창립해 지휘자로도 활동했다. 또한 실내악 연주, 음악평론, 이화여전 강의 등 다양한 활동을 이어갔다. 그러나 경성방송국에서 흥사단의 단가를 작곡한 일로 종로경찰서에서 고문을 당하고 사상전향서를 쓰게 되었으며, 이후 일제를 위한 군가를 작곡하여 훗날 친일 행적으로 비판을 받았다. 홍난파는 혹독한 고문의 후유증으로 1941년 8월, 44세의 나이로 세상을 떠났다.

현재 홍난파 가옥에는 그의 유품이 전시되어 있지 않지만, 그가 꿈꾸었던 '민족의 혼이 담긴 음악'은 공간 곳곳에 배어 있다. 목재 마루 위에는 그랜드피아노와 홍난파의 사진을 두었다. 창문 너머로 인왕산의 바위 능선이 보이는 풍경은, 지금도 방 안에 그 시절의 여운을 드리우고 있다. 주변의 낮은 집들은 빌라로, 언덕 위의 집들은 아파트 단지로 바뀌었지만, 담쟁이가 감싼 작은 붉은 벽돌 집에서는 지금도 〈고향의 봄〉의 선율이 조용히 흐른다.

홍난파 가옥의 여름(상)과 겨울(하).
홍난파 가옥은 1930년 독일 선교사가
지은 벽돌조 서양식 건물로, 지상 1층과
지하 1층 규모다. 남쪽에는 현관과
거실, 침실을 두고 북서쪽에는 지하층을
배치했다. 동쪽의 두 침실은 현재 기념관
전시실로 사용되면서 벽을 터 원형이 일부
변형되었다.

     28 홍난파 가옥

2 홍난파 가옥 내부. 유품은 전시되고 있지
않으며 관련 자료들로 유품을 대신하고
있다. 나무바닥의 재료와 패턴은 원형
그대로 남아 있다.

경기도립 경성측후소

경성의 사계절이 시작되는 곳　　　　　　　국립기상박물관

서울특별시 종로구 송월길 52
국가등록문화유산 제585호

　　지하철 서대문역에서 내려 경희궁 서쪽의 송월동 능선을 따라 걷다 보면, 오른쪽으로 살짝 휘어진 길이 나타난다. 그 길 끝, 언덕 위에 자리한 곳이 서울기상관측소다. 뒤로는 한양도성과 인왕산이 병풍처럼 서 있고, 앞쪽으로는 서울 도심이 한눈에 내려다보인다. 서울기상관측소의 첫 이름은 '경기도립 경성측후소'로, 일제강점기 서울이 경기도의 한 도시인 경성부로 편입되었을 때 붙은 명칭이다.

　　우리나라의 근대적 기상 관측은 1904년 3월, 일제가 부산, 인천, 목포, 용암포, 원산, 성진, 진남포 등에 임시 관측소를 설치하면서 본격적으로 시작되었다. 이어 1907년에는 평양, 경성, 대구에 측후소가 세워졌다. 1907년 낙원동에서 기상 관측을 시작한 경성측후소는 1910년 한일강제병합 이후에는 조선총독부관측소로 통합되었고, 1932년 지금의 자리로 이전했다. 경성측후소는 1933년부터 기상 관측 업무를 본격적으로 이행했다. 이후 1949년 국립중앙관

상대로 개편되었으며, 여러 차례 조직과 명칭이 바뀌었다. 1982년 중앙기상대로, 1990년에는 기상청으로 승격되었고, 1953년부터 1998년까지 기상청 본청으로 사용되었다.

경기도립 경성측후소는 1932년 내화 벽돌과 철근 콘크리트 구조로 준공되었고, 1939년 동쪽 부분이 증축되었다. 원통형 옥탑을 중심으로 직육면체 건물들이 연결된 형태로, 단순하고 기하학적인 근대 건축양식을 보여준다. 동쪽의 2층 장방형 건물과 서쪽의 1층 장방형 건물이 만나는 중앙에 원통형 건물이 자리하며, 주출입구 위에는 캐노피와 함께 완전한 원통 형태의 탑이 세워져 있다. 이 탑이 바로 옥상 관측소다.

1층과 2층의 장방형 건물에는 반원형 아치창이 반복되어 배치되어 있고, 1층 내부의 원형 계단을 따라 옥상으로 오르면, 다시 원통형 옥탑을 감싸는 외부 계단으로 이어진다. 건물 외벽의 요철 문양은 1930년대 근대 건축의 장식적 특징을 잘 보여준다.

옥외 기상 관측 공간인 노장露場은 중요한 구성 요소다. 노장에는 백엽상, 우량계, 증발계 등 각종 관측 장비가 설치되어 있으며, 지면에는 잔디를 깔아 태양 복사열이 관측값에 영향을 미치지 않도록 했다. 세계기상기구 역시 잔디로 덮인 평평한 지면을 기온과 습도 관측에 가장 적합한 환경으로 권고하고 있다. 이러한 조건 덕분에 노장에서는 좀 더 일정하고 신뢰도 높은 온도와 습도 관측이 이루어진다.

온도계와 습도계 같은 관측 기기는 백엽상 내부에 설치된다. 백엽상은 판자 사이에 간격을 둔 격자형 구조로 설계되어 자연 통풍

마포선

이 가능하며, 직사광선을 차단하기 위해 흰색으로 칠해진다. '백엽
상白葉箱'이라는 이름도 이러한 흰색 차양판 구조에서 비롯되었다.
계절의 변화를 관측하기 위해 벚나무, 진달래, 은행나무, 단풍나
무 등을 심어 두었는데, 단풍나무와 벚나무는 서울기상관측소 건
물, 우량계실과 함께 국가등록문화유산으로 지정되었다. 벚나무
는 발아, 개화, 만발 시기를, 단풍나무는 단풍의 시작과 절정을 관
측한다. 벚꽃 개화의 기준은 임의의 한 가지에 세 송이 이상의 꽃
이 활짝 피었을 때이다. 단풍의 시작은 나무의 20퍼센트가량이 물
들었을 때, 절정은 80퍼센트가량 물들었을 때로 잡는다. 이곳에 심
긴 단풍나무와 벚나무의 수령은 단풍나무는 120여 년, 벚나무는
60여 년으로 추정된다.

이곳에서 매시간 관측된 기상 자료는 중앙기상청으로 전송되어
그날의 서울 공식 기온으로 기록된다. 1998년 기상청이 이전한 뒤
에도, 서울기상관측소는 여전히 서울 지역의 날씨를 관측해 데이
터를 보내는 역할을 이어가고 있다.

서울기상관측소는 2020년 '기상과학역사박물관'으로 새롭게
개관했다. 당시 건축도면을 바탕으로 복원 공사를 진행하여 전시
관 곳곳에서 경기도립 경성측후소의 원형을 확인할 수 있다. 이
곳에서는 공주 충청감영 측우기를 소장, 전시하고 있는데, 이는
세계 최초의 과학적 강우 측정기로 매우 귀중한 유물이다. 조선 시
대 충남 지역 감독관청이었던 공주감영錦營에 설치되었던 것으로,
1915년 경 일본인 기상학자 와다 유지和田雄治가 국외로 반출한 뒤
1971년 환수되어 기상청이 보관해오고 있다.

경기도립 경성측후소(현 서울기상관측소)는 건축과 공간, 그리고 소장품이 함께 온전히 보존된 드문 사례다. 언덕 위에 자리한 작은 건물에 들어서면 기상 관측이라는 과학이 오랜 역사와 정교한 체계를 바탕으로 발전해왔음을 자연스럽게 체감하게 된다. 큰 기대 없이 찾았다가, 과학과 시간이 축적된 공간의 밀도에 감탄하게 되는 장소다.

1   경기도립 경성측후소의 전경. 현재
기상과학역사박물관으로 활용되고 있다.
사진에 보이는 단풍나무와 벚나무는 계절
관측목으로 국가등록문화유산이다.

    29 경기도립 경성측후소

2 측후소 건물은 1930년대 모더니즘
건축으로, 반원형 입면과 수직 창, 장식을
절제한 기하학적 구성에서 아르데코적인
특징이 드러난다.

3 옥상 관측대로 이어지는 원형 탑. 지금은
전시 공간으로 바뀌었다.

4 건축물의 원형 자재를 살린 전시관이자
현관 홀. 기존 자재와 벽돌벽을 드러내
공간 자체가 전시물이 되도록 했다.

해방 공간의 정부 청사

경교장

서울특별시 종로구 새문안로 29
국가사적 제465호

1949년 6월 26일 정오, 해방된 조선의 진로를 둘러싼 논의가 오가던 경교장 2층 방에서 총성이 울렸다. 요원들이 계단을 뛰어올라갔을 때, 백범 김구1876~1949는 이미 안두희가 쏜 총탄에 쓰러진 뒤였다. 당시 육군 소위이자 서북청년회 출신이었던 안두희의 암살 동기와 배후를 둘러싼 논란은 지금까지도 이어지고 있다. 이 사건 이후 대한민국 사회는 또 한 번 큰 격랑에 휩싸였고, 해방의 기쁨이 채 가시기도 전에 혼란의 시대로 접어들었다.

경교장은 김구가 머물던 사저이자, 대한민국 임시정부의 마지막 청사였다. 1945년 11월 중국에서 귀국한 김구는 이곳을 거처이자 집무실로 삼았고, 1949년 6월 서거할 때까지 약 3년 7개월간 임시정부 요인들과 함께 이곳에서 독립 이후의 국가 방향을 논의했다. 해방 직후의 혼란 속에서 경교장은 사실상 정부 청사로서 독립운동의 마지막 숨결이 이어지던 공간이었다.

경교장은 근대 건축가 김세연1897~1975이 설계한 서양식 2층 가

옥으로, 1936년 착공해 1938년에 완공되었다. 일제강점기에는 '죽
첨장竹添莊'이라 불렸는데, 이는 이 일대의 일본식 지명인 '죽첨정竹
添町'에서 비롯된 이름이다.

죽첨장의 주인은 금광 사업으로 막대한 부를 축적해 '조선의 광
산왕'이라 불렸던 대부호 최창학1891~1959이었다. 그는 광산업뿐 아
니라 금융과 무역에도 손을 뻗어 대창산업주식회사를 설립했고,
저택 앞의 넓은 토지를 매입해 사옥 부지로 활용할 만큼 큰 자산을
보유했다. 당시 잡지에는 '최창학 저택(지금의 강북삼성병원 일대)'이
자주 소개되었는데, 서양식 건물인 죽첨장과 한옥, 정원이 함께 어
우러진 대규모 주택이었다.

최창학은 일본 정부에 비행기를 헌납했던 친일 인사로도 알려
져 있다. 광복 이후에는 자신의 저택을 김구와 임시정부 요인들에
게 헌납했는데, 이는 친일 행위에 대한 면죄와 정치적 보호를 기대
한 조치로 해석된다. 김구가 죽첨장에 머물게 되면서 이 집의 이
름은 인근 다리인 '경구교京口橋'에서 따온 '경교장京橋莊'으로 바뀌
었다.

경교장은 지하 1층, 지상 2층의 콘크리트·벽돌 건물로, 중앙 현
관을 중심으로 좌우 대칭을 이룬다. 전면 분할의 비례가 아름답고
1층의 베이 윈도와 2층 중앙의 아치창 외관이 특징이다. 현관의 두
기둥이 포치를 형성하고, 그 위 평지붕에는 난간이 둘러 있어 연설
대 역할을 하기도 했다. 김구가 2층 발코니에서 군중을 향해 연설
하던 장면은 기록 사진으로 남아 있다. 1층의 응접실과 거실은 공
식 공간으로, 임시정부 요인들은 회의를 열고, 독립 국가의 체제와

진로를 논의했다. 2층은 일본식 다다미가 깔린 사적인 생활 공간으로 구분되었다. 당시 국내에서 구하기 어려운 고급 자재를 일본에서 들여와서 시공했고, 현재까지 남아 있는 벽난로와 목재 바닥의 문양은 근대기 상류 주택의 특징을 보여준다.

김구 서거 이후 경교장은 여러 차례 소유와 용도가 바뀌었다. 1949년에는 중화민국 대사관저, 한국전쟁기에는 미군 부대 및 국군 의료진 숙소로 사용되었다. 1956년에는 베트남대사관저가 되었고, 1967년 고려병원(현 강북삼성병원)에 인수되어 병원 부속 건물이 되었다. 이 과정에서 건물 원형이 훼손되었다.

경교장은 대한민국 임시정부 청사로서의 역사적 가치를 인정받아 2001년 국가사적으로 지정되었다. 이후 2010년부터 복원 공사가 진행되어 2013년 일반에 공개되었다. 오늘날 경교장은 주변의 대형 병원 건물들 사이에 크지 않은 규모로 자리하고 있지만, 그 안에 담긴 역사적 상징과 기억의 무게는 결코 가볍지 않다. 이곳은 한 개인의 저택이었던 죽첨장에서 출발해, 해방 이후 독립 국가의 미래를 구상하던 공간으로 성격이 바뀌었다. 동시에 한 지도자의 꿈이 비극적으로 멈춰 선 장소이기도 하다. 경교장은 지금도 그 시간이 남긴 정적과 울림을 간직한 채, 우리에게 역사의 의미와 선택의 책임을 묻고 있다.

1 좌우 대칭의 입면과 아치창, 돌출창이
특징인 2층 서양식 주택 경교장.
1945년부터 1949년까지 김구의
사저이자 공관으로 사용되며 죽첨장에서
경교장으로 이름이 바뀌었다.

2 2층 김구의 집무실. 창가의 책상에 앉아 있던 김구는 안두희가 쏜 총에 의해 서거했다.

3 1층 응접실. 1층은 양옥 형식의 공적 공간으로, 2층은 일본식 다다미가 깔린 사적 공간으로 사용되었다.

4 남북협상을 반대하는 이들에게 민주 통일,
자주의 독립된 조국 건설을 주장하는 김구.
ⓒ백범김구선생기념사업회

     30 죽첨장

경희궁 방공호

서울특별시 종로구 새문안로 55

1865년 고종이 즉위한 뒤 섭정을 하던 흥선대원군은 임진왜란 이후 폐허로 남아 있던 경복궁을 중건하기로 한다. 그리하여 '서궐'로 불리던 경희궁의 여러 전각이 경복궁으로 옮겨졌다. 건물을 옮기거나 자재로 사용하면서 경희궁은 주요 전각만 남고 대부분이 사라졌다. 법궁인 경복궁을 복원하는 과정이 또 다른 궁궐의 훼철로 이어진 셈이다.

일제강점기에 들어서면서 경희궁은 더욱 급격한 변화를 겪었다. 궁터가 잘게 분할되어 매각되었고, 남은 전각마저 여러 곳으로 흩어졌다. 1915년 경희궁 터에는 경성중학교가 들어섰다. 이곳은 경사지고 암반이 많은 언덕이어서 건물을 짓기 위해 폭약으로 터를 다듬어야 했다. 이후 1921년 관립사범학교가 같은 구역에 신설되면서 경성중학교가 사용하던 숭정전, 흥정당, 회상전 등이 매각되었다. 경희궁의 정전이었던 숭정전은 현재 동국대학교 정각원이 되었고, 정문인 흥화문 역시 조계사와 박문사로 옮겨졌다.

1922년에는 남은 궁터에 조선총독부 관사가 들어섰으며, 경희궁은 궁궐이 아닌 '경성의 벚꽃 명소'로 알려졌다.

1937년 중일전쟁 발발 이후 일제는 방공법 조선시행령을 공포했다. 일본 본토의 방공법을 조선에 그대로 적용한 것으로, 공원과 학교 운동장마다 방공호 설치를 의무화했는데 이는 전시 체제에 대비해 주민 대피 기능을 강화하기 위한 것이었다. 1939년에는 방호 조직이 경방단으로 통합되었고, 방공호 건설이 본격화되었다. 태평양전쟁이 시작된 1941년 이후부터 관공서와 주요 시설을 중심으로 방공호 축조가 적극 추진되었다.

경희궁 터에도 방공호가 조성되었다. 승정전 동쪽 내전 영역에 위치한 방공호는 현재 서울역사박물관 주차장의 언덕 경사면에 위치해 있다. 콘크리트 옹벽과 두꺼운 철문이 달린 방공호는 낮은 흙 언덕처럼 보이도록 은폐되었다. 방공호 건설 과정에서 경희궁 터의 오래된 벚나무들이 베어졌고, 경성중학교 학생들까지 동원되었다. 1944년 겨울에 시작된 공사는 일제 패망으로 마무리되지 못했다.

경희궁 방공호는 암반을 발파해 조성한 굴착식 구조물로, 일부 구간은 2층으로 이루어져 있다. 전면에 두 개의 출입구가 있었으나, 현재는 승정전 동월랑 방향 출입구가 폐쇄된 상태다. 내부는 T자형 구조로, 남쪽 입구의 철문을 지나면 통로가 이어지고 북쪽으로는 아치형 터널이 길게 뻗어 있다. 복도 양측에는 붉은 벽돌로 구획된 작은 방들이 줄지어 배치되어 있으며, 터널의 전체 길이는 동서 방향으로 약 110미터에 달한다. 폭은 8~9미터, 높이는 약

    31 경희궁 방공호

6미터로 꽤 큰 규모다. 방들을 구분하는 벽체는 두께 약 3미터의 콘크리트로 시공되어 있어, 조선총독부의 지휘 본부나 전시 통신 시설 등 군사적 목적을 염두에 두고 조성된 것으로 추정된다.

서울을 비롯해 전국 각지에는 일제강점기의 방공호와 진지가 남아 있다. 이 가운데 경희궁 방공호는 원형 보존이 잘 되어 있는 사례로, 전쟁 시기 군사시설 연구 및 식민지 통치 구조를 이해하는 데 중요한 사료로 평가된다.

그런데 경희궁 방공호 활용을 둘러싸고 의견이 엇갈린다. 서울역사박물관은 근현대사 유물을 보관하는 수장고로 활용하자는 입장인 반면, 시민단체와 문화유산 전문가들은 일제 식민통치를 증언하는 네거티브 문화유산이므로 시민에게 공개해야 한다고 주장한다.

경희궁 방공호는 그 자체로 하나의 기록물이다. 어떤 해설이나 화려한 장식이 없어도, 현재의 모습만으로 충분히 역사를 증언하고 전시한다. 나무와 흙에 묻혀 잠들어 있던 육중한 철문이 다시 열리는 날, 이곳은 전쟁의 흔적을 넘어 평화를 기억하고 성찰하는 공간으로 재탄생할 것이다.

1 경희궁으로 이어지는 언덕에 위치한
경희궁 방공호는 1944년 전투기 공습에
대비해 축조된 것으로 추정된다. 지금은
폐쇄되어 있으나, 일제강점기 당시의
상황을 보여주는 살아있는 박물관이자
전시관으로 일반에 공개되었으면 한다.

2 목포 노적봉 방공호. 태평양전쟁
(1941~1945) 기간 동안 일제는 경성뿐
아니라 전국 각지에 공중 폭격에 대비한
방공호를 축조했다.

양정고등보통학교

월계관과 월계수가 있는 학교 손기정기념관

서울특별시 중구 손기정로 101-4
서울특별시 미래유산 제2013-168호

양정의숙은 대한제국의 고위 관료였던 엄주익1872~1931이 1905년 2월 의연금을 모아 세운 근대식 사립학교이다. 양정의숙이 라는 학교명은 '바름을 기르고 닦는다'는 의미의 '양정養正'과, '도덕 과 학문을 함께 가르치는 근대식 학당'을 뜻하는 '의숙義塾'을 합친 것으로, 인격과 실학을 겸비한 인재를 기르겠다는 교육 이념을 담 고 있다. 엄주익은 일본을 시찰한 뒤 근대 교육의 필요성을 절감하 고 귀국 후 양정의숙을 설립했다. 학교 설립 이후 영친왕의 친모인 순헌황귀비의 하사금을 받아, 지금의 세종문화회관 뒤편 도렴동 에 1907년 숙사를 지었다.

초기 양정의숙은 법률학과와 경제학과를 두었으나, 1913년 시 행된 조선교육령에 따라 양정고등보통학교로 개편되면서 전공 학 과는 폐지되었다. 1918년에는 중구 만리동에 새 교사를 지어 이전 했고, 1922년 5년제로 바뀌었다. 해방 이후 양정중학교와 양정고 등학교로 분리되었고, 1988년에는 양천구로 교사를 옮겼다.

학교가 이전한 뒤 남겨진 만리동의 옛 부지에는 손기정 체육공원이 조성되었다. 1918년에 지어진 본관은 손기정기념관으로, 1927년 증축된 후관은 손기정문화도서관으로 리모델링되었다. 한국 최초의 올림픽 금메달리스트 손기정1912~2002이 양정고등보통학교 출신이기 때문이다.

1912년 신의주에서 태어난 손기정은 보통학교 시절부터 마라톤 대회에서 두각을 나타냈고, 1932년 양정고등보통학교에 입학해 본격적인 훈련을 시작했다. 1936년까지 13차례 마라톤 대회에 출전해 10회나 우승하는 뛰어난 성적을 거두었으며, 1936년 베를린올림픽에 일본 대표로 출전했다. 일장기를 단 채 금메달을 목에 건 손기정과 동메달을 딴 남승룡은 모두 양정고등보통학교 출신이었다.

《동아일보》는 손기정의 유니폼에 달린 일장기를 지운 사진을 게재하며 민족적 저항의 뜻을 드러냈다. 이로 인해 정간 처분을 받으면서 일제강점기 언론 자유가 억압받던 현실을 보여주는 대표적 사례로 남아 있다. 해방 후 손기정은 한국 체육계의 지도자로 활동했으며, 1988년 서울올림픽 개회식에서 마지막 성화 주자로 등장해 국민들에게 깊은 감동을 주었다.

양정고등보통학교 본관은 지상 2층의 붉은 벽돌 건물로, 중앙의 포치 현관을 중심으로 좌우 대칭을 이루는 근대식 교사이다. 1층과 2층을 구분하는 수평의 화강석 띠와 창문 상부의 쐐기 모양 장식, 창 모서리의 세부 조형은 기하학적 미감을 강조하며, 솟아 있는 굴뚝은 수직의 규칙적 리듬감을 더한다.

현재 손기정기념관에는 그의 생애와 업적을 보여주는 다양한 자료가 전시되어 있다. 베를린올림픽 금메달과 상장, 고대 그리스 청동 투구(복제품) 등이 대표적이다. 청동 투구 진품은 1986년 독일 정부에 반환을 요청해 환수되어 국립중앙박물관에 보관되고 있다.

기념관과 인접한 손기정기념공원에는 손기정이 1936년 베를린 올림픽 우승 직후, 그 영광을 기념하며 직접 심은 나무 한 그루가 지금까지 무성하게 자라고 있다. 이 나무는 올림픽 우승자에게 수여된 월계관과 함께 전달된 참나무 묘목으로, '월계관 기념수'라 불린다. 공원 한편에 새겨진 그의 좌우명과 같은 문장은, 이 나무와 함께 지금까지도 방문객들에게 깊은 울림을 전한다.

"나의 마라톤은 아직 끝나지 않았다. 인생은 마지막 숨을 거둘 때까지 계속 뛰어야 하는 길고도 먼 코스의 마라톤이다."

손기정은 2002년 인생의 마라톤을 멈추었지만 그가 남긴 정신과 열정은 여전히 우리 곁에서 달리고 있다.

1 1924년 발간된《양정》(養正) 창간호에
실린 양정고등보통학교의 전경.
ⓒ양정고등학교

2 양정고등보통학교는 1918년에
지어진 벽돌조 근대 건축물로, 현재는
리모델링되어 손기정기념관으로 사용되고
있다. 외관은 벽돌 입면을 유지하고 있으며
아치와 포치 현관 등이 특징이다.

3

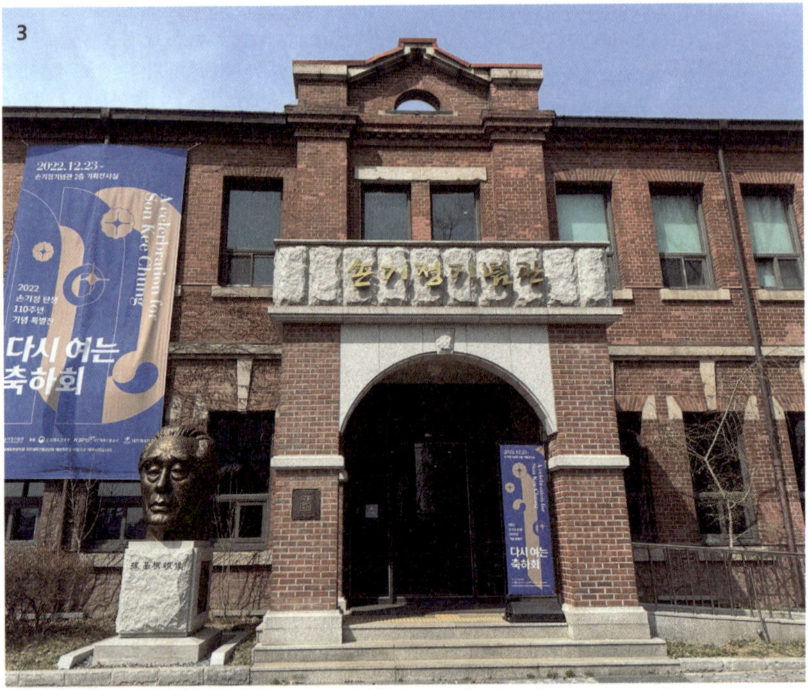
2022.12.23 -
손기정기념관 2층 기획전시실
A celebration for Son Kee Chung
2022 손기정 탄생 110주년 기념 특별전
다시 여는 축하회
손기정기념관
다시 여는 축하회

4

1935
베를린올림픽을 향하여
823

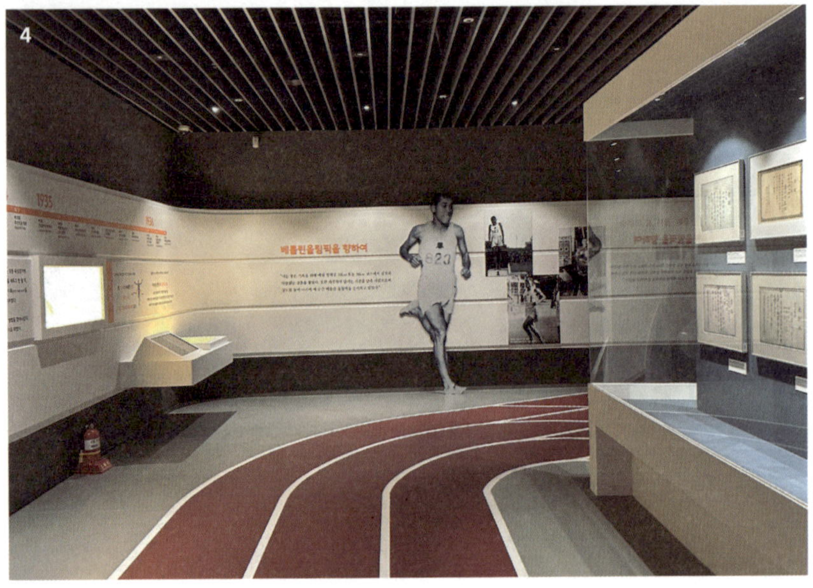

3   양정고등보통학교(현 손기정기념관)
주출입구. 중앙 현관을 중심으로 좌우
대칭의 특징이 잘 나타난다.

4   손기정기념관의 내부. 두 개의 전시실과
기획 전시실로 구성되어 있으며, 대한민국
근현대 문화와 체육사의 생생한 기록을
전달하는 공간이다.

5   1936년도 베를린올림픽 수상자들의
명단이 베를린 올림픽스타디움의 현판에
새겨져 있다. 아직도 현판(좌)에는
손기정의 국적이 일본으로 기재되어
있다(Marathonlauf 42,195m SON JAPAN).

모던 경성의 신식 아파트   충정아파트

서울특별시 서대문구 충정로 30

지하철 5호선 충정로역 9번 출구를 나오면, 빌딩이 늘어선 도로변 한편에 4층 높이의 낡은 아파트 한 동이 눈에 들어온다. 초록색 페인트로 칠해진 입구의 가파른 계단을 올라 현관에 이르면, 출입구 위 모자이크 타일 사이로 '충정아파트'라는 현판이 보인다.

충정아파트의 첫 이름은 '도요타아파트'다. 일본인 도요타 다네마츠豊田種松가 건물주였고, 그의 이름을 따 명명된 것이다. 도요타의 한자음을 따라 '풍전아파트'로 불리기도 했다. 도요타는 아파트 1층 상가에 생선 가게를 열어 직접 운영했으며, 화가 김환기1913~1974가 이곳에서 생활했다는 기록도 남아 있다.

오늘날의 충정아파트는 계단과 복도의 폭이 일정치 않고, 금방이라도 무너질 듯 노후한 상황이다. 그러나 건축 당시에는 철근 콘크리트 구조에 중정과 중앙난방 시스템을 갖춘 최고급 아파트였다. 방마다 온기가 돌던 도요타아파트는 1930년대 경성에 등장한 근대식 공동주택의 상징이었다. 당시 미쿠니아파트, 취산아파트, 황금아파트, 청운장, 적선아파트, 국수장아파트 등이 잇달아 들어섰는데, 그중 도요타아파트는 오늘날까지 남아 있는 가장 오래된 아파트로 평가된다.

당시 충정로 일대에는 한옥과 일제식 목조 가옥, 벽돌집이 뒤섞여 있었고, 그 사이에 철근 콘크리트 구조의 4층 아파트인 도요타아파트가 들어섰다. 상가와 주거가 결합된 이 건물은 '아파트'라는 이름이 주는 현대적 이미지를 앞세운 공동주택이었다.

건축물대장에는 1937년 8월 준공으로 기록되어 있으나, 실제 완공 시점은 이보다 앞섰을 가능성이 크다. 1940년 6월 1일 자《조선일보》에는 도요타가 입주민들을 내보내고 건물을 호텔로 전환했다는 기사가 실려 있다. 중일전쟁 이후 경성의 여러 아파트가 호텔로 용도를 바꾼 흐름과 맞닿아 있는 사례다.

해방 이후 이 건물은 무허가 상태로 사용되었고, 한국전쟁 당시에는 북한군의 인민 학살 장소로 이용되었다. 이후 유엔군이 탈환해 트래머호텔이라 부르며 숙소와 사무실로 사용했다. 이승만 정부 시기에는 김병조라는 인물이 등장한다. 그는 한국전쟁에서 아들 여섯이 전사했다고 속여 '반공의 아버지'로 추앙받으며 건국공로훈장을 받았고, 1962년 박정희 정권으로부터 트래머호텔을 포상으로 받았다. 김병조는 호텔 이름을 '코리아호텔'로 바꾸고 불법 증축해 영업했으나, 사기 행각이 드러나면서 건물은 다시 국가에 귀속되었다. 이후 여러 과정을 거쳐 시민들이 분양을 받아 거주하게 되었고, 이때부터 '충정아파트'라는 이름으로 불리게 되었다.

충정아파트는 원래 1층 상가를 제외한 2층부터 4층까지가 주거 공간이었으나, 어느 시점에 불법 증축이 이루어져 현재는 5층 규모가 되었다. 1979년 충정로 도로 확장 공사로 건물 전면부 일부가 잘려 나가면서 외관도 크게 변형되었다. 본래 건물은 세 동이 삼각형에 가까운 마름모 형태로 이어져 중앙에 마당이 만들어졌고, 복도는 이 중앙 마당을 따라 이어지는 구조였다. 도로 확장 공사로 인해 잘려나간 부분에 살았던 거주민은 복도를 점유하고, 복도와 계단을 만들었다. 건물의 형태는 변했으나, 여전히 중정의 굴뚝과 복도 난간 위에 놓인 작은 화분들이 햇빛을 받고 있다.

충정아파트는 도시 한복판에서 개발을 피해 오랫동안 버텨온 공간이다. 그러나 더는 그 자리를 지킬 수 없게 되었다. 2019년, 충정아파트를 지역 건축 유산으로 보존하고 문화 시설로 활용하려는 시도가 있었으나, 주민들의 반대와 심각한 노후화 문제로 인해 2022년 완전 철거가 결정되었기 때문이다.

도요타아파트에서 충정아파트로 이어진 긴 시간 동안, 이 건물은 도심 속 일상과 함께 존재해왔다. 좁은 복도와 마당을 따라 수많은 발걸음과 목소리가 오갔고, 그 위로 계절과 세월이 천천히 쌓였다. 건물의 훼손과 변형, 그리고 철거에 이르는 과정은 도시가 시간을 다루는 방식을 보여준다. 비록 물리적 흔적은 사라지더라도, 이곳을 지나온 사람들과 그들의 생활은 기록과 기억 속에 남는다. 이러한 도시의 변화는 새로운 것을 세우는 일만큼이나, 사라져 가는 자리의 의미를 다시 묻는 과정이기도 하다.

1 도요타아파트는 1930년대에 지하 1층, 지상 4층 규모로 건립되었다. 지금은 노후한 상태로 빌딩들 사이에 위태롭게 서 있다.

2 도요타아파트(현 충정아파트) 후면의 모습. 불법 증축으로 4층에서 5층 건물로 확장되었다. 도로 확장 공사로 건물 전면부 일부가 잘려나간 상태이다.

33 도요타아파트

3 충정아파트의 중앙 마당에서 위로
올려다본 사진. 도로 확장 공사로 19가구가
사라지고, 불법 증축하면서 중앙의 마당이
원래 면적의 3분의 2 정도로 줄어들었다.

죽첨정의 미국인 주택 (충정각)

서울특별시 서대문구 충정로2길 8

지하철 2호선과 5호선이 지나는 충정로역 일대의 삼각형 대지에는 오래된 저층 건물들이 밀집해 있다. 넓은 도로변에 자리한 충정아파트를 지나 작은 골목길로 접어들면, 도로에서 바라보던 도시의 모습과는 사뭇 다른 풍경이 펼쳐진다. 좁은 골목을 따라 늘어선 작은 상점들과 오래된 건물들은 시간이 느리게 흐르거나 멈춰 선 듯한 인상을 준다. 이곳에는 일제강점기에 지어진 건물부터 1960~70년대 경제 개발 시기의 건물까지 다양한 형태가 공존하며, 20세기 도시 주거와 상업 건축의 변화가 한눈에 드러난다. 낮고 오래된 주택들은 상가로 바뀌었고, 여러 차례 증축과 개조를 거치며 제각각 다른 형태를 갖추게 되었다. 같은 외관을 지닌 건물은 거의 없고, 건물마다 서로 다른 용도로 쓰인 흔적이 켜켜이 쌓여 있다.

이 골목 풍경 속에서 유독 다른 표정을 가진 건물 하나가 눈에 띈다. 현재 레스토랑으로 운영되고 있는 충정각, 즉 '맥렐란 가옥'

이다. 일제강점기 당시 이 지역(충정로 2가와 3가 일대)은 다케조에초竹添町라 불렸으며, 한자식 명칭으로는 죽첨정竹添町이라 했다. 이 이름은 갑신정변 당시 일본 공사였던 다케조에 신이치로竹添進一郎, 1842~1917의 성에서 비롯되었다. 해방 이후인 1946년에 지역명이 충정로로 바뀌었는데, 이는 을사늑약 체결 직후 자결한 민영환에게 내려진 시호 '충정忠正'에서 따온 것이다. 인근에 그의 별서가 있었던 것으로 전해지며, 그 충절을 기리기 위해 도로명에 반영되었다.

1882년 조선과 미국이 수호통상조약을 체결한 이후, 조선에 거주하던 미국인들은 정동을 중심으로 주거지를 형성했다. 사대문 밖 서대문 인근과 죽첨정 일대에도 선교사와 상인들이 거주했으며, 주변에는 개신교 교회들이 자리했다. 미국인 맥렐란R. A. McLellan은 1899년 8월 조선에 입국해 한성전기회사에서 기사장으로 근무했다. 한성전기회사는 1898년 광무개혁의 일환으로 설립된 근대적 전기회사였다. 그러나 을사늑약 체결과 통감부 설치로 외교권이 박탈되면서 회사는 1909년 일제에 넘어갔고, 1910년 한일강제병합조약 체결 이후 많은 외국인들이 경성을 떠났다.

맥렐란 가옥의 설계자와 맥렐란이 미국으로 돌아간 시점은 명확히 알려져 있지 않다. 이 주택은 1912년 죽첨정 3정목 360번지 대지에 세워졌으며, 1919년 소유권 변경 이후 세 필지로 분할되었다. 이후에도 여러 차례 증축과 개조가 이어졌다. 대지 면적은 약 215평, 건축 면적은 67평 규모로, 단층 구조에 지하와 다락을 갖추었다.

오래된 향나무가 있는 정원에 들어서면 가장 먼저 아홉 면의 투렛turret이 눈에 들어온다. 투렛은 유럽의 성이나 주택에서 볼 수 있는 원형 또는 다각형의 작은 탑 구조로, 맥렐란 가옥의 외관을 특징짓는 요소다. 투렛 아래의 주출입구를 지나 홀로 들어서면 중앙 거실을 중심으로 방들이 배치된 구조가 드러난다. 1930년대 일본인 거주 시기에는 일부 공간 구성이 변경되어, 중앙 복도를 경유하는 방식으로 바뀌었다. 거실과 응접실에 설치된 반원형 돌출창, 지붕층의 목구조 형태 등은 당시 주택양식을 보여주는 세부 요소들이다.

충정로 재개발의 바람 속에서도 맥렐란 가옥은 오랜 시간 그 자리를 지켜왔다. 투렛과 돌장식 등 외관은 큰 변화 없이 시간을 견뎌냈고, 주변 환경이 빠르게 변하는 동안에도 이 주택은 오래된 공간 구조와 생활의 흔적을 전하는 표식처럼 존재하고 있다.

1   한성전기 기사장으로 근무하던 미국인
    맥렐란이 지은 주택은 현재 충정각으로
    불린다. 1931년부터 거주했던 일본인이
    별채를 증축한 것 외에는 원형을 유지하고
    있다.

2   구각형의 투렛과 포치가 특징인 단층 벽돌
    건물이다.

3   맥렐란 가옥의 지붕층 천장. 목구조가
    그대로 드러나 있다.

장소성만 지킨 문화유산

신촌관광안내센터

서울특별시 서대문구 신촌역로 30
국가등록문화유산 제136호

신촌역은 서울에 남아 있는 가장 오래된 간이역으로, 현재는 역 기능을 멈추고 관광안내센터로 활용되고 있다. 경의선은 1905년 용산역에서 출발해 신의주역까지 이어지는 노선으로 개통되었으며, 1921년 7월 남대문에서 수색으로 이어지는 새로운 경의선이 개통되면서 신촌역도 이 무렵 건립된 것으로 추정된다.

해방 이후 신의주까지 이어지던 경의선은 남북 분단으로 장단선이 끊기며 북쪽으로의 운행이 중단되었고, 이에 따라 신촌역 이용객도 점차 줄어들었다. 그러나 1970년대에 들어 인근의 연세대학교, 이화여자대학교, 서강대학교, 홍익대학교 학생들이 신촌역을 이용하면서, 이곳은 대학가 문화의 거점으로 다시 활기를 띠었다. 2006년 새로운 민자 역사가 완공되기 전까지 신촌역은 대학생과 시민들이 근교로 나들이를 떠나는 출발점이자, 젊은 세대의 문화가 모이던 상징적인 공간으로 기능했다.

신촌역은 1층 규모의 목조 벽돌 건물로, 벽면은 목재 판 위에 모르타르 뿜칠 마감으로 처리되었다. 외부에서는 목재 창호와 벽돌 굴뚝이 눈에 띄며, 내부는 대합실과 역무실로 구분되었다. 대합실은 정면의 삼각형 박공면이 주출입구 역할을 하며, 박공지붕의 꼭짓점은 한 번 접힌 형태로 설계되어 비 오는 날 이용객이 잠시 비를 피할 수 있도록 배려했다. 출입구를 통과하면 바로 대합실로 이어지고, 철로 쪽에도 문을 두어 양방향 출입이 가능하도록 했다. 박공면과 직각으로 배치된 역무실은 합각지붕의 긴 측면이 가로를 향하도록 구성되었으며, 내부에는 매표소와 통제실, 역장실, 사무 공간이 함께 마련되어 있었다.

신촌역은 일제강점기 간이역의 구조와 재료적 특징을 잘 보여주는 건축물로 평가받아 국가등록문화유산으로 지정되었다. 그러나 등록 시점에는 이미 대규모 상업시설을 포함한 새 신촌역 민자역사 건립 계획이 확정되고 공사가 추진 중인 상태였다. 기존 역사를 보존하려면 민자 역사 설계를 전면 수정해야 했고, 이는 사업 구조와 일정, 예산 전반에 영향을 미치는 문제였다. 반대로 신촌역을 다른 장소로 이전해 보존하는 방안은 건축물의 원형은 지킬 수 있으나, 장소성이 사라진다는 한계를 안고 있었다. 이처럼 원형 보존과 장소성 유지, 대규모 개발이라는 세 가지 요구가 충돌하면서 보존과 개발 사이의 갈등이 본격화되었다.

결국 옛 신촌역을 원래 자리에 두되, 역무실이 있던 건물의 왼쪽 부분만 분리해 오른쪽으로 옮겨 붙이는 절충안이 선택되었다. 이 과정에서 건물의 일부 구조와 배치는 변형되었고, 현재의 신촌역은 좌우가 뒤바뀐 형태가 되었다. 이는 장소성을 최대한 보존하려는 의도와 당시의 기술적, 재정적 제약 속에서 선택된 현실적 타협이었으나, 그 결과 건축유산에서 가장 중요한 진정성과 원형은 크게 훼손되었다.

현재 신촌역은 지상 6층 규모의 현대식 유리 건물인 새 신촌역사 옆, 계단과 에스컬레이터 사이에 끼인 듯한 모습으로 서 있다. 신촌역은 일제강점기 간이역의 건축양식을 간직한 사례이자, 1970~80년대 대학 문화를 상징하는 공간이다. 동시에 이는 근대 철도사와 서울의 대학 문화가 교차한 장소이며, 보존과 개발의 충돌 속에서 남겨진 도시 유산이다. 다만 '보존'이라는 이름 아래 원형이 크게 훼손된 현재의 모습은, 우리가 과연 무엇을 지키고 무엇을 잃었는지를 다시 묻게 한다.

1 1921년 경의선 운행과 함께 문을 연 신촌역. 서쪽 날개동에 역무실이 있었다. ⓒ국가유산청

2 신촌역 신역사 에스컬레이터 설치 공간을 확보하기 위해 옛 신촌역의 서쪽 날개동을 해체해 반대편 동쪽에 붙였다. 옛 신촌역은 관광안내센터로 이용되고 있다.

36

이화여자전문학교
파이퍼홀

여성 교육이 펼쳐진 이화의 중심　　　　（ 이화여자대학교 본관 ）

서울특별시 서대문구 이화여대길 52
국가등록문화유산 제14호

정동에 있던 이화학당은 1910년 4년제 과정인 대학과를 설치하며 고등 교육의 기틀을 마련했다. 이 과정은 훗날 이화여자전문학교의 모태가 되었고, 1925년 정식으로 '이화여자전문학교'로 개편되었다.

1920년대 후반 학생 수가 급격히 증가하자 학교는 새로운 교사를 마련하기 위해 신촌으로의 이전을 준비했다. 당시 신촌은 경기도 고양군 연희면 대현리로, 현재의 신촌 일대에 해당한다. 1928년부터 이전을 위한 모금 활동을 시작했고, 설립자 아펜젤러의 설득으로 미국인 파이퍼Pfeiffer 부부가 기부를 결정했다. 이들의 후원으로 1932년 설계가 완료되었고, 1933년 6월 10일 정초식을 거쳐 1935년 3월 기부자의 이름을 딴 파이퍼홀Pfeiffer Hall이 완공되었다.

파이퍼홀은 신촌 교정에 가장 먼저 세워진 건물로, 정동 시대를 마감하고 새로운 터전에서 이화의 역사가 시작되었음을 알리는 상징적 건축물이다. 현재는 이화여자대학교 본관으로 사용되며, 총장실과 주요 행정부서가 자리하고 있다. 이화여대 정문에서 바라보면, 도미니크 페로가 설계한 이화캠퍼스복합단지ECC의 중심축 끝 언덕 위에 파이퍼홀이 당당히 서 있다.

파이퍼홀은 미국 출신 건축가이자 선교사인 윌리엄 메럴 보리스William Merrell Vories, 1880~1964의 설계로 지어졌다. 보리스는 일본 교토에 건축사무소를 두고 활동한 건축 선교사로, 신촌 캠퍼스의 마스터플랜과 초기 건물 설계를 총괄했다. 시공은 중국인 마종유가 맡았고, 보리스 사무소의 한국인 직원 강윤이 경성 출장소장으로 파견되어 현장 감독을 담당했다. 보리스가 그린 학교 조감도에는 언덕 위에 남향으로 배치된 파이퍼홀과, 그 아래 운동장을 중심으로 주요 건물들이 배치된 캠퍼스 구상이 담겨 있다. 그는 파이퍼홀 외에도 평양 광성중학교, 함흥 영생중학교, 선천중학교, 대구 계성학교, 나남교회, 철원 제일교회 등 다수의 기독교 학교와 교회를 설계했다.

파이퍼홀은 남동향으로 배치된 지하 1층, 지상 3층 규모의 H자형 좌우 대칭 평면 건물이다. 중앙 현관부보다 좌우 날개동이 전면으로 돌출되어 있으며, 각 날개동의 박공면이 건물의 시각적 중심을 이룬다. 전면에는 학장실과 공용 공간이, 후면에는 교수 연구실로 추정되는 소규모 실들이 배치되었다. 지붕은 목조 트러스 구조로 구성되었고, 도머창을 설치해 지붕층의 채광을 확보했다.

전통적인 고딕의 첨탑 대신 완만한 아치와 수평성을 강조한 형태로, 튜더식 고딕에 르네상스양식의 장식이 일부 가미되어 있다.

　36　이화여자전문학교 파이퍼홀

대표적인 특징은 아치창과 사각 창호의 조화다. 실내로 자연광을 충분히 들이기 위해 수직으로 배열된 세 개의 창을 화강석 테두리로 묶어 하나의 큰 창처럼 구성했으며, 좌우 날개동 전면 역시 1, 2층의 다섯 개 수직창을 화강석으로 감싸 대형 창의 인상을 준다. 전면 중앙 3층의 아치창은 유일하게 석재 창호 틀Tracery로 장식되었는데, 상징성이 높은 애다기도실의 창이다. 기도와 예배가 이루어지는 건물의 중심 공간임을 드러내기 위해, 다른 창과 달리 장식성을 강조한 것이다.

파이퍼홀은 같은 시기 건립된 연세대학교 스팀슨관, 고려대학교 본관과 함께 1930년대 한국 근대 대학 건축을 대표하는 건물로 꼽힌다. 외벽은 화강석 완자쌓기 방식으로 마감되어 견고하고 단정한 인상을 주며, 전체적으로 대칭과 수평성을 강조한 디자인이 특징이다. 이후 이화여자대학교 캠퍼스에 신축된 건물들은 파이퍼홀을 모델로 삼아 화강석 외벽, 박공지붕, 튜더식 고딕 장식을 하나의 전형으로 계승했다.

파이퍼홀은 한국 최초의 여성 고등교육기관이 채택한 대학 고딕양식의 출발점이자, 이화 캠퍼스의 정체성을 형성한 상징적 건축물이다. 동시에 이는 한국 근대 여성 교육의 역사와 선교 건축의 미학이 결합된, 근대 건축사의 중요한 이정표라 할 수 있다.

1   2008년 완공된 이화캠퍼스 복합단지(ECC) 중심축의 시작점에 파이퍼홀이 자리한다.

2   파이퍼홀 정면. 파이퍼홀은 우리나라 여성 고등교육기관의 대표적 건물로 1935년 신촌에 교사를 신축했다. 한국전쟁 중 부분적 파손이 있었으나 원래 모습으로 복원했다.

3　애다기도실이 있는 전면 중앙 3층은 아치창과 석재 창호 틀로 장식되어 있다. 파이퍼홀의 외벽은 화강석 완자쌓기로 마감되었다.

4　애다기도실 내부 모습. 1931년 이화여전 재학 중 세상을 떠난 김애다를 기념해 조성된 공간으로, 기도와 소규모 예배를 위해 사용되고 있다. 해머빔 트러스 목구조 천장이 특징이다. ⓒ국가유산청

37

이화여자전문학교 토마스홀

한국 학교에 세워진 가장 오래된 체육관 (이화여자대학교 무용관)

서울특별시 서대문구 이화여대길 52
국가등록문화유산 제679호

토마스홀은 1935년 미국 감리교 부인선교부의 한국 사업 간사였던 토마스 여사Sallie B. Thomas를 기념해 세운 체육관이다. 미국 감리교 해외 여선교회의 기부로 건립된 이 건물은, 이화여자전문학교 본관인 파이퍼홀을 설계한 미국인 건축 선교사 윌리엄 메럴 보리스의 작품이다. 시공은 중국인 마종유와 왕공온이 맡았다.

보리스는 주로 일본에서 설계도를 작성하고 해당 지역의 건축주가 시공을 책임지는 방식으로 작업했으나, 이화여전의 경우는 예외였다. 그는 일본에 머무르며 한국인 직원 강윤을 경성출장소장으로 직접 파견해 파이퍼홀과 토마스홀의 건축을 함께 진행했다. 토마스홀은 1933년 3월 15일 공사를 시작해 같은 해 11월 10일 정초석을 놓았고, 1935년 5월 30일 준공되었다.

토마스홀은 한국 학교 시설 가운데 가장 오래된 체육관 건물로 알려져 있다. 건립 당시 체육관 내부에는 교수실과 사무 공간,

탈의실, 개인 의복실, 신체 교정실, 진료실 등 다양한 부대 시설과 함께 실내 운동장과 탁구실이 마련되어 있었다. 1963년 체육대학에 무용과가 신설되면서 현재는 무용과에서 이 건물을 사용하고 있다. 1965년에는 토마스홀 남쪽에 새로운 체육관이 증축되며 A·B·C동이 하나로 연결되었고, 이 가운데 A동이 기존의 토마스홀이다.

윌리엄 보리스는 독실한 기독교 가정에서 성장해 청소년 시절 교회의 오르간 반주자로 활동했으며, 콜로라도 대학교 재학 중 YMCA 활동을 통해 선교에 관심을 갖게 되었다. 1905년 일본으로 건너가 선교 활동을 시작한 그는, 교사로서의 활동이 여의치 않자 1909년 건축설계감리사무소를 열고 건축을 통해 선교를 실천했다. 보리스는 종교시설뿐 아니라 교육, 의료, 주거 시설을 폭넓게 설계했으며, 한국과 일본, 대만 등지에서 활동했다. 한국에 남긴 그의 작품은 1914년부터 1942년 사이의 작업이 대부분으로, 약 106점에 이른다. 그의 건축은 미국 건축양식을 충실히 반영하며, 일본적 경향은 거의 드러나지 않는다.

토마스홀은 보리스가 교회 건물에 주로 사용하던 고딕양식을 학교 시설에 예외적으로 적용한 사례다. 지하 1층, 지상 2층 규모의 철근 콘크리트 구조로, 외장은 화강석으로 마감했다. 정면은 돌출된 현관 없이 박공지붕을 통해 정면성을 강조하며, 장식을 배제한 채 장방형 강당 공간의 기능에 충실하게 설계되었다. 넓은 체육관 공간을 확보하기 위해 지붕의 목재 트러스마다 지지대를 설치해 벽체를 보강했는데, 하중을 고려해 지지대는 지하층에서 가장 크고 위층으로 갈수록 점차 작아지는 구조를 이룬다. 내부 바닥과 계단, 복도 징두리벽은 모두 목재로 마감되었으며, 2층 관람석은 원형을 그대로 보존하고 있다.

외부 벽면은 아홉 개의 창 영역으로 나뉘며, 주출입구는 중앙이 아닌 왼쪽에서 두 번째 창 영역에 자리한다. 네 번째 창 영역부터는 지대가 높아지면서 건물 오른쪽 끝에 2층 높이의 또 다른 출입구가 마련되었다. 준공 당시 사진을 보면 건물 앞 경사면에 나무를 심고 계단을 설치해 지형을 정리한 모습이 확인되며, 이후 관람석 스탠드가 설치되어 운동장을 내려다볼 수 있도록 구성되었다.

토마스홀은 단순한 체육관을 넘어, 당시 한국 학교 건축으로는 드물게 체육과 교육, 공동체 활동을 함께 고려해 설계된 근대적 체육 시설의 선례다. 오늘날에도 무용과의 수업 공간으로 사용되는 이 건물은, 1930년대 학교 건축이 지녔던 기능적·미학적 의도를 현재까지 전하는 살아있는 기록이자, 선교와 교육이 결합된 역사적 건축물로 남아 있다.

1 토마스홀은 지하 1층, 지상 2층 규모의 철근 콘크리트 구조로 외장은 화강석으로 마감되었다.

2 토마스홀 정면. 박공지붕으로 정면성을 강조하고, 장식을 절제한 입면과 장방형 강당 공간 중심의 구성에서 기능 중심의 설계가 드러난다.

3 토마스홀은 외벽에 적용된 완자쌓기가 특징이며, 하부 기단부의 석재 쌓기는 비정형성을 띤다.

마포선

37 이화여자전문학교 토마스홀

시로 전한 독립운동

연세대학교 윤동주기념관

서울특별시 서대문구 연세로 50
국가등록문화유산 제770호

연세대학교 본관 왼쪽 경사진 언덕에 자리한 핀슨관은 1922년에 완공되어 연희전문학교 남학생 기숙사로 사용된 건물이다. 연희전문학교는 현재 연세대학교의 전신으로, 핀슨관은 미국 남감리교 해외선교부 총무였던 윌리엄 핀슨William W. Pinson, 1854~1930의 기부로 건립되어 '핀슨관'이라 불렸다. 현재 연세대학교 캠퍼스에 남아 있는 건축물 가운데 두 번째로 오래된 건물이다.

핀슨관은 미국 건축가 헨리 머피Henry Murphy, 1877~1954가 이끈 머피 앤 다나 건축사무소Murphy & Dana Architects의 설계로 지어졌다. 1944년까지 약 50명의 학생이 생활하던 남학생 기숙사로 사용되었으며, 1층은 2인 1실 구조였고 2층과 실질적인 3층 역할을 하는 다락층에는 개방형 공간과 개별실이 혼합되어 있었다. 이곳은 단순한 기숙사를 넘어, 식민지 시기 지식인들의 생활 공간이기도 했다. 시인 윤동주도 재학 시절 이곳에 머물렀는데, 그는 2층 기숙사 방과 다락층을 오가며 생활한 것으로 전해진다.

해방 이후 핀슨관은 행정 시설과 강의실 등으로 용도가 바뀌었고, 2000년에는 2층 일부 공간에 윤동주기념실이 조성되었다. 이후 2020년 구조 보강과 보수 공사를 거쳐 '윤동주기념관'으로 개관했다. 내부는 전시 공간 조성을 위해 일부 벽체가 철거되거나 신설되는 변형이 있었으나, 외벽과 현관, 창문 등 주요 구조는 원형을 유지하고 있다. 이러한 보존 상태와 역사적 맥락을 바탕으로 핀슨관은 국가등록문화유산으로 지정되었다.

핀슨관은 1920년대 대학 건물에 널리 사용되던 대학고딕Collegiate Gothic양식으로 지어졌다. 연세대학교의 스팀슨관, 아펜젤러관, 언더우드관과 같은 계열의 건축물이지만, 돌출된 베이 윈도나 튜더 아치 같은 장식 요소를 최소화한 단정한 장방형 평면이 특징이다. 외벽은 인근 안산鞍山에서 채석한 운모편암을 사용해 암갈색과 회색이 섞인 막돌쌓기로 마감되었다. 창 상하부에는 화강석 인방을 두었고, 중앙 현관을 기준으로 좌우 대칭 구조를 이룬다. 처마 아래에는 장방형 자연석을 일정한 간격으로 배치해 건물 네 면에 리듬감을 주었다.

건물은 지상 2층 구조이지만 지붕 위 도머창이 있는 다락층을 포함하면 3층 규모로 볼 수 있다. 중앙 복도를 중심으로 좌우에 실들이 배치된 평면이며, 복도 양쪽 끝에 창을 두어 자연광이 내부 깊숙이 들어오도록 설계했다. 중앙 현관은 약간 돌출되어 있고, 주 출입구에는 반원형 아치가 설치되어 있다.

현재 1층 전시실에는 윤동주가 1941년 11월 20일에 쓴 〈서시〉의 육필 원고와 유품이 전시되어 있으며, 3층 다락 전시실에는 노출된 목구조 천장 아래 도머창 앞에 당시 학생들이 사용했을 법한 책상과 의자가 놓여 있다.

윤동주는 1938년 연희전문학교 문과에 입학해 1941년 졸업할 때까지 이곳에서 공부했다. 그는 일제의 억압 속에서도 한글로 시를 쓰며 문학가로 성장했고, 졸업 후 일본 유학 과정에서 창씨개명을 해야 했으나 한글로 시를 쓰는 일을 멈추지 않았다. 1943년 '교토 조선인 학생 민족주의 사건'으로 체포되어 후쿠오카형무소에 수감되었으며, 해방을 반년 앞둔 1945년 2월 16일 옥사했다.

윤동주와 직접적으로 연관된 유일한 현존 건축물인 핀슨관은 1930~40년대 근대 대학의 교육 환경과 식민지 청년 문학의 현실을 증언하는 공간이다. 대학고딕양식의 건축미와 더불어, 윤동주의 삶과 정신을 기억하게 하는 상징적 장소로서 역사적·문화적 의미가 크다.

1   1932년경 핀슨관의 전경. 핀슨관은 1921년
    공사를 시작해 1922년 4월 남자 기숙사로
    완공되었다. ⓒ연세대학교박물관

2   오늘날의 핀슨관 전경. 좌우 대칭을
    이루는 고딕풍의 건물로 인근 안산에서
    채취한 암갈색의 운모편암을 외벽 재료로
    사용했고, 지붕 사방에 돌출창인 도머창이
    나 있다.

3   핀슨관 3층 다락방. 3층 다락방의 목재
     트러스 천장 구조를 그대로 살려 전시
     공간으로 사용하고 있다.

연희전문학교 스팀슨관·언더우드관·아펜젤러관

서울특별시 서대문구 연세로 50
스팀슨관 　국가사적 275호 　　　언더우드관 　국가사적 276호
아펜젤러관 　국가사적 277호

　　　연세대학교 정문에서 이어지는 백양로의 중심축에는 본관인 언더우드관이 자리한다. 언더우드관을 중심으로 좌우에는 스팀슨관과 아펜젤러관이 마주 서 있고, 그 사이에는 넓은 정원이 펼쳐져 있다. 세 건물은 전체적으로 ㅁ자 형태를 이루며, 마치 양팔을 벌려 정원을 감싸 안은 듯한 인상을 준다. 정원 중앙에는 학교 창립자인 호러스 그랜트 언더우드Horace Grant Underwood, 1859~1916의 동상이 세워져 있다. 이 세 건물은 모두 화강석으로 지은 튜더고딕양식으로, 서로 조화를 이루며 하나의 건축적 앙상블을 형성한다. 튜더고딕은 베이 윈도라 불리는 돌출창과 중앙탑부, 아치형 현관을 특징으로 하는 양식이다.

　　스팀슨관, 언더우드관, 아펜젤러관은 미국의 건축가 헨리 머피의 설계로 지어졌다. 헨리 머피는 핀슨관을 설계하기도 했다. 머피는 미국과 중국, 일본 등지에서 교육기관 건축을 다수 설계하며 동서양의 미학을 조화시킨 건축으로 명성을 얻었다. 그는 1917년 연

희궁 터를 매입한 뒤, 이곳에 연희전문학교의 캠퍼스 마스터플랜을 수립하고 주요 교사 건축을 진행했다.

스팀슨관은 언더우드관 서쪽 언덕에 자리한 연세대학교에서 가장 오래된 건물이다. 개화기 기독교 학교 건축물 대부분이 해외 기부금으로 지어졌듯, 스팀슨관 역시 미국 캘리포니아 출신의 찰스 스팀슨Charles S. M. Stimson의 기부로 1920년에 완공되었다. 처음에는 대학 본부로 사용되었으며, 2026년 기준으로 대학원과 대외협력처가 입주해 있다.

스팀슨관은 지하 1층, 지상 2층 규모의 건물로, 외벽은 비정형 운모편암을 쌓아 마감했다. 중앙에는 돌출된 아치형 출입구가 있고, 양쪽에는 내민창이 설치되어 있다. 출입구 좌우에는 세 개의 세로창을 하나의 화강석 틀로 묶어 대칭을 이루게 했으며, 전면의 창을 통해 실내에 자연광이 충분히 들어오도록 설계했다. 내부는 중앙 복도를 기준으로 좌우에 다양한 크기의 실이 대칭으로 배치되어 있다.

언더우드관은 백양로 중심축의 정점에 놓인 연세대학교의 상징적 건물이다. 연희전문학교의 창설자이자 초대 교장이었던 언더우드 박사를 기념해 그의 형 존 언더우드John Underwood의 기부로 1924년에 완공되었다. 지상 3층 규모의 건물로, 중앙에는 5층 높이의 탑부가 솟아 있다. 2, 3층과 건물 양 끝에는 돌출된 내민창이 배치되어 입면에 깊이와 리듬감을 더한다. 정면 출입구를 지나면 홀을 중심으로 배면 출입구가 이어지며, 다른 두 건물이 중앙에 계단을 둔 것과 달리 언더우드관은 홀 양 끝에 계단을 배치해 동선의 균형을 맞췄다. 현재는 대학 본부 건물로 사용되고 있다.

아펜젤러관은 미국 매사추세츠주 피츠필드 제일감리교회의 기부로 1924년에 완공되었다. 미국 감리교 선교사 헨리 거하드 아펜젤러Henry Gerhard Appenzeller, 1858~1902는 언더우드와 함께 한국 초기 선교를 이끈 인물로, 두 사람은 미국에서부터 깊은 인연을 맺었다. 아펜젤러관은 처음에는 이학관으로 사용되었으며, 지금은 사회복지대학원 건물로 쓰이고 있다. 화강석으로 지은 3층 건물로, 좌우 양 끝 입면이 1층에서 2층까지 돌출된 형태를 이룬다. 전체 형식은 스팀슨관, 언더우드관과 통일성을 유지하면서도, 돌출부의 비례와 창 배열에서 한층 세련된 인상을 준다.

스팀슨관, 언더우드관, 아펜젤러관이 완공된 지도 한 세기가 다 되어간다. 이 세 건물은 근대 대학 건축의 유산을 넘어, 서양의 고딕양식이 조선의 땅 위에 처음으로 구현된 교육 건축이자, 근대 학문과 신앙이 교차하며 형성된 교육의 풍경이다. 돌과 아치, 탑과 창으로 구성된 이 건물들은 근대 건축 기술의 진보를 보여주는 동시에, 그 시대의 이상과 신념이 건축으로 구현되어 오늘날까지 이어지고 있음을 말해준다.

　39 연희전문학교 스팀슨관 · 언더우드관 · 아펜젤러관

1 스팀슨관의 전경. 찰스 스팀슨의 기부로 지어진 석조 2층 건물로, 맞배지붕과 튜더풍 아치형 출입구를 갖춘 고딕 계열의 외관이 특징이다.

2 1919년 겨울, 한창 건립 중인 스팀슨관의 모습. ⓒUniversity of Southern California

3 언더우드관의 전경. 1925년 준공된 언더우드관은 고딕풍의 장방형 평면과 맞배지붕을 갖춘 건물이다. 본래 강의동으로 사용되다가 대학 본부로 사용되고 있다.

4 아펜젤러관의 전경. 화강석으로 지은 3층 건물로, 좌우 양 끝 입면이 1층에서 2층까지 돌출된 형태를 이룬다. 사회복지대학원 건물로 사용되고 있다.

대륙 침략의 징검다리 (상암동 일본군 관사)

서울특별시 마포구 가양대로 179

서울 상암동 월드컵경기장을 지나 고양 방면으로 가다 보면, 고층 아파트 사이로 삼각형 형태의 작은 근린공원 하나가 나타난다. '부엉이공원'이라 불리는 이곳에는 일제강점기 일본군이 사용하던 관사 건물이 남아 있다.

1906년 개통된 수색역은 경의선이 지나는 서울 외곽의 요지였다. 기관차 운행과 관련된 사무소가 들어서고, 철도 종사자를 위한 대규모 관사 단지가 함께 조성되었다. 당시 한반도는 일본의 대륙 침략을 위한 병참기지로 활용되었고, 서울과 신의주를 잇는 경의선 주변에는 군사·물류 시설이 집중되었다. 상암동에 남아 있는 일본군 관사는 이러한 맥락 속에서 1930년대에 건립된 것으로 추정된다.

1931년 만주사변, 1937년 중일전쟁, 1941년 태평양전쟁으로 이어지는 전시 체제 아래 일본군은 점령지마다 주둔지와 함께 군 관사를 건설했다. 한편, 일제강점기에는 일본인 이주가 늘어나며 일본식 주택이 한반도 전역에 확산되었는데, 이 가운데 관사는 식민지 통치와 군사·행정 운영을 위한 주거 시설로, 오늘날의 공공임대주택과 유사한 성격을 지녔다.

일본식 관사는 한일강제병합 이전부터 철도 부설과 함께 조성되었다. 초기에는 일본 본토의 목조 주택양식을 그대로 적용했지만, 한반도의 기후에 적응하기 위해 온돌을 도입하면서 다다미방과 온돌방이 공존하는 혼합형 구조로 변형되었다. 관사는 조선총독부와 철도국, 체신국, 육군 등 각 기관 소속으로 건립되었으며, 특히 철도국과 육군은 자체 설계 조직을 통해 관사 표준형을 제작·보급했다.

21세기 들어 상암동 일대에서 대규모 택지 개발이 진행되면서, 일제강점기 일본군 장교용 목조 관사 스물두 동이 확인되었다. 이들 관사는 여섯 가지 유형으로 구분되며, 해방 이후에도 비교적 원형을 유지한 채 오랫동안 남아 있었다. 인근이 쓰레기 매립지였던 탓에 개발 대상에서 제외된 것이, 결과적으로 보존의 계기가 되었다.

2010년 조사 당시 상태가 양호했던 두 동은 원래 자리에서 약 130미터 떨어진 근린공원으로 이전, 복원되었다. 현재는 중·소위급 관사와 대위급 관사로 추정되는 건물, 그리고 방공호를 재현한 공간이 함께 조성되어 독립운동을 주제로 한 역사 체험 공간으로 활용되고 있다. 관사는 일본식 기와 박공지붕 아래 중앙 거실을 중심으로 방과 복도가 이어지는 구조를 갖추고 있다. 벽난로와 화로, 부엌, 일본식 욕실 등 당시의 생활양식도 비교적 충실하게 재현되

　　40　상암동 일본군 관사

어 있다.

상암동 일본군 관사는 철거의 위기를 넘긴 네거티브 헤리티지로, 불편한 기억을 지닌 건축물이라도 보존을 통해 과거를 성찰할 수 있음을 보여주는 사례다. 이곳은 근대사의 어두운 단면을 증언하는 동시에, 건축이 어떻게 시대의 흔적을 물리적으로 기록하고 남기는지를 보여주는 장소로 남아 있다.

1 1930년대에 지어진 상암동 일본군 관사. 일본식 기와 박공지붕 아래 중앙 거실을 중심으로 방과 복도가 이어지는 구조를 갖추고 있다.

    40 상암동 일본군 관사

2   일본 목조 관사는 실내를 복원해 전시와
     교육 공간으로 이용하고 있다.

3   방공호 또한 일본군 관사와 함께 현 위치에
     새로 복원한 것이다.

광화문선
崇仁面
돈화문선
안국동선
광화문선
종로선
총독부의원선
청량리선
태평통선
황금정선
왕십리선
마포선
구용산선
신용산선

일제 식민지 지배의 상징 （철거）

서울특별시 종로구 사직로 161

경복궁 광화문에서는 복원된 월대 위로 한복을 입은 국내외 관광객들이 평화롭게 거니는 모습을 볼 수 있다. 월대 앞에서 바라본 세종대로는 길게 뻗은 광화문광장과 도로가 시원하게 이어진다. 조선의 왕이 바라보았던 경관이다. 조선 건국 때부터 경복궁의 정문이자 남문을 담당하던 광화문은 일제강점기 때 동쪽 건춘문 방향(현재 국립민속박물관 정문 부근)으로 옮겨졌다. 이곳에 조선총독부청사가 건립되었기 때문이다.

조선총독부청사는 독일인 건축가 게오르크 데 라란데Georg de Lalande, 1872~1914의 1914년 설계안을 바탕으로 건립되었다. 게오르크 데 라란데는 상하이와 칭다오에서 활동했고 일본에서 건축사무소를 운영했으며, 조선에서도 여러 건축물을 설계했다. 조선철도호텔(현 조선호텔 자리)도 그의 설계로 지어졌다. 그가 갑작스레 세상을 떠난 뒤 일본인 건축가들이 설계를 이어받았고, 1916년 6월 착공해 1926년 10월 완공했다.

조선의 법궁 앞을 막아선 조선총독부청사는 식민지 지배를 상징하는 공간이었다. 1945년 일본 패망 후 조선총독과 일본군 사령관이 이곳에서 연합군에 항복 문서를 제출했고, 이후 미군정 기간에는 캐피털 하우스Capital House로 불리며 행정청사로 사용되었다. 1948년 대한민국 정부 수립 이후에는 중앙청으로 명칭이 바뀌어 1983년까지 정부청사로 이용되었고, 1986년부터는 국립중앙박물관으로 사용했다. 1995년 김영삼 정부의 과거사 청산 기조에 따라 조선총독부청사는 철거가 결정되었고, 1996년 완전히 해체되었다. 일제의 잔재를 완전히 없애고 경복궁 본래의 모습을 되찾아야 한다는 민족 정기 회복론과, 식민지 시대의 역사적 흔적을 교육과 기억으로 보존해야 한다는 보존론 사이에서 오랫동안 의견이 엇갈리며 논쟁이 계속된 끝에 조선총독부청사의 해체가 이루어졌다.

조선총독부청사는 르네상스양식의 철근 콘크리트 건물이었다. 일ㅂ자형 평면에 두 개의 중정을 두고 각 실을 기능적으로 배치한 형태였다. 이 평면 구성이 '일본日本'의 '일日'자를 본뜬 것이라는 주장도 있으나, 유럽 관공서 건축에서 널리 쓰이던 배치 형식으로 보는 것이 더 타당하다. 외벽은 화강석으로 마감되고 내부에는 대리석, 스테인드글라스, 벽화 등 최고급 장식이 더해졌으며, 중앙부의 4층 규모 돔은 멀리서도 뚜렷이 보였다. 압도적인 규모와 장식미는 조선총독부가 상징하던 절대 권력을 건축적으로 드러내려는 시도였다.

조선총독부청사가 상징하던 일제의 폭력과 지배의 흔적은 철거와 함께 사라졌다. 역사의 증거이자 기록물이었던 건물은 해체되어 대부분 건축 폐기물로 버려졌다. 그런데 철거보다 더 중요한 것은 이후 그것을 어떻게 기억하고 다루느냐이다. 적어도 이곳이 일제가 조선을 침탈하고 유린했던 장소였음을 알리는 표식은 남겼어야 했다. 기억되지 않는 역사는 반복되기 때문이다.

조선총독부청사의 잔해는 현재 세 곳에서 확인할 수 있다. 천안 독립기념관 뒤편 야외 정원에는 중앙 돔의 첨탑과 정초석, 화강석 부재가 놓여 있다. 인사동 옛 태화관 터에 조성된 독립선언 33인 광장에는 조선총독부청사 기둥 일부가 재활용되어 있으며, 그 돌기둥에는 독립선언서 전문이 국한문, 한글, 영문으로 새겨져 있다. 서울역사박물관 앞마당에도 조선총독부 건물의 잔해가 전시되어 있다.

한때 경복궁 앞을 가로막았던 조선총독부청사는 이제 몇 점의 돌 부재部材로만 남았지만, 그 잔해와 자리는 식민지 시기의 기억과 그 이후의 선택을 함께 돌아보게 하는 역사적 흔적이다.

1   조선총독부청사가 그려진 채색 엽서. 중앙
    돔과 좌우 대칭의 거대한 입면을 갖춘
    서양 고전주의 계열의 건물로, 일제가
    조선의 중심 공간에 세워 통치 권력의
    위압과 질서를 시각적으로 과시한 상징적
    건축물이다. ⓒ천안박물관

2   경복궁 광화문과 흥례문 사이에 있었던
    조선총독부청사 터. 현재는 매표소가 있는
    넓은 공터로 남아 있다. 그 어떠한 표식도
    없는 이곳에 조선총독부청사가 있었음을
    기억하기 어렵다.

광화문선

<table>
<tr><td>3</td><td>천안 독립기념관 후원 한편에 전시된
조선총독부청사 잔해인 지붕 랜턴.
조선총독부청사 중앙 돔 꼭대기를
장식하던 높이 8미터, 무게 30톤에 이르던
지붕 랜턴은 해체 과정에서 가장 먼저
철거되었다.</td><td>4</td><td>서울역사박물관 앞마당에 전시된
조선총독부청사의 기둥과 주두 잔해.
불순물이 거의 없는 최고급 화강석을
사용해 지금도 얼룩이나 변색 없이 보존
상태가 양호하다.</td></tr>
</table>

     41 조선총독부청사

5 천안 독립기념관 서쪽 후원에
조선총독부청사 정면 중앙부 석조
장식물이 전시되어 있다. 일제의 몰락을
상징하는 '최대한 홀대하는 방식'을 주제로
한 전시라 한다.

6 천안 독립기념관에 놓여 있는
조선총독부청사 정초석에는 당시 총독
사이토 마코토의 글씨로 '정초(定礎)'가
새겨져 있다.

총독부 박물관의 돌사자상들　　　　　　　(경복궁 관리소)

서울특별시 종로구 사직로 161

경복궁은 조선 왕조의 정궁으로, 왕권과 국가 질서를 상징하는 공간이었다. 근정전을 중심으로 한 전각 배치는 유교적 정치 질서를 시각화한 구조였고, 궁궐의 동쪽 영역인 동궁은 왕세자가 머물던 공간이었다. 그러나 1910년 한일강제병합 이후 이곳은 더 이상 왕실의 공간이 아니었다. 일제는 궁궐을 통치의 상징물로 전유하고, 그 의미를 재구성하는 방식으로 식민 지배를 공간 속에 새겨넣기 시작했다. 궁궐의 전각은 철거되거나 이전되었고, 왕실의 영역에는 전시장과 박람회 시설이 들어섰다. 왕권의 중심이었던 경복궁은 점차 식민 통치의 무대로 바뀌어갔다.

경복궁 안에 자리했던 조선총독부 박물관은 일제가 식민 통치를 제도화하고 시각적으로 정당화하는 과정에서 건설된 공간이었다. 이 건물은 1914년 공사를 시작해 1915년 9월 11일 조선물산공진회의 '미술품 진열관'이라는 이름으로 준공되었으며, 조선의 고미술품을 전시하는 용도로 사용되었다.

조선총독부 박물관은 신고전주의양식의 벽돌조 건물로, 연면적은 393평에 달했다. 정면에는 화려한 코린트식 주두가 놓였고, 이를 중심으로 좌우에 실들이 대칭적으로 배치된 2층 건물이었다. 박공 없이 엔터블레이처만을 두른 단순한 수평 외관은 이후에 지어진 덕수궁 이왕가미술관과도 유사한 인상을 준다. 건물 입구 좌우에는 돌사자상 두 개가 배치되어 있었는데, 이는 광화문 앞 해태상처럼 건물을 수호하는 장치로 연출되었다.

중앙 홀은 2층까지 트인 하나의 공간으로 구성되었고, 내부에는 석조 불상이 놓였다. 중앙 홀 좌우로 이어지는 전시실 출입구는 아치형으로 처리되었다. 중앙 홀을 중심으로 1층과 2층 좌우에 전시 공간이 마련되었으며, 총 여섯 개의 전시실에는 낙랑과 한사군, 삼국 시대, 통일신라 시대, 고려 시대, 조선 시대의 고미술품과 불교 미술품이 전시되었다. 박물관 앞에는 대칭형 바로크식 정원을 조성해, 일제의 식민사관과 내선일체를 시각적으로 홍보하는 공간으로 활용했다.

이 박물관은 1915년 개최된 시정오년기념조선물산공진회始政五年記念朝鮮物産共進會와도 깊이 연결되어 있다. 일제는 식민지 정책의 성과를 과시하고 통치를 정당화하기 위해 약 50일간 대규모 박람회를 열었고, 이 기간 동안 100만 명에 가까운 관람객이 몰렸다. 박람회장을 조성하는 과정에서 경복궁은 궁궐이 아닌 전시장으로 재편되었고, 일부 전각은 철거되거나 팔려 나갔다. 그 자리에 새로운 전시 시설이 들어섰고, 1915년 9월 11일 근정전에서 열린 개장식을 기점으로 경복궁은 일반인이 자유롭게 드나드는 박람회장으로 바뀌었다. 미술품 진열관이 들어선 경복궁 동쪽 영역은 원래 왕자가 거주하던 동궁 영역이었다.

조선물산공진회가 끝난 뒤 대부분의 임시 건물은 철거되었지만, 벽돌로 견고하게 지어진 미술품 진열관은 남았다. 이 건물은 같은 해 12월 1일 공식 명칭을 '조선총독부 박물관'으로 바꾸고 정식 개관했다. 박물관은 조선총독부 학무국 소속으로 운영되었으며, 박물관협의회와 조선고적조사위원회를 조직해 유적 조사와 발굴을 진행하고, 그 결과물을 전시했다.

해방 이후에도 조선총독부 박물관은 철거되지 않았다. 1954년까지 국립박물관으로 활용되었고, 이후에는 문화재관리국의 임대 사무실로 사용되었다. 그러나 1995년 경복궁 복원 정비 사업이 본격화되면서 조선총독부청사와 함께 철거 대상이 되었고, 현재는 사진 자료를 통해서만 그 모습을 확인할 수 있다.

다만 조선총독부 박물관의 흔적이 완전히 사라진 것은 아니다. 박물관 본관이 운영된 이후 기능 확장을 위해 1919년에 준공된 조선총독부 박물관 부속 건물은 지금까지 경복궁에 남아 있다. 본관이 궁궐 중심부의 눈에 띄는 위치에 자리했던 것과 달리, 부속 건물은 경복궁 동쪽 담장 한편의 비교적 외진 자리에 놓여 있다. 이 건물 역시 언젠가는 철거될 가능성이 있어 보이지만, 아직까지는 근대기 궁궐 공간의 변화를 보여주는 중요한 실물 자료로 남아 있다.

조선총독부 박물관 부속 건물은 근대식 2층 건축물이다. 해방 이후에는 국립박물관 창고로 사용되었고, 이후 경복궁 관리 부서가 들어섰다. 1961년에는 문화재관리국 별관으로, 1971년부터는 경복궁 관리소로 활용되고 있다. 2층 건물 서쪽 측면 출입구 좌우에는 벽기둥이 세워져 있으며, 그 위로 홍예석 아치창과 아르누보 양식의 직선 장식이 외벽 곳곳에 남아 있어 근대기 건축양식을 확인할 수 있다.

조선총독부 박물관 앞에 놓였던 돌사자상 한 쌍과 부속 건물 현관 좌우에 있던 돌사자상 한 쌍 역시 현재는 원래 자리가 아닌 다른 곳으로 흩어졌다. 돌사자상은 코마이누狛犬, 高麗犬라 불리며, 일본 신사나 경내에 놓여 나쁜 기운을 막고 신성한 공간을 지키는 사자와 개를 닮은 상상 속 동물이다. 국립민속박물관 뒤뜰에 있는 돌사자상 한 쌍은 부속 건물 서쪽 현관을 지키던 것이며, 박물관 본관 앞에 놓여 있던 돌사자상 한 쌍은 부여 한국전통문화대학교 정원에서 확인되었다. 필자는 이 네 마리 돌사자상의 위치를 모두 확인했지만, 한국전통문화대학교가 2000년에 개교했기 때문에 그 이전에 돌사자상들이 어디에 있었는지는 정확히 알 수 없다.

비록 문화유산으로 지정되지는 않았지만, 이 돌사자상들은 조선총독부 박물관과 그 부속 건물이 실제로 존재했음을 증언하는 중요한 자료이다. 수많은 석물이 철거와 이전 과정에서 소실되었을 가능성을 떠올리면, 이 돌사자상들이 전하는 의미는 더욱 크다. 이들은 궁궐 공간에 유입된 근대 건축과 식민지 시기의 흔적을 목도하게 하는 중요한 단서이기 때문이다.

1	1915년 조선총독부는 경복궁에
시정오년기념조선물산공진회 미술품
진열관을 건립했다. 공진회가 끝난 뒤
철거하지 않고 조선총독부 박물관으로
활용했다. ⓒ서울역사박물관

2	조선총독부 박물관 부속 건물 주출입구.
창문의 아치와 처마 돌림띠의 조형
장식미가 돋보인다. 사진 속 주출입구
계단이 있는 좌우 벽에는 돌사자상 한 쌍이
놓여 있었다.

3 조선총독부 박물관 정면에 놓여 있던
돌사자상 한 쌍. 현재 한국전통문화대학교
정문 앞에 세워져 있다. 두 점의
돌사자상이 왜 이곳에 놓였는지 알 수
없고, 향후 처리 여부 또한 불확실하다.

4 조선총독부 박물관 부속 건물 입구 좌우
벽에 붙어 있던 돌사자상 한 쌍. 철거되어
한동안 국립민속박물관 출입구 앞에 놓여
있었으며, 현재(2026년 기준)는 일반인
출입이 금지된 박물관 뒤뜰로 옮겨졌다.

근대로 질주했던 전차

전차 363호　서울특별시 창경궁로 215 (국립어린이과학관 내)
　　　　　　국가등록문화유산 제426호
전차 381호　서울특별시 종로구 새문안로 50 (서울역사박물관 내)
　　　　　　국가등록문화유산 제467호

광화문 일대는 지난 수십 년 동안 재정비와 복원을 거듭해온 공간이다. 일제강점기에는 조선총독부청사 건립을 위해 광화문이 동쪽으로 옮겨졌고, 1968년에는 철근 콘크리트 구조로 복원되었다. 2006년에는 일제가 틀어놓은 위치를 바로잡기 위해 다시 해체, 복원되었다. 세종대로와 광화문광장 역시 여러 차례 재구성을 거치며 오늘의 모습에 이르렀다. 2000년대 이후 진행된 광화문광장 조성 및 재정비 사업과 2020년대의 월대 복원 공사는 역사적 원형을 회복하려는 시도의 일환이었다. 그런데 이 복원 과정은 단순히 옛 모습을 되찾는 작업에 그치지 않았다. 땅속에 묻혀 있던 또 다른 도시의 시간이 함께 드러났기 때문이다.

2008년 광화문광장 공사 과정에서 땅속에 묻혀 있던 전차선로와 침목枕木이 모습을 드러냈고, 2023년 광화문 앞 월대 복원 공사 중에도 전차선로가 다시 확인되었다. 이는 70여 년 전 매몰된 광화문선의 흔적이었다. 지금의 세종대로인 태평로를 달리던 광화문선은 광화문 앞에서 Y자 형태로 갈라졌는데, 오른쪽은 안국동선, 왼쪽은 통의동선으로 이어졌다. 이 가운데 통의동선은 경복궁 서쪽을 지나며 영추문 일대 성곽 일부를 훼손하기도 했다.

땅 위를 달리던 노면전차의 실물은 현재 두 대가 남아 있다. 전차 363호는 국립서울과학관 마당에, 전차 381호는 서울역사박물관 정원에 전시되어 있다. 서울의 전차는 1899년 운행을 시작해 1968년 11월 운행이 전면 중단될 때까지 도시 곳곳을 오갔다.

전차 363호는 일본차량주식회사에서 제작해 서대문-종로-동대문-청량리 구간을 운행한 국내에 현존하는 가장 오래된 전차이다. 전차 381호 또한 일본차량주식회사에서 제작된 반강제 궤도 차량으로, 길이 약 13.7미터, 너비 2.4미터, 높이 3.2미터 규모에 약 100명을 수용할 수 있었다. 두 차량 모두 해방 이후 여러 차례 개조를 거쳤다.

1899년 5월 한성전기주식회사가 설립된 직후 서대문과 청량리를 잇는 우리나라 최초의 전차 노선이 개통되었다. 같은 해 9월에는 경인선 철도가 개통되어 인천과 노량진이 연결되었다. 전차의 개통은 전기 시설과 도로 정비가 이루어졌음을 의미하며, 철도보다 먼저 도입된 근대적 교통수단으로서 서구 문물이 유입된 근대 도시 서울을 상징했다. 전차는 당시 가장 빠르고 편리한 교통수단으로 자리 잡았고, 전차 궤도 건설은 도시 공간 구조를 급격히 변화시켰다. 종로에서 남대문과 원효로 4가를 잇는 전차는 남대문의 누문 안을 통과하기도 했다.

전차 선로 설치와 도로 확장을 명목으로 한양도성과 사대문 성곽은 본격적으로 철거되기 시작했다. 1907년 숭례문 좌우 성곽을 시작으로 흥인지문, 광희문, 혜화문이 차례로 헐렸고, 서대문인 돈의문의 목재는 경매를 통해 개인에게 팔려 나갔다. 전차 차고는 동대문 인근에 자리했다.

1920년대 들어 자동차와 버스가 도입되었지만 전차는 경성 시민의 주요 교통수단으로 기능했다. 일본인 거주지가 남촌에 한정되어 있던 시기에는 신용산선, 황금정선, 본정선, 금전선 등 남촌 중심의 노선이 운행되었으나, 1926년 조선총독부청사 완공 이후 일본인 생활권이 광화문 일대로 확대되면서 전차 노선도 북촌 중심으로 확장되었다. 광화문선, 안국동선, 통의동선, 태평동선 등이 이 시기에 개통되었고, 1930년대 중반 이후에는 궤도의 복선화와 노선 연장이 이어졌다. 대한제국기 당시 네 개에 불과했던 전차 노선은 일제강점기 말인 1943년에는 열여섯 개로 늘어났다.

그러나 자동차의 대중화와 교통 체계 변화로 1968년 11월 서울의 전차 운행은 전면 중단되었다. 이후 대부분의 선로는 철거되었고, 공사 비용과 시간의 한계로 일부 전차 선로와 침목은 아스팔트 아래에 그대로 묻혔다. 도심 개발 과정에서 드러난 일부 선로는 철도박물관으로 옮겨 보존되었으며, 광화문 월대 복원 공사 과정에서 발견된 선로는 발굴 조사 후 다시 매몰되었다.

전차는 사라졌지만 선로는 남았다. 광화문 아래 묻혀있던 궤도는 이 공간이 단순한 '복원된 궁궐'이 아니라, 궁궐과 식민 도시, 근대 교통 체계가 겹쳐 형성된 장소임을 보여준다.

광화문선

1   광화문 월대 복원 작업 중 드러난
     전차 노선. 통의동선과 안국동선이
     Y자 형태로 분기된다. 동쪽으로는
     안국동선이, 서쪽으로는
     통의동선이 이어진다.

2   전차 선로와 침목이 드러난
     통의동선 전차 철로의 유구.
     발굴된 전차선로와 침목 일부는
     현재 의왕시 철도박물관 야외
     전시장으로 옮겨져 전시되고 있다.

3   전차 381호는 일본차량회사에서
     제작되었으며, 1930년부터
     1968년까지 경성 시내를 운행했다.

4   전차 363호는 국내에 현존하는 가장
     오래된 전차이다.

    43 전차 선로와 전차 363호 · 381호

漢江
平安北道
平安南道
咸鏡南道
咸鏡北道
黃海道
江原道
京畿道
忠淸北道
忠淸南道
慶尚北道
慶尚南道
全羅北道
全羅南道
黃海
鬱陵島
濟州島
凡例
面界
町界
城壁
河川
湖沼
鐵道
電車
建築物
改坡
一等道路
二等道路
三等道路
等外道路
銀行
郡廳會社
學校
郵便局
竣工場
養石園
公遠
山岳丘陵
元警察署
比頻界

崇仁面
통의동선
恩平面
안국동선
종로선
황금정선
청량리선
왕십리선
통의동
마포선
신용산선
구용산선

44 | 도정궁 경원당

전통과 근대가 만난 고택 도정궁 경원당

서울특별시 종로구 인왕산로 7(구)
서울특별시 광진구 능동로 120 건국대학교 내(현)
서울특별시 민속문화재 제9호

사직단 서남쪽에는 조선 시대 덕흥대원군1530~1559과 그 후손들이 대대로 거주했던 도정궁都正宮이 자리하고 있었다. 도정궁은 덕흥대원군의 집이었으며, 셋째 아들 선조가 즉위하기 전까지 머물렀던 잠저潛邸이기도 하다. 왕의 탄생과 즉위를 잇는 공간이었던 만큼, 도정궁은 왕실 내에서 남다른 위상을 지닌 장소였다. 덕흥대원군의 종손 이하전1842~1862이 왕족을 관리하던 종친부의 관직인 도정의 직위를 맡은 뒤 그의 집이 '도정궁'이라 불렸으며, 사료에는 '덕흥대원군궁', '덕흥대원군 가묘(家廟, 한집안의 사당)' 등 다양한 명칭이 함께 등장한다. 이는 도정궁이 주거 공간이자 제향祭享 공간의 기능을 함께 지닌 복합적 장소였음을 보여준다.

1913년 화재로 대부분이 소실된 도정궁은 이듬해 일부가 재건되었으나, 일제강점기와 이후의 도시 개발을 거치며 넓은 부지는 여러 필지로 쪼개지고 많은 건물들이 사라졌다. 현재 도정궁의 흔적은 도정궁 별채, 운경고택, 경원당 세 곳에 남아 있다. 이 가운데 경원당은 1979년 건국대학교 교정으로 이전된 건물로, 지금은 본래의 맥락에서 벗어난 공간에서 도정궁의 한 부분을 전하고 있다.

경원당은 1913년 이후 재건된 건물로, 평면 구성과 배치를 보면 안채와 사랑채의 기능을 함께 갖춘 것을 알 수 있다. 건국대학교 교정으로 옮겨진 경원당의 안채 영역은 팔작지붕에 정면 여섯 칸 규모로, 하부에 화강석 장대석 두 단을 쌓아 안정감을 주었다. 유리창을 사용해 내부 복도와 외부 공간을 구분하는 등 근대적 감각도 반영되어 있다. 돌출된 현관은 다듬은 화강석 기초 위에 사각 목기둥을 세웠으며, 계단 위 반원형 아치문을 통해 실내로 들어가는 독특한 출입 구조를 갖추고 있다.

안채와 맞닿아 ㄱ자형 평면을 이루는 사랑채는 정면 다섯 칸, 측면 두 칸 규모이다. 하부는 화강석 기단, 상부는 벽돌과 회벽으로 마감했으며, 창호에는 유리창을 사용해 겨울철 한기를 막는 개량 방식을 따랐다. 전통 한옥의 형태를 유지하면서도 재료와 디테일에서 근대적 요소가 가미된 경원당은 변화하던 시기의 건축적 상황을 엿볼 수 있는 사례다.

건축물은 제자리에 있을 때 그 가치를 온전히 드러낸다. 그러나 사직터널 건설로 도로가 개설되면서 경원당을 비롯한 여러 역사적 건축물들이 철거되거나 이전되었다. 사직단의 정문은 후면으로 옮겨졌고, 중국 사신을 맞이하던 영은문과 독립문 또한 터널 공사 과정에서 위치가 조정되었다. 한번 옮겨진 건축물은 원래의 자리를 되찾기 어렵다. 배산임수의 풍수지리사상을 굳이 거론하지 않더라도, 전통 건축에서 터잡기는 매우 중요했다. 물리적인 '땅'

 통의동선

으로서의 집터뿐 아니라, 어디를 바라보고 어떤 방향으로 집을 앉힐 것인가를 정하는 좌향 역시 핵심 요소였다. 특히 도정궁처럼 상류층의 주거 공간은 이러한 기준이 더욱 엄격했으나, 경원당은 터를 잃고 이축되어 가까스로 건축물만 남아 있다. 개발도상국 시절 도시 계획자들이 도면 위에 그은 선 하나로 도로가 생기고, 귀중한 역사 건축물들이 저항할 틈도 없이 사라졌던 사실을 기억해야 한다. 오늘날 도시 계획자와 행정가들이 그 '선 긋기'를 어떻게 이어가고 있는지, 다시 묻게 된다.

1 도정궁 경원당 안채(좌)와 사랑채(우)
   영역. 처마와 마루 사이 유리문과 포치형
   현관, 아치문 등에서 근대적 주거 양식이
   드러나며, 동선 또한 전통 한옥과 다르다.
   전통 한옥이 대청을 중심으로 방으로
   이어지는 동선을 취하는 것과 달리,
   경원당은 포치와 현관, 앞방을 거쳐 여러
   공간으로 나뉘는 구조를 보인다.

통의동선

2 도정궁 가운데 경원당만 1979년 원래 자리에서 건국대학교 교정으로 이전, 복원되었다. 기둥마다 주련(柱聯, 기둥에 써서 붙이는 한시 등의 글귀)이 걸려 있다.

3 경원당의 사랑채 영역으로 안채와 달리 벽돌과 회벽으로 마감하였다.

보안여관

예술이 머무는 여관

문화전시공간 보안여관

서울특별시 종로구 효자로 33

청와대로 이어지는 효자로를 사이에 두고, 경복궁 영추문과 마주한 보안여관은 짙은 나무색의 2층 건물이다. 빛이 바랜 '보안여관' 간판은 이 건물이 지켜온 시간을 고스란히 보여주고 있다. 2004년 폐업 이후 철거 위기에 놓였던 보안여관은 문화경영인의 매입을 계기로 예술가들의 창작 공간으로 재탄생했고, 2010년부터는 숙박과 전시, 창작 기능을 결합한 '문화숙박업' 형태로 전환되었다.

보안여관은 문인들이 머물던 여관으로 사용되었으며, 1936년을 전후해 건립된 것으로 추정된다. 13개의 작은 방을 갖춘 이 여관에는 많은 문인들이 머물렀고, 이곳에서 한국 문학사에서 중요한 의미를 지닌 동인지 《시인부락》이 탄생했다. 김동리, 김달진, 서정주, 오장환 등 젊은 문인들은 보안여관의 작은 방에 머물며 문예 활동을 이어갔다. 해방 이후에도 보안여관은 지방에서 상경한 문인과 예술인들의 숙소로 사용되었다.

보안여관의 보수와 수리 과정에서 발견된 상량문에는 소화 17년, 즉 1942년이라는 연도가 적혀 있다. 그러나 《시인부락》이 1936년에 창간되었다는 사실을 고려하면, 이 상량문은 건물의 최초 건립 연도가 아니라 제2차 증축 시점에 설치된 것으로 보는 해석이 타당하다. 이를 통해 보안여관이 적어도 1930년대 중반 이전부터 숙박업소로 운영되고 있었음을 짐작할 수 있다.

2017년에는 보안여관 바로 옆에 4층 규모의 복합문화공간 '보안 1942'가 들어섰다. 건축가 민현식1946~이 설계한 신관에는 게스트하우스와 갤러리, 카페, 서점, 지하 소강당이 마련되어 있다. 구관과 신관은 2층에서 다리로 연결되어 있으며, 신관 3, 4층에는 '보안스테이'라는 이름의 숙박 시설이 운영되고 있다. 이곳의 창을 통해서는 경복궁과 청와대를 지나 북악산까지 한눈에 조망할 수 있다.

보안여관은 외관만 보면 짙은 나무색 타일로 마감된 장방형 입면과 평평한 옥상을 가진 근대식 콘크리트 건물처럼 보이지만 실제로는 합각지붕에 기와를 얹은 목구조 건물이다. 1층 전시관 입구로 들어서면 입구 홀 왼편 '온천' 표시 아래 보안여관 간판이 눈에 띈다. 긴 중앙 복도를 따라 좌우로 방들이 늘어서 있고, 나무문으로 닫힌 각 방은 현재 전시실로 활용되고 있다. 복도 끝에는 작은 마당으로 이어지는 문이 있으며, 벽면에는 여러 겹으로 덧발린 벽지의 흔적이 남아 흙벽 위에 쌓인 세월을 드러낸다.

삐걱거리는 나무 계단을 따라 2층 전시 공간으로 올라서면, 낡은 벽체를 제거하고 최소한의 구조체와 주요 목재 기둥만 남긴 넓고 개방된 공간이 펼쳐진다. 나무 기둥들은 공간을 구획하면서도 동선과 시선을 가로막지 않으며, 목조 구조 자체가 하나의 액자처럼 작동한다. 보안여관은 20세기 초 목구조 건축의 구조와 디테일을 그대로 확인할 수 있는 살아있는 견본장이라 할 수 있다.

한때 철거 위기에 놓였던 보안여관에는 오늘날 현대 미술 작가들의 실험적인 작품들이 전시되며, 서로 다른 시간이 중첩되는 장면을 만들어낸다. 경복궁 옆 효자로변의 낮은 건물들이 빠르게 변화하는 가운데서도, 보안여관은 새로운 표정의 건물들과 관광객 사이에서 흔들림 없이 제자리를 지키고 있다.

1 숙박 시설에서 문화 전시 공간으로 전용된
보안여관(우). 도로를 사이에 두고 경복궁
영추문과 마주하고 있다.

2 여관 현관에 들어서자마자 목구조와
곳곳이 떨어져 나간 흙벽이 방문자를
1930년대의 시간 속에 서 있게 한다.

3   보안여관은 천장과 내부 벽체의 목구조를
원형 그대로 드러내며 전시 공간으로
사용되고 있다.

창의궁터의 사택

상업 공간과 주거지

서울특별시 종로구 자하문로6길 11 일대

일제강점기 경성에는 관공서와 일본인 관리, 회사 직원들을 위한 관사와 사택 단지가 대규모로 조성되었다. 관사는 관공서 소속 관리에게 제공되는 주택으로, 직급에 따라 규모와 설비가 달랐다. 초기에는 철도 부설과 함께 조성된 철도 관사 단지가 대표적이었다. 일본인 고급 기술자와 하급 노동자에게 각각 공급된 이 관사들은 전기·상하수도·위생 설비를 갖춘 근대식 주거 공간으로, 당시 조선인들의 주거 환경과는 뚜렷한 격차를 보였다. 일제강점기 중반 이후에는 경복궁 안에도 관사들이 들어서기 시작했다.

사택은 관사와 달리 일반 회사 직원에게 제공되었던 주거 공간으로, 송현동의 조선식산주식회사 사택과 통의동의 동양척식주식회사 사택 단지가 대표적이다. 효자로와 자하문길 사이에 위치한 통의동 35번지 일대는 조선 시대 창의궁 터로 알려진 곳이다. 창의궁은 1908년 폐궁되었고, 이후 소유권이 동양척식주식회사로 넘어갔다. 동양척식주식회사는 1910년 이곳에 직원들을 위한 사택을 조성했으며, 해방 이후에는 필지를 나누어 회사나 개인에게 소유권이 이전되었다. 1970년대 이후 관사와 사택 대부분이 철거되고 고급 주택이 들어섰지만, 통의동 일대 동양척식주식회사 사택 일부는 현재까지 남아 있으며, 종로구 자하문로6길 11 일대가 그 흔적이다.

1904년 러일전쟁에서 승리한 뒤, 일본은 조선을 식민지로 편입하기 위해 1905년 을사늑약을 체결했다. 이어 1908년 일본은 조선에 일본인을 이주·정착시키기 위한 기관으로 동양척식주식회사를 설립했다. '척拓'은 토지를 넓힌다는 뜻이고, '식殖'은 번영과 증식을 뜻하는 한자어로, '척식拓殖'은 땅을 개척·개발해 사람을 정착시키고 경제적 번영을 도모한다는 뜻이다. 동양척식주식회사는 이 개념을 식민지 조선에서 일본인의 이주와 정착을 추진하고 토지와 자원을 관리, 수탈하는 식민지 개발 기관이라는 의미로 사용했다. 동양척식주식회사는 흔히 '동척'이라 불렸으며, 영국의 동인도회사와 유사한 성격의 식민지 수탈 기관이었다. 일제는 동척을 통해 토지조사사업을 추진하며 조선의 토지와 자원을 조직적으로 빼앗았다.

동척은 조선인 소유의 토지를 신고하지 않으면 몰수했고, 신고된 토지에도 높은 세금과 소작료를 부과했다. 또한 농민들에게 양곡을 고리로 대부해 이자를 갚지 못할 경우 토지를 헐값에 사들였다. 당시 조선 농민들은 문맹률이 높아 공고문을 제대로 읽기 어려웠고, 가문 소유지나 국유지처럼 소유권이 명확하지 않은 토지는 더 쉽게 일본의 손에 넘어갔다. 1930년대 이후에는 토지·금융 업

  통의동선

무뿐 아니라 중일전쟁과 태평양전쟁 수행을 위한 군수 물자 공급에도 관여하며 식민지 수탈 체제의 핵심 기관으로 기능했다.

1912년 경성 황금정 2정목, 현재의 을지로 2가 181에 동양척식주식회사 본사가 지어졌다. 이 건물은 해방 이후에도 오랫동안 남아 있다가 현재는 철거되고 하나은행 본점이 들어서 있다. 건물 인근에는 동척의 수탈에 항거해 폭탄 의거를 벌인 나석주의 동상이 세워져 있다.

동양척식주식회사는 경성을 중심으로 대전, 대구, 부산, 이리, 목포 등 전국 주요 도시에 지점을 두었고, 각 지점 인근에 직원들을 위한 사택을 함께 조성했다. 경복궁 서쪽 통의동에 남아 있는 동척 사택은 좁은 골목길을 따라 같은 크기의 단층 주택들이 줄지어 배치된 형태를 띤다. 이들 사택은 합각지붕에 일식 기와와 개량 기와가 섞여 있으며, 일부는 원형이 훼손되었지만 여전히 당시의 흔적을 간직하고 있다. 대부분의 사택은 철거되었으나, 남아 있는 건물들은 레스토랑이나 게스트하우스 같은 상업 공간으로 활용되고 있다. 노벨문학상 수상 작가 한강의 서점 '오늘' 역시 이 사택들 가운데 한곳에 자리하고 있다.

골목을 따라 줄지어 선 사택들을 바라보면, 100여 년 전 궁궐 옆 사택에서 일본인들이 생활하던 모습을 자연스럽게 떠올리게 된다. 이곳은 식민지 경성의 공간 구조와 생활양식을 보여주는 동시에, 과거와 현재를 잇는 중요한 건축적 기록으로 남아 있다.

1 1930년에 경복궁 일대를 촬영한 항공
사진. 경복궁 서쪽 통의동에 조성된
단지가 동양척식주식회사 사택 단지이다.
ⓒ서울역사박물관

2 좁은 골목을 사이에 두고 양쪽에 단층
규모의 합각지붕 벽돌 건물이 들어서 있다.
일제강점기 당시 일정한 규모로 정형화된
형태의 사택 건축양식을 확인할 수 있다.

3 한강 작가가 운영하는 서점도
동양척식주식회사 사택 단지에 들어서
있다.

47 　｜　이완용 가옥

팔지 못할 것을 팔아서 누리지 못할 것을 누린 자　　　(개인 가옥)

서울특별시 종로구 자하문로 67-9

경복궁 서쪽 인왕산 자락에 자리한 종로구 옥인동은 흔히 '서촌'이라 불린다. 조선 시대에는 '웃대마을'로 불렸으며, 수려한 경관 덕분에 조선 후기에는 중인들이 시를 짓고 모임을 열던 공간이었다. 인왕산에서 흘러내린 물길이 만든 자연스러운 곡선을 따라 길이 형성되었고, 그 주변으로 좁고 굽은 골목과 오밀조밀한 가옥들이 자리 잡았다.

일제강점기가 시작되면서 서촌이라는 공간의 성격은 크게 달라졌다. 친일파와 식민 권력층이 넓은 토지를 차지하며 이곳에 유럽식 저택과 별장을 조성했는데, 대표적인 인물로는 이완용 1858~1926과 윤덕영1873~1940이 있다. 윤덕영의 벽수산장은 1966년 화재와 도로 확장으로 사라졌지만, 이완용의 저택은 현재까지 서촌에 남아 당시의 흔적을 전하고 있다.

이완용은 1886년 육영공원育英公院에서 영어를 배우고, 미국 주재 외교관으로 근무하며 신학문을 접했다. 초기에는 개화파로 활동했으나, 1894년 청일전쟁과 1904년 러일전쟁에서 일본이 승리하자 친일로 돌아섰다. 그는 1905년 을사늑약 체결에 찬성해 '을사오적'으로 불렸고, 1907년 정미7조약의 '정미칠적', 1910년 한일강제병합조약의 '경술국적'에도 이름을 올렸다. 조선을 일본의 식민지로 만든 세 차례의 조약 모두에 관여한 대가로 일본으로부터 백작 작위와 막대한 재산을 받아, 일제치하에서 최고의 부귀영화를 누린 조선 귀족이 되었다.

옥인동 저택에 대한 기록은 당시 신문 기사에서도 확인된다. 1913년 12월 6일 자《매일신보》에는 "이완용의 옥인동 신축 저택"이라는 제목의 기사와 함께 사진이 실렸다. 기사에 따르면 그의 집은 조선식 한옥에 개량을 한 안채와 유럽식 2층 양옥의 바깥채로 구성되어 있었다. 현재 남아 있는 2층 건물이 바로 그 바깥채이다. 넓은 정원에는 여러 정원수가 식재되었고, 건물 정면 중앙에는 자동차가 현관까지 들어올 수 있도록 포치가 설치되었다. 도리아식 기둥과 1층과 2층 전면의 화려한 창호 장식은 저택의 호화로움을 보여준다.

1926년 2월 13일 이완용이 옥인동 자택에서 사망하자 조선총독과 1,300여 명이 조문했다.《동아일보》는 "옥인동 자택에서 광화문까지 이어진 장례 행렬"을 보도하며 저택 사진을 함께 실었다. 같은 날 신문 1면에는 "무슨 낯으로 이 길을 떠나가나"라는 제목의 사설이 게재되었다. "팔지 말았어야 할 것을 팔고, 누려서는 안 될 것을 누린 자, 그 죗값을 이제부터는 영원히 받아야 할 것이다. 부등켰던 재물은 그만하면 내놓지"라는 문장은, 조선의 주권을 팔아 개인의 부귀를 누린 그에게 던진 사회적 심판이었다.

이완용 사망 후, 옥인동의 광대한 토지는 후손에게 상속되었다. 해방 이후 후손들은 대부분의 땅을 처분하고 해외로 이주했다. 그리고 1997년 그의 증손이 서울 서대문구 북아현동 일대 약 712평에 대해 정부를 상대로 제기한 소송에서 승소하여 토지를 돌려받았다. 이것은 과거 정부가 친일파 재산으로 환수한 토지였다. 법원은 '친일파 후손이라는 이유만으로 법률적 근거 없이 재산권을 박탈할 수 없다'며 원고의 손을 들어주었고, 항소심과 대법원도 이를 유지했다. 이후 이 토지는 약 30억 원에 매각된 것으로 알려져 있다.

이 사건은 친일파의 재산 규정과 환수에 대한 법적 한계가 드러난 대표적 사례다. 친일반민족행위자 재산의 국가귀속에 관한 특별법이 제정되기 이전이었기 때문에, 불법 취득 재산임이 입증되지 않는 한 후손의 소유권을 제한할 수 없다는 논리가 받아들여졌다. 그러나 세대를 거듭하며 매국의 대가로 축적된 재산이 후손에게 이어지고 있다는 사실은, 법의 판단과는 별개로 사회적·역사적 정의의 문제를 남겨두고 있다.

현재 이곳은 2003년 11월 4일 소유권보존등기가 되어 법적으로는 신축 건물로 분류된다. 그러나 일제강점기 당시 사진과 비교하면 건물의 구조와 형태가 거의 일치한다. 이에 대한 여러 견해가 존재하지만, 1926년 신문 속 이완용의 저택이 오늘날까지 남아 있음은 부정하기 어렵다. 식민의 흔적이자 부끄러운 기억의 장소로서 이 건물은 지금 서촌 한가운데에 서 있다.

1　1926년 2월 13일 자《매일신보》에 실린
이완용의 장례 관련 기사. 기사의 제목은
"수운(愁雲)에 싸인 이후저(李侯邸)"이다.
이완용 저택의 거대한 포치 현관과 늘어선
자동차들이 선명하게 보인다.

申報
（土曜日）　第六千五百二十三號　1
愁雲에 싸힌 李侯邸

2   이완용 저택으로 알려진 옥인동 가옥.
법적으로는 신축 건물이지만, 이완용이
거주했던 저택과 형태가 매우 유사하다.
해방 이후 소유주가 여러 차례 바뀌며
변형되었을 가능성을 배제할 수 없다.

48 통인시장

통인시장

서울특별시 종로구 자하문로15길 18

종로구는 17개의 행정동으로 이루어져 있으며, 일반적으로 '서촌'이라 하면 청운효자동 일대를 가리킨다. 청운효자동은 10개의 법정동을 포함하고 있는데, 그중 하나가 바로 통인동이다. 이곳에는 오래된 재래 시장인 통인시장이 자리하고 있다. 통인동은 경복궁 서쪽에 자리하며, 동쪽으로는 자하문로를 경계로 하고 남쪽으로는 체부동, 북쪽으로는 옥인동과 맞닿아 있다.

1936년 일제는 이곳의 지명을 일본식으로 '통인정通仁町'이라 개칭했으나, 해방 후 1946년 다시 '통인동'이 되었다. 통인동이라는 이름은 조선 시대 한성부의 행정구역 북부 준수방俊秀坊에 속했던 통곡通谷에서 '통通'자를, 유교의 '인의예지仁義禮智'에서 '인仁'자를 따왔다고도 하고, 인왕산 끝자락의 인왕동仁王洞에서 유래했다고도 한다. 많은 설이 있지만, 통인동이 오래전부터 정치의 중심지와 가까웠고 자연풍광이 뛰어나다는 점만은 분명하다.

일제강점기에는 조선총독부가 제정한 '시장 규칙'에 따라 공설 시장이 조성되었는데, 통인시장은 그중 하나였다. 오래전에 자연스럽게 만들어진 상설 시장이 제도권 안으로 편입된 것으로 보인다.

조선 시대 한양에는 국가가 직접 세운 시장인 시전市廛이 있어서, 국가가 상인들에게 행랑의 점포를 빌려주고 세금을 받았다. 시전 상인들은 일반적인 물품 거래뿐 아니라 국가가 필요로 하는 각종 물품도 조달해야 했다. 사설 시장은 민간이 운영했는데, 남대문 근처의 칠패시장과 동대문 근처의 이현시장이 대표적이다. 이후 칠패시장은 남대문시장으로, 이현시장은 동대문시장으로 발전했다.

개항 이후 조선의 시장은 외국인에게도 개방되었고, 일본인과 청국 상인들이 상권을 두고 치열한 경쟁을 벌였다. 일제는 1914년 제정한 '시장 규칙'에 따라 시장을 체계적으로 관리하기 시작했고, 시장의 규모와 판매 품목에 따라 1호에서 4호까지 분류했다. 1호 시장은 동대문시장과 남대문시장처럼 규모가 크고 오래된 전통 시장이었으며, 2호 시장은 곡물을, 3호 시장은 수산물과 채소를 주로 판매했다. 이러한 분류에 따르면 통인시장은 2호 혹은 3호에 해당하는 공설 시장으로, 지방자치단체가 운영하는 형태였다. 공설 시장은 해방 이후 중앙도매시장으로 이어지며 도시 상권의 기반을 이루었다.

통인시장은 1941년 조성된 공설 시장으로 지금까지도 활발히 운영되고 있으며, 상인과 주민, 서촌을 찾는 관광객들로 늘 붐빈다. 일제강점기 일본인들은 대체로 청계천 남쪽의 남촌 일대에 거

통의동선

주했으나, 조선총독부청사가 경복궁 앞으로 이전하면서 생활권이 경복궁 옆 서촌까지 확대되었다. 이에 따라 경복궁 주변에는 조선총독부에서 근무하는 일본인 관료와 직원들의 관사, 동양척식주식회사의 사택 등이 들어섰다. 통인시장은 이들에게 필요한 물자와 생필품을 공급하기 위해 조성된 시장이었다.

해방 이후 일본인들이 떠나자 시장은 한때 기능을 잃었지만, 한국전쟁이 끝난 뒤 피난민들이 이 일대에 모여들며 다시 활기를 찾았다. 피난민들은 옛 공설 시장 자리에 노점을 열었고, 통인시장은 점차 서촌 주민들이 이용하는 생활형 시장으로 자리 잡았다. 1960년대 후반에는 상가 아파트인 효자아파트가 들어서면서 아파트 상가와 시장이 연결되어 새로운 상권이 형성되었다.

현재 통인시장은 약 75개의 점포가 좁고 긴 골목길을 따라 밀집해 있는 전형적인 골목형 시장이다. 중앙 통로 위에는 지붕이 설치되어 사시사철 이용이 편리하며, 시장의 왁자지껄한 풍경 사이로 옛 한옥과 개량형 주택들이 이어져 있다. 시장 한가운데서 남북 방향 골목으로 접어들면, 도시의 소음이 멎고 오래된 시간의 결이 고스란히 남은 20세기 초 근대 한옥이 만드는 서촌의 풍경을 만날 수 있다.

1   일제강점기인 1941년에 조성된 통인시장. 통인시장은 조선총독부청사 인근에 거주하던 일본인을 대상으로 조성된 공설시장이다.

2   현대화된 서울형 문화시장으로 재탄생한 통인시장.

3   통인시장에서 종로보건소 방향 골목으로 이어지는 근대 도시 한옥들.

통의동선

이상의 집

서울특별시 종로구 자하문로7길 18

　　인왕산과 북악산에서 흘러내리던 작은 물길들은 대부분 복개되어 지금의 도로로 바뀌었다. 물길이 곧 길이 된 셈이다. 길게 이어지는 자하문로7길 아래로는 수성동 계곡에서 흘러내려온 옥류동천이 흐른다. 이 길가에 시인 이상의 집이 있다. 지금 남아 있는 건물은 그가 살던 집터의 일부로, 전면이 유리창으로 되어 있고 한옥 지붕에 기와를 올린 형태이다.

　이상1910~1937의 본명은 김해경으로, 1910년 9월 종로구 사직동에서 2남 1녀 중 장남으로 태어났다. 3년 뒤 남동생이 태어나자 이상은 통인동 154번지에 살던 백부의 집으로 들어갔다. 당시에는 아들이 없는 친척 집에 양자로 들어가는 일이 흔했으며, 이상은 백부의 장손이 되어 23세 때까지 그 집에서 살았다. 이로 인해 원가족과는 20여 년 가까이 떨어져 지냈다.

　이상은 신명학교와 보성고등보통학교를 졸업한 뒤, 경성고등공업학교(서울대 공대의 전신) 건축과에 입학했다. 1929년 건축과를 수석으로 졸업하면서 '이상李箱'이라는 필명을 사용했는데, 절친한 화가 구본웅1906~1952이 선물한 오얏나무 화구상자를 보고 떠올린 이름이라고 전해진다. 오얏나무를 뜻하는 '이李'와 상자를 뜻하는 '상箱'을 합쳐 만든 것으로, 예술가로서의 자신을 표현한 독창적인 이름이었다. 졸업 후 그는 조선총독부 내무국 건축과의 기사로 근무하며, 학회지《조선과 건축》의 표지 도안 공모에서 1등과 3등을 동시에 수상했다. 이듬해 조선총독부 기관지에 장편소설《조선》을 연재하며 문단에 데뷔한 그는 시와 소설을 쓰며 왕성한 활동을 이어갔지만, 건강 악화로 4년여 만에 조선총독부 일을 그만두었다.

이상은 건축과 문학, 미술을 넘나들며 잡지의 표지 그림과 삽화를 그렸고, 연인이었던 기생 금홍과 함께 다방 '제비'를 운영하기도 했다. 그러나 그 생활은 오래가지 못했고, 1936년 발표한《날개》로 문단의 주목을 받던 이상은 같은 해 변동림1916~2004과 결혼했다. 변동림은 훗날 화가 김환기와 재혼하며 김향안으로 개명한다. 결혼 석 달 뒤, 이상은 선진 문화를 배우겠다며 홀로 일본으로 떠났으나, 이듬해 '불량한 조선인'이라는 이유로 구금되었고, 건강이 급격히 악화되었다. 출옥 후 한 달여 만에 그는 스물일곱의 짧은 생을 마감했다.

이상이 1933년까지 살았던 통인동의 큰집, 정확히 이상의 큰아버지 집은 여러 차례 분할, 매각되며 원형을 잃었다. 지금 건물은 당시 집터의 일부에 조성된 기념 공간으로, 실제 이상이 생활하던 공간은 아니다. 그러나 한국 근대문학의 천재 작가를 기억하려는 시민들의 노력과 뜻이 모이면서 이 터가 보존되었다.

     49 이상의 집

현재 '이상의 집'은 통유리창을 통해 내부가 훤히 들여다보이도록 시각적으로 열려 있다. ㄷ자형 한옥 구조가 만든 작은 안마당에는 이상의 얼굴을 형상화한 조형물이 놓여 있고, 한옥의 원형을 최대한 보존하기 위해 보를 보강하고 주춧돌 위에 철골 기둥을 세웠다. 후면의 좁은 계단을 따라 올라가면 영상이 재생되는 전시 공간이 있고, 계단 끝의 문을 열면 작은 베란다를 통해 빛이 쏟아져 들어온다. 그 빛은, 어쩌면 그토록 날고 싶어 했던 이상의 '날개'일지도 모른다.

1	이상의 집 전경. 이상이 실제 거주한 집은
아니지만, 오랜 시간 축적된 장소의 가치를
살려 기존 한옥을 보존, 리노베이션하고,
후면에 '이상의 방'을 증축해 과거와 현재,
서촌의 정체성과 '이상다움'을 함께 담아낸
공간이다.

2	이상이 살던 집터의 일부를 2009년
문화유산국민신탁이 매입해 보존하고
있다.

     49 이상의 집

3   콘크리트 프레임 속 철문을 열면 어둡고
    좁은 계단실이 나타난다. 이 공간은
    '이상의 방'이라 불린다.

청전 이상범 가옥

한국적 산수화 청전 양식이 탄생한 곳　　　　　(청전 이상범 가옥)

서울특별시 종로구 필운대로 31-7
국가등록문화유산 제171호

서촌의 골목길을 걷다 보면, 시야가 트이는 길과 마주한
다. 필운대로다. 넓고 곧게 뻗은 이 길은 봄이면 벚꽃이 만개해 사
람들의 발길을 붙잡는다. 필운대로를 따라 북쪽으로 오르다 보면
왼편에 막다른 작은 골목이 나타나고, 그 골목 끝에 청전 이상범
1897~1972 화백의 옛집과 작업실이 자리하고 있다. '청전靑田'은 그의
스승 안중식이 자신의 호 '심전心田'을 따 '청년 심전'이라는 뜻으로
지어준 것이라 전해진다. 대문을 들어서는 순간, 길가의 소음은 잦
아들고, 작은 마당 안으로 이상범이 가꾼 또 하나의 무릉도원이 조
용히 모습을 드러낸다.

1930년대에 지어진 이 집은 절충식 도시형 한옥으로, 이상범은
1942년부터 1972년까지 이곳에서 생활하며 수많은 작품을 남겼
다. 가옥 옆에는 '청전화숙靑田畵塾'이라 불린 8평 남짓한 시멘트 벽
돌조 양옥이 붙어 있는데, 이곳에서 개인 작업과 교육이 이루어졌
다. 2006년 서울시는 이 일대를 매입해 이상범의 유품과 작품을

전시하는 미술관으로 개관했다. 가옥 뒤편으로는 배화여자고등학
교의 담장이 가파른 언덕을 따라 이어지고, 안마당에 서면 교정의
나무들이 손에 닿을 듯 가깝게 느껴진다.

청전 이상범 가옥은 一자형 행랑채와 ㄱ자형 본채가 맞물려
ㄷ자 구조를 이룬다. 본채에는 방과 마루, 부엌이 자리하고, 볕이
잘 드는 안마당에는 장독대가 놓여 소담한 풍경을 만든다. 외관은
격자 나무틀 창호 사이에 전통 창호지 대신 유리가 끼워져 있어 일
제강점기 주택의 특징을 드러낸다. 본채 처마 아래에는 "누하동천
樓下洞天"이라 적힌 편액이 걸려 있는데, '동천'은 도교의 이상향, 곧
무릉도원을 뜻하는 말이다. 이는 이 공간이 도심 속 피난처이자 예
술가의 안식처였음을 상징적으로 보여준다.

이상범은 중앙 대청을 중심으로 건넌방과 행랑채를 각각 작업
실과 사랑방으로 사용했다. 사랑방은 대문에서 안채를 거치지 않
고 바로 들어올 수 있도록 설계되어, 손님을 맞이하기에 알맞은 구
조를 갖추고 있다.

장독대 뒤벽에는 전돌 장식이 남아 있다. 원래 한자로 '충신忠信'
과 '지혜智惠'가 함께 적혀 있었으나, 지금은 '충신'만 또렷하다. 색
이 바래고 일부 문양이 떨어져 나간 벽은 세월의 흔적을 가진 채
화가가 보낸 시간을 전하고 있다.

청전 이상범은 충남 공주 출신으로, 1906년 서울의 보흥학교와
계동보통학교를 졸업한 뒤 서화미술회강습소에서 그림을 배웠다.
그는 심전 안중식과 소림 조석진에게 사사했으며 자신만의 수묵
산수화 세계를 구축했다. 1922년 개최된 제1회 조선미술전람회에

서 입상하면서 본격적인 화가의 길에 들어섰고, 청전화숙에서 자신의 산수화양식인 청전풍을 완성했다. 이곳에서 그는 제자 배렴과 박노수를 가르쳤으며, 훗날 홍익대학교 교수로 재직하며 후학을 양성했다.

과거의 화가들이 명승지 중심으로 풍경을 그렸다면, 이상범은 일상적인 한국의 자연과 마을 풍경을 화폭에 담았다. 그는 1936년 베를린올림픽 금메달리스트 손기정의 가슴에서 일장기를 지운 인물로도 알려져 있다. 당시《동아일보》학예부 미술 기자였던 이상범은 이길용1899~?, 정현웅1910~1976과 함께 이 일을 주도했다. 일장기 말소 사건으로 동료 화가 이여성1901~?과 함께 강제 해직되었고, 40일간 옥고를 치렀다. 그러나 이상범은 이후 일제의 전시 체제에 협력하는 미술 활동에 참여하며 친일의 오점을 남기게 된다. 그는 1943년 8월 6일《매일신보》에 삽화 〈님의 부르심을 받들고서〉를 게재하며 징병제를 찬양했고, 민족문제연구소의《친일인명사전》에 이름이 올랐다.

청전화숙의 대청마루에 앉아 있으면, 이상범이 바라보던 하늘과 작은 마당이 그대로 남아 있다. 영광과 변절, 창작과 고뇌가 교차했던 마당이다.

    50 청전 이상범 가옥

통의동선

1 　청전 이상범 가옥의 안채 전경.
"누하동천"이라 쓴 편액이 걸려 있다.
가옥은 배화여자고등학교 운동장 끝
담장과 맞닿아있다.

2 　청전 이상범이 43년간 거주하며 작업했던
공간을 재현해 그의 작품을 전시하고 있다.

3 　당시 유행하던 담장 장식. 상서로운
글자와 길상 문양을 넣어 한 폭의 그림처럼
완성했다.

배화여자고등학교 캠벨기념관·생활관· 캐롤라이나관

근대 여성 교육의 요람 〔 배화여자고등학교 본관·동창회관·과학관 〕

서울특별시 종로구 필운대로1길 34
캠벨기념관　국가등록문화유산 제673호
생활관　국가등록문화유산 제93호
캐롤라이나관　국가등록문화유산 제672호

배화여자고등학교와 배화여자대학교 캠퍼스는 근대 여성 교육의 태동을 품고 있는 공간이다. 이곳에서 많은 한국 여성들은 글을 배우고 새로운 삶의 방식을 익히며, 사회로 나아갈 힘을 길러왔다. 교정의 은행나무 아래에는 학교 설립자인 조세핀 캠벨Josephine P. Campbell, 1853~1920 선교사의 흉상과, 1895년 한국에 온 남감리교 선교사 클라렌스 리드Clarence F. Reid, 1849~1915의 내한 100주년 기념비가 함께 자리하고 있다.

배화여자고등학교와 배화여자대학교의 뿌리는 1898년 캠벨이 설립한 여성 교육기관인 캐롤라이나학당이다. 1897년 인천 제물포항을 통해 입국한 캠벨은 이듬해 종로 내자동에 작은 교사를 마련해 근대식 여성 교육을 시작했다. 기독교 신앙을 바탕으로 운영된 이 학교는 1910년 '배화학당'으로 이름을 바꾸었고, 학생 수가 늘어나면서 1915년 지금의 필운동 자리로 이전했다. 처음에는 2층 건물이었으나, 1922년 3층과 지붕층을 증축해 지상 4층 규모로 확장되며 개화기 여성 교육의 중심지로 자리 잡았다.

캠퍼스 중심에 있는 본관이자 캠벨기념관은 1926년에 준공된 근대 교육 건축물이다. ㄷ자 평면과 대칭형 구성, 전면의 돌출 포치가 특징이며, 지붕층까지 포함하면 4층으로 볼 수 있다. 자연 채광을 고려해 지붕에 도머창을 두었고, 초기에는 지붕층을 강당으로 사용했다. 일제 말기에는 일본군 통신부대가 점거했고 한국전쟁 때 반파되었으나 복구되었다. 2009년 중앙 냉난방 설비 교체와 창틀 보수 등 여러 차례 수리를 거쳤지만, 건물의 원형은 잘 유지되고 있다. 역사적 가치를 인정받아, 2017년 1월 6일 국가등록문화유산 '서울 배화여자고등학교 캠벨기념관'으로 공식 등록되었으며 현재 배화여고 본관으로 쓰이고 있다.

선교사들의 거처였던 생활관은 중요한 근대 건축물 가운데 하나다. 붉은 벽돌 외벽에 반지하층과 지상 2층으로 구성되어 있으며, 반층 높이 위에 놓인 포치형 현관이 특징적이다. 외벽을 두른 화강석 띠와 벽돌 장식, 지붕까지 곧게 이어진 굴뚝은 당시 벽난로 난방 방식과 선교사들의 생활양식을 보여준다. 현재 이 건물은 동창회관으로 활용되고 있다.

과학관으로 사용 중인 캐롤라이나관 역시 배화학당의 역사를 보여주는 핵심 건물이다. 이 건물은 1915년 2층 규모로 지어진 뒤, 1922년에 3층과 지붕층을 증축해 지금의 모습을 갖추었다. 중앙 출입구는 박공지붕을 얹은 형태로 전면에 돌출되어 있으며, 이를 통해 건물의 중심성과 상징성이 드러난다. 내부는 계단실을 중심으로 좌우에 교실이 배치되어 있다. 캐롤라이나관은 한때 철거

위기에 놓이기도 했으나 현재 국가등록문화유산으로 지정되어 있다.

배화학당 캠퍼스는 산비탈 지형을 따라 세 단으로 구성되어 있다. 가장 낮은 곳에는 운동장과 과학관인 캐롤라이나관이 자리하고, 중간 단에는 생활관, 가장 높은 단에는 캠벨기념관인 본관과 교실동이 배치되어 있다. 본관 북측 인왕산 자락 아래 바위에는 필운대 각자가 남아 있다. 운동장에서 본관을 올려다보면, 근대 교육 시설 특유의 위엄과 평온함이 겹쳐진 풍경이 펼쳐진다.

인왕산을 향해 오르는 길목에 자리한 이 학교는 근대 여성들이 배움을 통해 처음으로 세상을 만났던 공간이다. 조세핀 캠벨이 남긴 교육의 정신은 오늘날까지 이어지고 있으며, 이 건물들은 지금도 서촌 언덕 위에서 그 존재를 또렷하게 드러내고 있다.

1 1930년대 배화학당 전경. 배화학당은
설립자 조세핀 캠벨에 의해 1898년
캐롤라이나학당으로 시작되었다. 사진
속 왼쪽 상단 건물은 캠벨기념관이 있는
본관, 가운데가 생활관, 오른쪽 끝에
살짝 가려진 건물이 캐롤라이나관이다.
ⓒ배화여자중고등학교

2 배화학당 여학생들이 운동장에서
체육 활동을 하는 모습. 운동장
너머로 벽수산장(우측 끝)이 보인다.
ⓒ배화여자중고등학교

51 배화여자고등학교 캠벨기념관 · 생활관 · 캐롤라이나관

3 생활관 서쪽 면에 세워진
항일독립운동여성상 〈혁명전야〉.
100년 전 독립운동에 참여한 여성이
교복을 입은 오늘의 여성에게
등불을 밝히는 모습을 형상화했다.
1920년 3·1운동 1주년 만세운동에
참여한 배화여자고등학교 출신
24명의 이름이 새겨져 있다.

4 1926년 건립된 캠벨기념관. 현재
배화여자고등학교 본관으로
사용되고 있다.

5 배화여자고등학교 생활관. 전면의
작은 기둥들은 포치 현관을
강조하며, 난간 벽돌은 아롱쌓기와
원형 기둥으로 장식되어 있다.

6 운동장 동쪽 한편에 자리한
캐롤라이나관.
현재 배화여자고등학교 과학관으로
사용되고 있다.

통의동선

51 배화여자고등학교 캠벨기념관 · 생활관 · 캐롤라이나관

한양의 아방궁

철거

서을특별시 종로구 옥인동 47번지 일대

일제강점기 서촌 일대를 권력과 금력을 바탕으로 대규모로 매입한 대표적 인물은 윤덕영1873~1940이다. 그는 대한제국 마지막 황제 순종의 두 번째 비였던 순정효황후의 백부로, 외척으로서의 권세와 친일 행적을 바탕으로 조선 귀족 자작 작위를 받았다. 유달리 큰 머리 때문에 사람들 사이에서는 대갈대감이라 불렸으며, 순종과 영친왕 곁에 서 있는 사진 속 윤덕영의 모습은 황실 지근거리에서 막강한 권력을 누리던 그의 위치를 상징적으로 보여준다.

윤덕영은 옥류동 계곡이 내려다보이는 옥인동 일대에 자신의 호를 딴 대저택 벽수산장碧樹山莊을 지었다. 이곳은 본래 조선 후기 중인들이 시를 짓고 모이던 송석원松石園 터였다. 중인 천수경이 시회를 열던 장소였고, 추사 김정희가 바위에 새긴 '송석원' 각자刻字가 남아 있던 곳이다. 윤덕영은 이 바위에 자신의 저택 이름을 새겨넣으며, 옛 문인들의 공간을 권력과 부의 상징으로 전유하고자 했다. 1917년 기준으로 그가 확보한 토지는 옥인동 면적의 절반에 이를 정도였다고 전해진다.

벽수산장은 프랑스에서 들여온 설계도를 바탕으로 1913년 착공해 1935년에 완공되었다. 대지 1만여 평에 방이 40개가 넘는 이 저택은 벽돌과 화강석으로 지어져, 인왕산 자락의 낮은 한옥들 사이에서 마치 유럽의 성곽처럼 위압적인 모습으로 서 있었다. 천연 슬레이트 지붕 위에는 돌출창이 설치되었고, 창과 입면 장식에는 다양한 형태의 화강석이 사용되었다. 중앙 현관 포치에는 벽기둥 두 개와 도리아식 변형 기둥 네 개가 세워졌으며, 자동차가 드나들 수 있을 만큼 넓게 설계된 현관은 '한양의 아방궁'이라는 별칭을 실감하게 했다. 독일산 금속 장식과 수입 타일이 사용되었다는 기록은, 벽수산장이 당대 최고급 건축 자재로 지어졌음을 보여준다.

저택 안에는 배를 띄울 수 있을 만큼 큰 연못이 있었고, 윤덕영은 소실 이성녀와 결혼한 딸의 집까지 벽수산장 부지 안에 두어 수시로 왕래할 수 있도록 했다. 윤덕영의 소실 이성녀의 집이 옥인동 윤씨 가옥이며, 딸 윤성섭과 사위 김덕현이 살았던 집이 현재의 박노수미술관이다. 벽수산장의 정원은 서양식 조경 기법과 산책로를 도입한 근대적 정원으로 평가되기도 한다.

완공 직후 윤덕영은 이 저택을 신흥 종교단체인 세계홍만자회 조선지부에 임대했다. 이는 권력과 종교 네트워크를 통해 자신의 영향력을 확장하려 했던 시도로 보인다. 윤덕영 사망 이후 벽수산장은 일본 기업이 사용했고, 해방 후에는 덕수병원과 유엔군 장교 숙소로 활용되었다. 1954년부터는 국제연합한국통일부흥위원회가 사용하며 '언커크UNCURK'라는 이름으로 불렸다. 당시 사진 속 현관 난간에는 세계홍만자회의 만卍자 표식이 남아 있어, 권력의 교차와 시대의 혼란을 고스란히 보여준다.

그러나 벽수산장의 호화로움은 오래가지 않았다. 1966년 지붕 수리 중 발생한 화재로 2, 3층이 거의 소실되었고, 남아 있던 건물은 1973년 도로 정비 사업 과정에서 완전히 철거되었다. 그 자리에는 빌라들이 들어섰다. 다만 벽수산장으로 향하던 정문의 벽돌 담장 잔재와 화강석 기둥 일부가 지금도 서촌 곳곳에 남아 있다. 이는 나라와 민족을 팔아 개인의 영달을 좇았던 윤덕영의 위세와, 그 끝에 남은 흔적을 조용히 증언하고 있다.

1   산 아래·우뚝 솟아 있는 저택이
    벽수산장이다. 프랑스 주재 공사였던
    민영찬이 가져온 프랑스 건축가의
    설계도를 바탕으로 지어졌다.

2   1909년 1월 순종의 서북순행 기념 사진.
    중앙의 의자에 앉은 이가 순종이고, 순종의
    왼쪽에 서 있는 이가 이토 히로부미이다. 그
    바로 뒤의 인물이 윤덕영이다. 그가 왕실의
    외척이자 권력의 실세였음을 한 장의
    사진이 대변하고 있다. ⓒ국립고궁박물관

3   벽수산장의 기둥과 출입구 벽의 흔적. 골목
     사이로 인왕산 자락이 보인다. 벽수산장은
     1913년 착공되어 1935년에 완공되었다.

4   서촌 빌라 주차장 한편에 남아 있는
     벽수산장의 기둥.

쪽빛 산수화가 된 집   종로구립 박노수미술관

서울특별시 종로구 옥인1길 34
서울특별시 문화유산자료 제1호

옥인동 골목을 따라 수성동 계곡으로 향하다 보면, 1937년에 지어진 2층짜리 문화주택을 만나게 된다. 문화주택은 일제강점기에 서양 주택 공간 구조와 외관을 따라 지어진 주택이다. 근대 한옥과 작은 가게, 빌라들이 이어지는 야트막한 언덕 위에 자리한 이 집은 오래된 수목과 석물이 어우러진 정원을 품고 있다. 남정 박노수1927~2013 화백의 가옥이다.

박노수는 1973년부터 이 집에서 생활했으며, 2011년 종로구에 자신의 집과 소장 컬렉션, 작품 1,000여 점을 기증했다. 종로구는 가옥의 보존과 활용을 준비했고, 박노수가 2013년 별세한 뒤 같은 해 9월 이곳을 종로구립 박노수미술관으로 개관했다. 현재 서울시 제1종 등록 미술관으로 지정되어 있다.

박노수는 현대적 감각과 전통적 정서를 결합한 독자적인 화풍을 구축한 화가이며, 강렬한 색채와 절제된 붓질, 한국적 소재의 현대적 해석으로 높은 평가를 받았다. 그는 이화여자대학교와 서울대학교에서 학생들을 가르치며 작품 활동을 이어갔다.

박노수 가옥의 역사는 일제강점기로 거슬러 올라간다. 이 집은 원래 옥인동 일대 토지를 대규모로 소유했던 친일파 윤덕영이 딸 윤성섭과 사위 김덕현을 위해 지은 주택이다. 건축가는 박길룡1898~1943으로, 1937년 절충식 벽돌집으로 설계·시공했다. 이후 소유주가 여러 차례 바뀌며 일부 증개축이 이루어졌지만, 초기 건물의 구조와 형태는 상당 부분 유지되고 있다.

집은 남향으로 자리하며 서쪽에 포치를 두고 있다. 단순한 박공지붕과 노출 서까래, 외부 계단, 눈썹지붕이 특징이다. 현관에 들어서면 나무 장마루가 깔린 긴 복도가 이어지고, 1층은 중앙 복도를 기준으로 양쪽에 방이 배치된 중복도형 장방 평면을 이룬다. 전면에는 현관과 응접실, 거실, 안방이, 후면에는 작은 방과 2층으로 오르는 목조 계단, 주방이 놓였다. 2층은 마루방 구조로, 볕이 잘 드는 전면에 공부방과 화실이 있고, 후면에는 다락과 욕실이 배치되어 있다. 베란다가 있던 곳은 방으로 개조되었으며, 온돌과 벽난로를 함께 사용해 한옥과 양옥 요소가 절충되어 있다.

정원에는 박노수 화백의 흉상과 그가 수집한 수석과 석물이 놓여 있어, 한국적 미감을 현대적으로 해석한 그의 시각과 삶을 보여준다. 동쪽 담장 옆에는 창고와 장독대, 작은 연못이 남아 있다. 윤덕영은 자신의 저택 벽수산장에서 이 집까지 후원의 언덕길을 따라 수시로 오갔다고 전해진다. 현재는 주변에 빌라와 주택이 들어서 당시의 풍경을 온전히 찾기 어렵다. 다만 벽수산장이 있던 자리와 딸의 집, 소실 이성녀의 집은 지금도 걸어서 10분이 채 걸리지 않는다.

박노수미술관 후원의 언덕에서 내려다보면 서촌 옥인동의 끝자락 풍경이 한눈에 들어온다. 시간의 흐름 속에서도 이 집은 고유한 건축적 표정을 간직한 채, 개인의 주거지에서 공공의 문화 공간으로 다시 태어났다. 이 집의 원주인 윤덕영의 딸 내외보다 훨씬 오랜 시간을 보낸 박노수 화백의 흔적은, 그가 즐겨 그린 쪽빛 산수화처럼 오늘의 서촌 하늘에 은은히 겹쳐진다.

1   옥인동 박노수 가옥 전경. 1937년에
    지어진 2층 벽돌 주택으로, 전통 한옥과
    서구식 주택 요소가 결합된 절충적 구조를
    보인다. 벽돌 포치 현관과 서까래를 노출한
    박공지붕 등에서 장식성과 단순함이
    어우러지며, 오랜 세월 증축과 수리를 거쳐
    현재에 이르렀다.

2   박노수 가옥의 내부. 1층은 벽돌조, 2층은
    목구조로 이루어진 혼합 구조의 가옥이다.

3   거실에는 벽난로가 설치되어 있으며,
    네 짝 여닫이문을 통해 안방과 연결되어
    개방적인 공간을 이룬다.

통의동선

옥인동과 남산골의 윤씨 가옥　　　　　　（옥인동 윤씨 가옥）

서울특별시 종로구 필운대로9가길 7-9
남산골한옥마을 옥인동 윤씨 가옥　　서울특별시 중구 토히계로 34길 28

　　옥인동의 가파른 산기슭을 따라 난 돌계단을 오르면, 한옥 한 채가 모습을 드러낸다. 익공翼工양식의 기둥머리 장식과 붉은 벽돌, 마름모형 석축을 함께 사용한 혼합 기법은 이 집이 단순한 민가가 아니었음을 보여준다. 경사 지형을 따라 대문에서 안채로 갈수록 단이 높아지는 배치, ㅁ자형 마당을 감싸는 안채와 바깥채의 구성은 20세기 초 한옥이 전통에서 근대로 이행하던 과도기의 건축양식과 생활 구조를 생생히 전한다.

　　이 집은 '옥인동 윤씨 가옥'으로 알려져 있으나, 이 책에서는 가옥이 처음 지어지고 실제로 거주했던 인물을 기준으로 '옥인동 이성녀 가옥'으로 호칭을 정리했다. 이성녀는 친일파 윤덕영의 소실로, 이 집은 그를 위해 1919년경 지어진 것으로 밝혀졌다. 그러나 한때 이 가옥은 대한제국 마지막 황제 순종의 비였던 순정효황후 윤씨의 생가로 잘못 알려졌다. 정부는 구전과 전승 기록에 근거해 이 집을 황후의 생가로 추정했고, 당시 소유주의 이름을 따 '옥인동 서용택가玉仁洞徐龍澤家'라는 명칭으로 1977년 민속문화재 제 23호로 지정했다.

이후 2009년 관련 사료에 대한 정밀 조사가 이루어지면서, 이 건물이 실제로는 윤덕영이 소실 이성녀를 위해 지은 가옥임이 확인되었다. 그 결과 문화재 지정은 해제되었고, 이 집은 오랜 기간 방치되었다. 잘못된 추정이 국가 차원에서 공식화되었다가 바로잡힌 사례로, 근대 문화유산을 둘러싼 인식과 행정의 복잡한 단면을 보여준다.

옥인동 일대는 윤덕영의 대저택인 벽수산장이 자리했던 곳으로, 이성녀 가옥은 그 부속 공간의 일부로 볼 수 있다. 해방 이후 이 가옥은 국가 소유를 거쳐 개인에게 매각되었고, 1990년대에는 여러 지분으로 나뉘면서 일부 구조 변경이 이루어졌다.

한편 이성녀 가옥은 남산골한옥마을에 '옥인동 윤씨 가옥'이라는 이름으로 복원되었다. 남산골에 조성된 한옥은 옥인동 이성녀 가옥의 실측 자료를 바탕으로 건물의 높낮이와 배치를 재현했으나, 좌향이 달라 전통 건축에서 중시되는 방향성까지는 온전히 복원하지 못했다. 현재 이곳은 시민에게 공개되어, 친일파 윤덕영 일가의 생활 공간을 직접 마주할 수 있는 장소로 활용되고 있다.

반면 옥인동의 원형 가옥은 일부 건물이 철기되고 리모델링되며 공공 개방형 공간으로 변모하는 과정에 놓여 있다. 이 과정에서 건축적으로 중요한 안채와 대문은 철거되었고, 행랑채는 골조만 남긴 채 문간채 일부만 원형을 유지하고 있다. 옥인동 윤씨 가옥의 사례는 문화 유산의 명칭과 지정 원칙이 얼마나 혼란스럽게 적용될 수 있는지를 보여준다. 실제 거주 인물은 이성녀였음에도 문화재 지정 당시에는 소유주였던 서용택의 이름을 따 명명되었고, 원형 가옥은 옥인동에 남긴 채 남산골에 새로 지은 한옥을 윤씨 가옥이라 이름 붙였다. 남산골한옥마을 윤씨 가옥 안내판에는 윤덕영의 친일 행적 내용은 찾아볼 수 없다.

유네스코는 문화유산 보존의 핵심 원칙으로 진정성과 가역성을 제시한다. '진정성'이란 원래 건축이 지닌 재료와 형식, 맥락을 존중하는 것이며, '가역성'은 훼손과 변형을 최소화해 언제든 원래 상태로 되돌릴 수 있도록 하는 보존 방식이다. 하나의 공간이 '오해된 역사−정정−재현−재생'의 과정을 거치는 동안, 옥인동 이성녀 가옥은 우리가 근대 문화유산을 어떻게 기억하고, 이름 붙이며, 활용해야 하는지에 대해 질문하게 만든다.

1 이성녀 가옥으로 오르는 화강석 계단.
이성녀 가옥은 윤씨 가옥으로도 불리며,
벽수산장에 속해 있었다.

2 남산골한옥마을에 복원된 이성녀 가옥. 한때 순정효황후의 생가로 잘못 알려지기도 했다.

3 옥인동 이성녀 가옥. 2025년 옥인동에 재정비된 모습.

통의동선

남산골한옥마을에 복원된 이성녀 가옥의
안마당. 대문간채에서 안채를 바라본 모습.

남산골한옥마을 이성녀 가옥.
대청마루에서 안마당을 바라본 풍경.

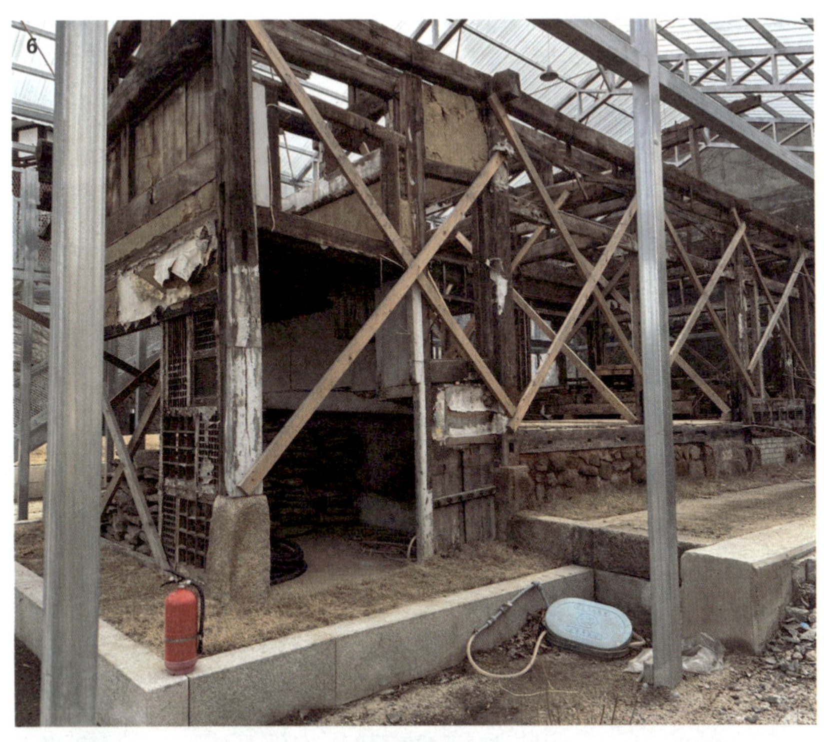

6   옥인동 이성녀 가옥은 시민 개방을
명목으로 2025년 12월 원형의 안채와
대청마루, 대문이 철거되었고,
현재(2026년 기준)는 철제 가설 구조물이
구조채만 남은 가옥을 덮고 있다.

바위에 새긴 군국주의 구호　　　　　　　　　(인왕산 치마바위)

서울특별시 종로구 청운효자동

서쪽으로 길게 한양도성이 이어지는 인왕산은 예로부터 문인과 화가들이 즐겨 찾던 산이다. 인왕산 특유의 거칠고 장엄한 바위 능선은 많은 이들의 상상력을 자극했고, 겸재 정선1676~1759은 이러한 풍광을 〈인왕제색도〉에 담았다. 인왕산 동쪽 능선에는 병풍처럼 넓게 펼쳐진 거대한 바위가 자리하고 있는데, 그 아래에 '치마바위'라 불리는 바위가 있다. 중종과 단경왕후 신씨의 비극적인 사연이 깃든 장소다.

1506년, 조선에서는 폭군 연산군을 몰아내는 정치적 쿠데타가 일어났다. 바로 중종반정이다. 반정을 주도한 대신들은 연산군의 이복동생 진성대군을 새 왕으로 세웠는데, 그가 바로 중종이다. 왕위에 오른 중종은 자신의 부인이었던 신씨를 왕비로 책봉했다. 훗날 단경왕후 신씨라 불리게 되는 인물이다. 그러나 왕비의 자리는 오래가지 못했다. 신씨의 아버지 신수근이 연산군의 측근으로 반정 세력에게 처형되었기 때문이다. 대신들은 '역적의 딸이 왕비가 될 수 없다'며 폐위를 요구했고, 즉위 직후 정치적 기반이 약했던 중종은 이를 거부하지 못했다. 결국 신씨는 왕비가 된 지 불과 일주일 만에 궁궐에서 쫓겨났다.

폐위된 신씨는 인왕산 기슭의 집에서 여생을 보냈다고 전한다. 중종이 궁궐에서 인왕산 쪽을 자주 바라본다는 말을 들은 그녀가 바위 절벽에 붉은 치마를 걸어두었다는 이야기에서 유래되어 '치마바위'라는 이름이 생겨났다고 한다. 정치적 소용돌이 속에서 갈라져야 했던 왕과 왕비의 비극을 전하는 전설이다. 치마바위는 단경왕후 신씨의 개인적 비극에 더해, 일제강점기의 역사적 비극까지 겹겹이 새겨진 장소다.

일제강점기, 조선총독부는 이 치마바위에 군국주의 구호를 새겼다. 오른쪽에서 왼쪽으로 세로로 새긴 글은 다음과 같다.

동아청년단결東亞靑年團結
황기이천오백구십구년구월십육일皇紀二千五百九十九年九月十六日
조선총독 남차랑朝鮮總督 南次郎

'남차랑'은 제7대 조선총독 미나미 지로南次郎, 1874~1955의 이름을 한자음으로 표기한 것이다. 이 글자 아래에는 28자씩 4열로 작은 글씨가 덧붙여져 각자의 취지를 설명했고, 바위 글자는 동쪽에서 서쪽으로 갈수록 점차 크기가 작아졌다.

1937년 중일전쟁 이후 일제는 국가총동원법을 확대 시행하며 식민지 청년들을 전쟁에 동원했다. '동아청년단결'이라는 구호는 1939년 조선연합청년단이 대일본연합청년단에 가입하면서 경성

                                                      통의동선

에서 열린 대규모 대회를 통해 적극적으로 선전되었다. 이 대회의 마지막 일정으로 1939년 9월 17일 인왕산에서 '동아청년단결'이라는 글자를 바위에 새기는 기념 각자刻字 건립 기공식이 열렸다. 바위에는 기공식 날짜가 아니라 그 전날인 황기 2599년(1939) 9월 16일이 새겨졌다.《매일신보》는 이 각자의 취지를 "신동아의 새로운 질서를 세우는 데 몸과 마음을 바치는 상징"이며 "동아의 오족을 대표한 청년들이 단결을 굳게 맹세하는 표식"이라고 설명했다. 여기서 '동아의 오족'은 일본, 조선, 중국, 만주, 몽골을 가리킨다. 글자의 크기와 깊이를 보면 각자 작업에 상당한 시간과 인력이 투입되었음을 짐작할 수 있다.

미나미 지로는 1939년 7월, 지금의 청와대 자리에 조선총독 관저를 완공했고, 9월 20일 낙성식을 열었다. 치마바위 각자 착공과 총독 관저 준공이 같은 달에 이루어진 셈이다. 바위 글자는 '경성 어디서나 보이도록 새겼다'고 전해지지만, 실제로는 경복궁 뒤편 총독 관저 방향에서 가장 또렷하게 보인다. 관저에서 정면으로 바라보이는 위치였기 때문이다. 이는 미나미 지로가 자신의 이름과 구호가 새겨지는 과정을 직접 확인하고, 완성된 각자를 관저에서 내려다보고자 했음을 짐작하게 한다.

해방 이후인 1950년 2월, 서울시는 민족혼과 자주정신을 고양한다는 명분 아래 82만 원의 예산을 들여 바위 글자를 쪼아서 뭉갰다. 이로써 각자는 판독이 불가능해졌고, 바위 표면에는 글자를 지운 흔적만 남았다. 일제가 새긴 군국주의의 표식은 사라졌지만, 그 흔적은 인왕산 치마바위 위에 역사의 상흔으로 남아 있다.

1 인왕산 치마바위에 글자를 새기는 광경. 1939년, 일제는 '동아청년단결'을 기념하며 인왕산 치마바위에 군국주의 구호를 새겼다. ⓒ국립중앙박물관

2 오른쪽부터 네 줄로 동아청년단결, 황기 2599년 9월 16일, 조선총독 미나미 지로의 이름과 각자를 새긴 이유가 새겨져 있었다. ⓒ국립중앙박물관

1

2

통의동선

3   이 각자는 1950년에 '민족혼과 자주정신
    고양'을 명분으로 지워진 상태다.

4   청와대 경내에서 치마바위를 바라본 모습.
    총독 관저가 이곳에 있던 시기, 미나미
    지로는 매일 이 각자를 바라보았을 것이다.

칠궁 덕안궁

칠궁의 마지막 묘

서울특별시 종로구 창의문로 12
국가사적 제149호

청와대 서쪽 담장 옆에는 조선 시대 왕위에 오른 아들을 낳은 후궁 일곱 명의 신주를 모신 사당, 칠궁이 자리하고 있다. 칠궁 내에는 육상궁毓祥宮도 함께 있는데 육상궁은 '상서로움을 기른다'는 뜻의 '육상毓祥'에, 신위를 모신 사당의 격을 높여 부르는 '궁宮'을 붙여 만든 이름이다. 영조는 1725년 자신의 어머니 숙빈 최씨를 위해 육상궁을 세웠다. 숙빈 최씨는 영조를 낳았지만, 숙종의 후궁이었기 때문에 종묘에 모실 수 없었다. 이에 영조는 육상궁이라는 별도의 사당을 지어서 어머니의 신위를 모신 것이다. 육상궁은 처음에는 '숙빈묘'라 칭했다가 '육상묘'로 바뀌었고, 지금의 '육상궁'으로 격상되었다. 현재 육상궁 건물은 영조 때 지어진 것이 아니라, 1882년 화재로 소실된 뒤 1883년에 재건되었다.

칠궁은 서울 각지에 흩어져 있던 후궁들의 신위 가운데, 여섯 명의 후궁 신위를 육상궁 옆으로 모으면서 일곱 명의 신위를 모신 칠궁이 되었다. 1908년 경성에 흩어져 있던 다섯 후궁의 신위인 연호궁, 저경궁, 대빈궁, 선희궁, 경우궁이 육상궁 영역으로 옮겨졌다. 각각의 궁은 어도와 배각, 이안청을 담으로 둘러싼 독립된 영역을 갖춘 사당으로 구성되었으며, 육상궁 서쪽으로 차례로 늘어섰다. 1929년 고종의 후궁이자 영친왕의 친모인 순헌황귀비 1854~1911 엄씨의 신위를 모신 덕안궁이 마지막으로 이곳으로 옮겨지면서, 일곱 명의 후궁 신위를 모신 칠궁이 완성되었다. 덕안궁은 원래 경성부민관 자리에 있었으며, 덕수궁 영역에 속해 있었다. 칠궁으로 옮겨진 덕안궁은 정면 세 칸, 측면 두 칸 반 규모의 맞배지붕 건물로, 벽돌 화방벽을 두르고 실내에는 닫집과 우물마루를 갖추고 있다. 살아생전 순헌황귀비 엄씨는 양정의숙, 명신여학교, 진명학원 설립 등 교육에 대한 지원을 아끼지 않았다. 양정의숙은 양정고, 명신여학교는 진명여고, 진명학원은 숙명여대의 전신이다.

오늘날 칠궁을 방문하면 육상궁은 온전한 제례 공간을 갖추고 있지만, 다른 궁들은 좁은 대지에 억지로 끼워 맞춘 듯 배치되어 있다. 원래 초기 칠궁은 상당히 넓은 영역을 차지했으며, 규모와 형식에 걸맞게 자리했다. 총면적 8,771평의 동산 안에는 서른세 동의 건물이 들어서 있었고, 칠궁 영역에는 약 열 가구가 거주했다고 전해진다.

칠궁의 모습이 기형적으로 변한 계기는 1968년 1월 21일 발생한 김신조와 무장공비들의 청와대 침투 사건이다. 사건 발생 이후 칠궁은 문화재관리국에서 청와대 경호실로 관리권이 넘어가면서 일반인의 출입이 금지되었다. 또한 청와대 경비를 위해 2차선 도로를 확장하는 과정에서 칠궁은 크게 훼손되었다. 정원수와 가옥들이 철거되었고, 도로로 인해 나눠진 사당들은 덕안궁 위쪽 좁은 공간에 몰아넣어졌다. 그 결과 오늘날 우리가 보는 칠궁의 모습이 만들어진 것이다.

 칠궁에 들어서면 가장 먼저 덕안궁이 보이고, 그 뒤로 저경궁, 대빈궁, 선희궁, 경우궁이 서쪽에서 동쪽으로 일렬로 늘어서 있다. 선희궁과 경우궁은 한 사당에 합사되었다. 칠궁 내에서 1929년 옮겨질 당시 원형을 유지하고 있는 사당은 덕안궁이다. 덕안궁이 일렬로 늘어선 북쪽의 다른 궁과 달리 혼자 동떨어져 지금 위치에 있는 것이 일제가 칠궁을 훼손하려는 의도 때문이라고 주장하는 이들이 있으나, 실제로 덕안궁은 옮겨질 때의 칠궁 안 배치 원형을 그대로 지키고 있으며, 나머지 북쪽의 세 사당이 1968년 군사 정권에 의해 좁은 영역에 구겨지듯 배치된 것이다. 칠궁은 1908년의 모습뿐 아니라, 군사 정권이 만든 왜곡된 현대사까지 담고 있는 공간이다.

1 칠궁의 전경. 조선 시대, 아들이 왕위에 오른 후궁 일곱 명의 신주를 모신 사당이다. 삼문(三門) 뒤로 덕안궁이 보인다.

2 덕안궁 뒤로 왼쪽에서부터 저경궁, 대빈궁, 선희궁과 합사된 경우궁이 있다.

3 담장 밖에서 칠궁을 바라본 모습. 1968년
도로 확장으로 인해 칠궁의 영역과
전각들의 위치가 변형되었다. 1929년
칠궁으로 옮겨졌을 때의 위치와 원형을
유지하고 있는 전각은 덕안궁이다.

경기도립갑종상업학교
본관·청송관

소나무 소리 가득한 학교　　　　경기상업고등학교 본관·청송관

서울특별시 종로구 자하문로 136
경기도립갑종상업학교 본관　국가등록문화유산 제51호
청송관　국가등록문화유산 제584호

경복궁 서쪽 자하문로를 따라 걷다 보면, 자하문터널 직전 오른편에 경기상업고등학교가 자리하고 있다. 교문을 들어서면 푸른 반송들이 예를 갖춘 듯 일렬로 서 있고, 그 너머로 교사와 북한산이 시원하게 펼쳐진다. 백악산이라 불리기도 하는 북악산 서남쪽 능선 자락에 자리한 이 학교는 도심의 번잡함에서 한 걸음 벗어나 있으며 산과 하늘, 그리고 학교 건물만이 시야를 채운다. 그 안에 일제강점기의 풍경이 고스란히 남아 있으며, 표석에 새겨진 '백악의 정기'라는 문구처럼 백악산의 기운이 서린 공간이기도 하다. 이렇게 아름답고 기세 있는 학교 풍경을 마주하는 경험은 흔치 않다.

경기상업고등학교가 처음부터 이 자리에 있었던 것은 아니다. 처음에는 1923년 종로구 동승동에서 '5년제 경기도립갑종상업학교'로 개교했다. 당시 일제강점기 아래에서 서울이 경기도에 속해 있었기 때문에, 서울에 설립된 학교와 관공서에는 '경기'라는 명칭

이 붙었다. 경기상고는 '경기도상'으로도 불렸으며, 도립학교 가운데 최초로 설립된 공립 상업학교였다. 한국인과 일본인이 함께 다닌 공학이기도 했다. 이후 동숭동에 경성제국대학이 들어서면서 학교는 현재의 위치로 이전했다. 해방 후 학교 소유권은 경기도에서 서울시로 넘어갔고, 명칭도 여러 차례 변경되다가 1968년 '경기상업고등학교'로 확정되었다.

학교의 본관과 청송관은 국가등록문화유산이다. 본관 앞 화단에는 수령 100년이 넘는 반송들이 길게 늘어서 본관 정문으로 이어지는 녹음의 길을 만든다. 본관은 지하 1층, 지상 2층 규모의 철근 콘크리트 구조로, 붉은 벽돌 외벽에 여러 차례 증축을 거쳐 현재의 모습을 갖추었다. 전면 중앙에는 화강석으로 마감한 3면 아치형 주출입구가 있고, 프랑스식 맨사드 지붕이 건물의 인상을 더욱 독특하게 만든다. 창문 인방과 굴뚝 상부 장식까지 화강석으로 처리해 견고하면서도 우아한 분위기를 자아낸다.

청송관은 본관 서쪽에 자리한 붉은 벽돌 건물로, 본관과 함께 조성되었으며 현재는 강당으로 사용되고 있다. 합각지붕을 얹은 정면 출입구는 돌출된 사각형 화강석 장식으로 강조되었고, 아치형 문 위에는 '청송관'이라는 글자가 새겨져 있다. 정면 좌우 외벽에는 지붕까지 이어지는 굴뚝이 자리한다. 청송관聽松館이라는 이름은 '소나무 소리를 듣는다'는 뜻으로, 본관 뒤 후원에 남아 있던 '청송당유지(聽松堂遺址, 청송당이 있었던 자리)'라는 바위 글씨에서 유래했다. 곧 이 일대가 옛 청송당 터였음을 뜻한다.

바위 글씨 옆에는 조선 시대 학자 청송 성수침1493~1564의 별당이

었던 청송당이 이 근처에 있었음을 알리는 비석도 세워져 있다. 겸
재 정선의 그림 〈청송당〉에도 이 터의 풍광이 전해진다. 옛 청송당
이 있던 자리에 오늘날 경기상업고등학교가 들어서며, 배움의 정
신은 시대를 넘어 이어지고 있다. 지리적 조건과 역사적 맥락을 함
께 고려할 때, 이곳은 지금도 변함없이 배움의 터로서 최적의 자리
라 할 수 있다.

 북악산을 배경으로 푸른 반송이 어우러진
경기상업고등학교 본관의 전경. 1923년
경기도립갑종상업학교로 개교했다.

2 청송관의 전경. 본관 서쪽에 자리한 청송관은 합각지붕을 가진 붉은 벽돌 건물로 강당으로 사용되고 있다.

3 청송관은 돌출된 사각 공간 안에 아치형 주출입구를 두었다. 상부에 聽松館(청송관)이라는 글자를 한 자씩 새겼다.

4 조선 시대 화가 정선이 그린
〈장동팔경첩〉 가운데 하나인
〈청송당〉. 장동은 인왕산 남쪽
기슭에서 백악산 계곡에 이르는
지역으로, 지금의 효자동과
청운동 일대이다. 이 일대, 풍광이
뛰어난 여덟 곳을 그린 것이
〈장동팔경첩〉이다.

5 학교 후원에는 '청송당유지'라는
다섯 글자를 새긴 바위 글자가
있다. 이곳은 청송 성수침이 살았던
청송당 터로, '소나무 소리를 듣는
집'이라는 뜻이 있다. 청송관의
이름은 여기에서 유래했다.

 통의동선

안국동선
崇仁面
恩平面
안국동선
진이동삼
충북부의원선
청량리선
종로선
광화문선
태평통선
황금정선
왕십리선
미포선
구용산선
신용산선

미술관 마당의 인왕제색도 　국립현대미술관 서울관

서울특별시 종로구 삼청로 30
국가등록문화유산 제375호

　국립현대미술관 서울관은 경복궁 동쪽, 건춘문 담장을 따라 이어지는 삼청로와 마주한 곳에 자리한다. 오늘날에는 현대 미술품을 전시하는 문화 공간이지만, 이곳은 조선 왕실의 관청, 일제강점기의 병원, 해방 이후 군 시설을 거쳐 지금의 모습을 갖추게 된 장소다.

　이 터의 원형은 조선 시대 종친부에 있다. 종친부는 왕실 친족과 관련된 행정 업무를 담당하던 관청으로, 족보와 영정을 관리하고 왕실 의례를 관장했다. 고종의 경복궁 중건 시기에 종친부 영역에는 경근당과 옥첩당 등 주요 건물이 세워졌으며, 이 일대는 경복궁 동쪽의 중요한 왕실 공간이었다. 현재 미술관 언덕 위에 복원된 경근당과 화강석 반원형 우물은 이 시기의 흔적이다.

　일제강점기에 들어서며 이 공간의 성격은 급격히 바뀌었다. 종친부 건물들은 철거되었고, 1913년 일본군 수도육군병원이 이 자리에 들어섰다. 이후 이 시설은 서울대학교 의과대학의 전신인 경

성의학전문학교의 부속병원으로 사용되었다. 1928년에는 2층 규모의 외래 진료소가 운영되었고, 1929년에는 3층 병실동이 신축되었다. 1932년에는 정면 출입구를 중심으로 한 왼쪽 건물이 완성되었으며, 1933년 오른쪽 건물이 증축되면서 부속 외래 진료소가 확대되었다. 이 병원 시설은 1945년 해방될 때까지 운영되었다.

해방 이후 이곳은 서울대학교 의과대학 제2부속병원으로 사용되다가, 1963년 국방부 관할의 국군수도통합병원이 되었다. 1971년부터는 일부 건물이 국군기무사령부 시설로 활용되었는데, 기무사는 군 내·외부의 정보를 통제하고 감시하던 국방부 직할부대였다. 현재 미술관 앞마당 바닥에 설치된 삼각형 동판과 '국보위터'라는 표식은 이 시기의 흔적을 전한다. 이후에도 이곳은 국군서울지구병원으로 사용되며 오랫동안 일반 시민의 접근이 제한된 공간으로 남아 있었다.

국립현대미술관 서울관(2013)은 이러한 복합적인 과거 위에서 탄생했다. 기존의 경성의전 병원 건물은 철거되지 않고 복원되어 전시동으로 활용되었고, 그 주변에 교육동과 디지털정보센터 등 신축 건물이 더해졌다. 또한 언덕 위에는 종친부 건물이 복원되어, 조선 시대 왕실 공간과 근대 병원 건축, 현대 건축이 한 부지 안에서 공존하게 되었다. 병원과 군 정보기관의 공간이었던 이곳은, 이렇게 현대 미술 전시와 교육을 위한 장소로 새롭게 전환되었다.

옛 병원 건물은 붉은 벽돌을 주재료로 한 철근 콘크리트 구조로, 일제강점기 병원 건축의 특징을 잘 보여준다. 커튼월 형태의 긴 유리창과 반원형으로 돌출된 계단실이 인상적이다. 기무사 시절에

  안국동선

는 외벽에 시멘트가 덧칠되어 있었으나, 미술관 조성 과정에서 이를 제거해 원래의 벽돌 조적을 드러냈다. 단열과 방수 등 현대적 보강을 거쳐 지하 3층, 지상 3층 규모의 전시 공간으로 재구성되었다.

언덕 위 종친부 마당에 서면, 경복궁 너머로 북악산과 인왕산이 한눈에 들어온다. 왕실 관청이 있던 자리에서 일제강점기의 병원과 군 시설을 거쳐, 오늘날 현대미술관으로 이어지는 이 공간은 서울이라는 도시가 겪은 시간의 층위를 그대로 품고 있다. 이곳에서 마주하는 풍경은 과거와 현재가 겹쳐진 '21세기 인왕제색도'라 할 수 있다.

1   1928년 세워진 경성의학전문학교
     부속의원은 해방 후 서울의대
     제2부속병원, 국군수도통합병원을 거쳐
     국군기무사령부 본관으로 사용되었다.
     2013년 국립현대미술관 서울관으로
     개관했다.

2   종친부 경근당과 옥첩당. 1981년
     정독도서관 내로 옮겨졌다가 2013년
     국립현대미술관 서울관을 건립하면서
     이곳 원래 자리로 이전, 복원되었다.
     월대가 있는 경근당(좌)과 격이 다소 낮은
     옥첩당(우)이 익랑으로 이어져 있다.

3 가로로 길게 난 철제 창, 둥글게 처리한
모서리 등에서 근대 병원 건축의 특징을
찾을 수 있다.

4 종친부 앞마당에서 내려다본
국립현대미술관 서울관의 마당과 경복궁
너머 인왕산. 21세기의 '인왕제색도'다.

조선 민족은 조선의 집에서

북촌 근대 한옥마을

서울특별시 종로구 계동길
서울특별시 종로구 북촌로11길

조선 후기부터 한양도성 안의 주거지는 정치적·사회적 성향에 따라 구분되어 인식되었다. 종로 종각 이북의 북촌은 주로 노론 등 실세 양반층이 거주하던 곳이었고, 종각 이남의 남촌에는 소론, 남인 계열을 비롯한 비주류 양반층이 많이 살았다. "남촌에서는 술을 빚고, 북촌에서는 떡을 만들어 먹는다"는 말은 이러한 신분과 권력의 차이를 빗대어 표현한 것이다.

그러나 일제강점기에 들어서며 북촌과 남촌의 의미는 달라졌다. 청계천을 경계로 북촌은 조선인이 주로 거주하는 지역, 남촌은 일본인 거주지라는 식민지적 공간 구분이 형성되었다. 오늘날 우리가 말하는 '북촌'은 경복궁과 창덕궁 사이에 위치한 지역으로, 조선 시대에는 왕족과 권문세가가 살던 전통 주거지이자, 일제강점기에도 조선인들이 밀집해 살았던 공간이라는 두 가지 의미를 함께 지닌다.

북촌의 높은 능선을 따라 자리한 크고 넓은 한옥들은 일제강점기에 들어 점차 근대적 도시 주거지로 재편되었다. 특히 1920년대 후반부터 1930년대 중반 사이, 이른바 '집장사'라 불린 주택경영 회사들이 대형 필지를 작게 나누어 집단적으로 한옥을 짓기 시작하면서 도시형 한옥, 즉 근대 개량 한옥이 집중적으로 조성되었다. 이러한 한옥 주거지는 북촌뿐 아니라 서촌과 익선동 등 사대문 안 곳곳으로 확산되었다.

북촌의 대표적인 도시형 한옥 주거지로는 삼청동, 재동, 계동, 가회동 일대가 꼽힌다. 특히 가회동과 북촌로11길 일대에서는 한옥 지붕이 연속적으로 이어지는 인상적인 풍경을 만날 수 있어, 오늘날 많은 방문객이 찾는 장소가 되었다.

한편, 일제강점기 경성의 인구가 급증하면서 주택 문제는 심각해졌고, 도심의 가난한 계층은 점차 변두리로 밀려났다. 도시에서 밀려난 하층민과 농촌을 떠난 빈농들은 교외와 도시 주변에 토막土幕이라 불린 임시 주거지를 형성하기도 했다. 일본인 거주지가 확장되면서 일제식 목조 가옥과 문화주택이 유행했고, 북촌에도 서구식 양옥이 들어서기 시작했다.

그럼에도 오늘날 북촌에 한옥 주거지가 비교적 온전히 남아 있는 데에는 정세권1888~1965의 역할이 컸다. 정세권은 1932년부터 1936년 사이, 자신의 부동산 개발회사이자 주택경영회사인 건양사를 통해 가회동 1번지를 중심으로 북촌 한옥 단지를 개발했다. 가회동 31번지와 삼청동 35번지 일대에는 다른 개발업자들도 참여했다. 고급 주거지였던 가회동에서는 대형 필지를 30평 내외로 나누어, 익선동보다 넓은 부지에 근대 한옥 단지를 조성했다.

     59 북촌 한옥마을

근대 도시형 한옥이 새로운 주거 형태로 자리 잡은 데에는 경제적 요인도 작용했다. 정세권은 조선인을 위한 새로운 도시 주거 모델로서 한옥을 제안하고, 직접 건설해 분양함으로써 단순한 주택 공급을 넘어 조선인의 주거 환경을 개선하고자 했다. 기존의 '복덕방'을 통한 개인 간 거래에서 벗어나, 그는 신문 광고를 활용한 대규모 분양 방식을 도입했다. 신문에는 이러한 주택을 신축와가新築瓦家로 홍보했고, 건양사에서 지은 집은 팔려고 내놓은 집이라는 뜻의 방매가放賣家로 소개되었다. 또한 서민을 위한 전세 제도를 도입해 1930년대에는 건양사 주택 분양과 전세 제도가 신문 광고를 통해 널리 알려졌다. 1936년 무렵에는 일반 가정의 주부들까지 '건양사'라는 이름을 알 정도였다.

정세권은 여름에는 흰 두루마기, 겨울에는 검은 두루마기를 입고 분주히 오갔다. '조선 사람은 조선의 집에 살아야 한다'는 신념 아래, 두루마기 자락을 날리며 한옥을 짓고 분양했던 그의 발걸음이 만들어낸 공간이 바로 오늘의 북촌이다. 북촌은 주거 문화의 정체성과 도시의 일상성이 켜켜이 쌓인, 살아있는 근대 도시 한옥 박물관이라 할 수 있다.

  안국동선

1 북촌과 삼청동에 건립된, 튼 ㄷ자형의 전형적인 배치 구조를 지닌 도시 한옥 단지.

2 정세권의 건양사가 조성한 북촌로11길 근대 도시 한옥 단지의 전경.

    59 북촌 한옥마을

3 북촌로11길 일대에서 남산 쪽을 바라본 모습. 멀리 N서울타워가 보인다.

4 북촌 한옥마을은 필지를 작게 나누고 격자형·직선형 도로를 내어 집을 배치했다.

안국동선

북촌의 책 읽는 푸른 섬

정독도서관

서울특별시 종로구 북촌로5길 48
국가등록문화유산 제2호

정독도서관은 경기고등학교의 전신인 경기공립중학교의 본관을 활용한 공공 도서관으로, 1938년에 지어졌다. 종로구 북촌과 삼청동 사이 언덕 위, 높은 석축 위에 자리해 외부에서는 쉽게 눈에 띄지 않지만, 안으로 들어서면 넓은 정원과 함께 또렷한 공간이 얼굴을 드러낸다. 입구 초입에는 성상문 집터, 화기도감 터, 중등교육 발상지 표석이 나란히 놓여 이곳에 쌓인 역사를 알린다. 경사진 길을 따라 올라가면 서울교육박물관이 먼저 나타나고, 이어 아름드리나무와 넓은 정원이 펼쳐진다. 정원 안쪽 장방형 분수대 뒤로 흰색의 도서관 건물이 위풍당당하게 자리한다.

이곳은 경기고등학교가 1975년 강남으로 이전한 뒤, 1977년 서울 시민을 위한 공공 도서관으로 개관했다. 학생들이 뛰놀던 운동장은 잔디 정원으로 바뀌었고, 곳곳에 놓인 벤치는 북촌의 분주함 속에서도 조용히 책을 읽을 수 있는 쉼터가 되었다. 이름 그대로 '바르게 읽는 공간'인 정독도서관은 낮고 작은 한옥들이 이어지는 북촌 사이에서, 푸른 정원에 둘러싸인 고요한 섬처럼 존재한다.

정독도서관이 자리한 화동 1번지는 교육 공간으로서의 역사가 시작된 곳이다. 대한제국 시기인 1899년 4월 4일 중학과 심상과尋常科 4년, 고등과 3년 관제가 공포되었다. 1900년 10월 3일 현재의 종로구 화동에 관립중학교가 개교하면서 한국 최초의 중고등학교가 생겨났다. 1906년 관립한성고등학교로 개편되었고, 한일강제병합 이후에는 경성고등보통학교와 경성제일고등보통학교로 이름이 바뀌었다. 1938년 4월 1일 경성제일고등보통학교가 경기공립중학교로 교명을 변경한다. 해방 후에는 경기중·고등학교로 이어졌다. 현재 정독도서관 본관으로 사용되는 이 건물은 철근 콘크리트 구조로, 군더더기를 배제하고 기능성을 중시한 근대 모더니즘 건축양식을 따른다.

정원을 지나면 一자형 흰색 건물 세 동이 순차적으로 배치되어 있다. 분수대와 마주한 본관과 그 뒤편 건물은 1938년 준공된 교사 건물이며, 가장 뒤쪽 박공지붕 건물은 해방 이후에 지어졌다. 본관 동쪽에 붙은 식당과 매점 건물은 옛 경기고등학교의 강당이었다.

1938년 준공 당시 본관은 중앙 돌출 포치를 중심으로 좌우 대칭을 이루는 구조였다. 좌우 끝이 후면으로 약간 돌출되어 짧은 ㄷ자형 평면을 이루며, 세 면이 반원 아치로 열린 출입구 포치는 한층 높게 설계되어 중심성을 강조한다. 외벽에는 층마다 폭이 다른 세로 띠기둥이 반복되어 규칙적인 수직 리듬을 만든다. 중앙 홀과 중앙 계단을 통해 각 층이 연결되고, 세 동의 동선이 자연스럽게 이

          안국동선

어진다. 황토색 인조석 계단과 난간, 철제 난간판의 문양은 기능
주의 건축에 아르누보적 장식을 더해 근대적 세련미를 보여준다.
중앙 현관에서 남쪽을 바라보면 분수대 너머로 남산이 일직선상
에 놓여 있어, 설계자가 조경과 원경을 함께 고려했음을 짐작할 수
있다.

정원 한편, 1동과 2동 사이 경사지에는 화강석 통돌 두 개로 만
든 우물이 남아 있다. '고려 때 우물 돌 같은데, 샘은 메워져 돌만
남았고 1900년 박제순이 글을 새겼다'는 내용의 각자가 새겨져 있
다. 이는 을사오적 박제순이 이곳에 머문 흔적을 보여준다. 한때
이 자리는 갑신정변 실패 이후 빈 터로 남았던 김옥균의 집터였으
며, 그 이전에는 청렴했던 관리로 꼽히는 맹사성과 그 후손들이 살
던 '맹동산'이었다.

같은 자리에 서로 다른 시대와 인물들이 지나갔고, 그 공간의 연
대기 끝에 오늘날 책과 배움의 장소인 정독도서관이 자리했다. 켜
켜이 쌓인 시간 위로, 지금도 이곳에서는 책장을 넘기는 소리가 이
어지고 있다.

1 1954년경 경기공립중학교를 중심으로
촬영한 항공 사진. 근대 도시형 한옥들이
경기공립중학교를 둘러싼 듯한 모습이다.
당시 세 번째 교사동은 지어지지 않았다.
ⓒ경기고등학교

2 경성제일고등보통학교는 1938년 4월
1일 경기공립중학교로 교명을 변경했다.
사진은 1940년대 경기공립중학교의 모습.
철근 콘크리트 3층 건물로, 중앙 현관을
중심으로 좌우 대칭을 이루며 좁고 긴
창호의 입면을 가진 근대 건축물이다.

3 전면의 분수대는 정독도서관이 되면서
새로 만들어졌다.

안국동선

     60 경기공립중학교

4   경기공립중학교(현 정독도서관)의 서측면.
장식 요소를 거의 쓰지 않은 단순한 외벽에
가로로 긴 창을 반복해 배치하고, 창
주변에 수평의 돌출 요소를 더해 입면에
변화를 주었다.

5   중앙의 아치형 현관. 반원 아치 개구부와
두꺼운 벽체가 출입구에 깊이감을 만들며,
내부에는 곡선 창과 격자형 천장이
어우러져 단순한 공간에 변화를 준다.

최상류층의 근대 도시 한옥

백인제 가옥

서울특별시 종로구 북촌로7길 16
서울특별시 민속문화유산 제22호

북촌 가회동의 완만한 경사지에는 다른 한옥들보다 유난히 넓은 대지에 자리한 큰 집 한 채가 있다. 오늘날 '백인제 가옥'으로 널리 알려진 이 집은 본래 조선 재계의 거물이자 친일 은행가였던 한상룡1880~1947이 1913년에 지은 저택이다. 소규모 근대 도시형 한옥이 밀집한 북촌에서 보기 드물게 대지 면적 약 900평에 이르는 상류층 주거 공간으로, 한상룡은 이 집을 짓기 위해 기존에 있던 열두 채의 집을 헐고 압록강 흑송을 비롯한 고급 자재를 사용해 가옥을 조성했다.

한상룡은 1928년까지 이곳에 거주했으며, 이후 소유권은 한성은행으로 넘어갔다. 1930년에는 천도교 주요 인사들이 함께 생활하는 숙소로 임대되었고, 1935년 민족 언론인 최선익이 한성은행으로부터 이 집을 매입했다. 개성 출신인 최선익은《조선일보》기자를 거쳐 27세의 나이에《조선중앙일보》를 인수하고, 여운형을 사장으로 추대했던 인물이다. 그는 대문의 위치를 옮기고 필지를 정비해 가옥의 공간 구성을 현재와 같은 형태로 정리했다. 1944년에는 외과 의사이자 흥사단 활동가였던 백인제1898~1950가 이 집을 소유하게 되면서 '백인제 가옥'으로 불리게 되었다. 백인제는 백병원의 설립자로, 한국전쟁 중 납북된 뒤 그의 부인과 자녀들이 이 집에서 생활했다. 이후 1988년 아들 백낙조에게 소유권이 넘어갔고, 2009년 서울시가 매입해 2015년부터 역사 가옥 박물관으로 일반에 개방했다. 정원에서 작은 음악회 등 문화 행사도 열리고 있다.

가옥은 높은 석축 위에 자리해 계단을 올라야 대문간채에 이른다. 공간 구성은 대문간채, 행랑채, 안채, 사랑채, 그리고 후원에 자리한 별당채로 이루어져 있다. 一자형 문간채의 솟을대문을 지나면 붉은 벽돌담으로 둘러싸인 행랑마당이 펼쳐지며, 이는 외부와 내부 생활 공간을 구분하는 역할을 한다. 서쪽 중문간채를 통해 안채로, 동쪽 사랑중문을 지나면 2층 구조의 사랑채로 이어진다. 사랑채 전면에는 유리창이 설치되어 남성 공간과 넓은 정원이 시각적으로 연결된다. 사랑채는 ㅏ자형, 안채는 ㄴ자형 구조로 맞물리며 안뜰을 형성한다. 상량문에는 안채와 사랑채가 1913년 4월 15일 같은 날 상량되었음이 기록되어 있다.

서북쪽 뒤뜰에는 방과 마루를 갖춘 별당채가 자리하고 있으며, 후원의 오래된 수목 사이로 난 오솔길을 따라 접근할 수 있다. 안채와 사랑채는 화강석 장대석 기단 위에 세워졌고, 격식 있는 팔작지붕을 얹었다. 이완용의 외조카였던 한상룡은 넓은 잔디 정원에서 연회와 파티를 열어 고위 관료들을 자주 초대했다. 사랑채는 네

   안국동선

칸의 방과 대청으로 구성되며, 안채와 툇마루 복도로 연결된다. 1, 2층 모두 일본식 다다미가 깔려 있고, 안채는 부엌, 안방, 대청, 건넌방으로 이루어져 있다. 대청마루에는 유리창이 설치되어 자연광이 깊숙이 들어온다.

근대기에 접어들며 한옥의 열린 공간이었던 대청과 복도에는 문이 달리고, 전통 한지 대신 투명 유리가 사용되면서 실내 공간화가 진행되었다. 붉은 벽돌은 화재에 취약한 목구조를 보완하기 위한 방화벽으로 활용되었고, 태평양전쟁 전후인 1941년 무렵에는 안채 안마당 아래에 콘크리트 방공호도 조성되었다. 한상룡 가옥은 전통 한옥의 엄격한 공간 위계와 남녀 구분을 따르면서도 일본식 요소와 근대 건축 재료를 결합한 사례로 전통 한옥, 일본식 가옥, 근대 도시형 한옥의 특징이 모두 반영된 최상류층 가옥의 성격을 보여준다.

1   한상룡 가옥의 대문. 한상룡은 친일파
     이완용의 외조카이다. 백인제가
     소유하면서 백인제 가옥으로 불리고 있다.

2   사랑채의 전경. 유리 미서기문과 하부에
     놓인 벽돌 기단 등을 통해 일제강점기에
     유입된 근대 건축 요소를 볼 수 있다.

안국동선

3   안채의 전경. 안마당 벽(우)에는 당시
    유행하던 상서로운 글자 문양이 장식되어
    있다.

4   안채 대청마루의 모습. 안채에도 유리문이
    설치되어 있다.

중앙고등보통학교 동관·서관

민간 사립학교 벽돌 건축의 원형   중앙고등학교 동관·서관

서울특별시 종로구 창덕궁길 164
서관 국가사적 282호   **동관** 국가사적 283호

북촌을 남북으로 가로지르는 계동 언덕길 끝자락에는 중앙고등학교가 북촌을 내려다보듯 자리하고 있다. 정문을 지나 가파른 길을 오르면 서서히 교정이 모습을 드러낸다. 중앙에는 설립자 인촌 김성수의 동상 뒤로 ㄷ자 형태의 석조 본관이 자리한다. 본관 뒤편에도 정원을 중심으로 동일한 형태의 석조 건물이 놓여 있으며, 좌우로는 2층 높이의 붉은 벽돌 건물 두 동이 서로 마주 보고 있다. 정원에는 김성수의 백부이자 양아버지였던 김기중의 동상이 세워져 있다. 김기중은 김성수의 친아버지 김경중과 함께 1915년 재정난에 어려움을 겪던 중앙학교를 인수해 학교의 주인이 되었다. 두 개의 붉은 벽돌 건물은 중앙고등학교의 동관과 서관으로, 현재 사적으로 지정되어 있다. 학교 동쪽 경계는 창덕궁 담장과 맞닿아 있어, 뒤편 야구장에서는 일반인의 출입이 금지된 창덕궁 신선원전이 보인다.

중앙고등학교의 전신은 기호지방 출신 지사들이 세운 민족 사

립학교인 기호학교이다. 일제강점기, 나라를 구하기 위해 무엇보다 조선의 인재 양성 교육의 중요성을 깨달은 인사들에 의해 설립되었다. 1908년에 설립된 기호학교와 1910년의 융희학교가 합쳐져 중앙학교로 재탄생했다. 개교 초기 종로구 화동에 자리했으나, 1915년 재정난을 겪으면서 김성수가 학교를 인수했고, 현재의 계동 언덕(옛 계산 언덕)에 있던 노백린의 집터를 사들여 1917년 김성수가 중앙학교를 인수하면서 계동 언덕에 중앙고등보통학교의 새 교사 건립을 시작했다. 나카무라 요시헤이의 설계로 본관이 최초로 지어졌고, 곧이어 붉은 벽돌 2층 교사인 동관과 서관이 신축되었다. 나카무라 요시헤이는 1921년 서관을 설계했으며, 그가 설계한 천도교 중앙대교당이 준공된 해와 같다. 동관은 1923년에 준공되었다. 그러나 1934년 화재로 본관이 소실되면서, 동관과 서관 앞의 넓은 대지에는 1937년 박동진이 설계한 화강석 석조 본관이 새로 들어섰다.

중앙고등보통학교 서관은 1921년에 건립된 건물로, 동관보다 먼저 지어졌으며 약 180평 규모이다. 동관은 약 196평 규모로, 두 건물 모두 T자형 평면을 갖는다. 서관은 2층 벽돌조 건물로, 가파른 경사 지붕에는 슬레이트가 얹혀 있다. 돌출 지붕창인 도머창, 외벽에 드러난 굴뚝, 합각지붕과 아래의 원형창, 화강석으로 미감된 수평 띠, 아치창과 수직창의 조화 등이 특징이다. 첨두 아치창과 사각창에 사용된 화강석은 장식적 효과를 더한다. 반지하층과 1층 사이에는 화강석 띠를 둘러 층 구분과 입면의 리듬을 형성한다. 서관은 층마다 교실 세 칸이 있으며 모두 교정을 향하도록 배

　　62 중앙고등보통학교 동관·서관

치되었다. 출입구는 편복도 양 끝에 위치한다. 동관도 2층 벽돌조 건물로, 각 층에 교실 네 칸을 두어 서관과 마주하도록 설계되었다. 편복도 양쪽 끝에 출입구가 위치하고, 창은 모두 수직 오르내리창이며 실내 화장실은 없다. 두 건물은 중앙 정원을 사이에 두고 대칭형으로 배치되어 있으며, 남측 박공의 2층 창에는 첨두 아치창을 두고 아치 상부에 부분적으로 화강석을 사용해 입면 장식을 강조했다.

중앙고등보통학교(현 중앙고등학교) 동관과 서관은 일제강점기 학교 건축의 양식을 잘 보여주는 사례로, 1920년대 벽돌로 지은 학교 건축의 원형을 비교적 온전히 보존한 귀중한 건축문화유산이다.

1 중앙고등보통학교 교사 전경. 중앙의
본관을 중심으로 좌측은 서관, 우측은
동관이며, 본관은 1917년 나카무라
요시헤이의 설계로 준공되었으나 1934년
화재로 소실되었다. ⓒ중앙고등학교

<table>
<tr><td>2</td><td>중앙고등보통학교 서관. 2층 벽돌조 건물로 약 180평 규모이다. 지붕 위의 도머창, 아치창, 화강석 띠 등이 특징이다.</td><td>3</td><td>중앙고등보통학교 서관 정면. 첨두 아치창과 삼각형 형태의 박공, 오르내리창이 어우러져 입면의 수직성을 강조한다.</td></tr>
</table>

안국동선

4   중앙고등보통학교 동관. 동관과 서관은 2층 벽돌조 건물로 같은 건축양식으로 지어졌다. 두 건물은 중앙 정원을 사이에 두고 대칭형으로 배치되어 있다.

5   첨두 아치창. 동관과 서관 주출입구 상부에 화강석과 벽돌을 섞어 만든 첨두 아치창을 두어 입면을 장식적으로 강조했다.

화강석의 튜더양식 학교 건축 중앙고등학교 본관

서울특별시 종로구 창덕궁길 164
국가사적 제281호

북촌은 1970년대, 정치·경제적 이유로 많은 명문 학교들이 강남으로 이전하기 전까지 역사 깊은 초·중등학교가 밀집했던 근대기 교육의 중심지였다. 중앙고등학교는 명문 학교들이 강남으로 떠나는 거센 바람 속에서도 1917년부터 북촌의 한 자리를 지켜왔다. 아름다운 학교 건물과 정원 덕분에 중앙고등학교는 드라마와 영화에도 자주 등장한다. 정문을 지나 교정의 동쪽에는 3·1운동 책원지비가 있고, 서쪽에는 6·10만세기념비가 세워져 있다. 본관 뒤편에는 옛 교사였던 서관과 동관 건물이 중앙 정원을 사이에 두고 마주하며 서 있으며, 동쪽에는 3·1운동기념관이 위치해 있다.

1917년 나카무라 요시헤이의 설계로 준공된 붉은 벽돌 본관은, 중앙 현관을 중심으로 좌우에 날개동을 두고, 양 끝 전면의 박공면이 남쪽을 향하도록 배치되었다. 1934년 원인 모를 화재로 소실되면서 본관 건물을 새로 짓게 되는데, 원래 본관이 있었던 자리가

아니라 남쪽 운동장에 세워졌다. 학교 정문에 들어서면 가장 먼저 마주하게 되는 화강석 건물이다. 건축가 박동진이 중앙고등보통학교 본관 설계를 새로이 맡아 1937년 9월 석조 2층 건물을 완공했다.

박동진1899~1981은 1924년 경성공업전문학교 건축과를 졸업하고 조선총독부 건축기사로 활동하며 다양한 건축 실무를 익혔다. 그는 1938년 조선총독부를 떠나 태평양건물주식회사를 설립했으며, 1950년 이후에는 대학에서 학생을 가르치고 박동진건축연구소를 운영하며 꾸준히 작품 활동을 이어갔다. 교육시설 설계에 능했던 그는 현재의 고려대학교 본관(1932), 오산중학교(1936), 중앙중학교(1937), 대전지방법원(1939), 영락교회(1946), 남대문교회(1955) 등 다수의 건축물을 남겼다. 중앙고등학교 본관과 고려대학교 본관은 층수만 다를 뿐 설계와 외관에서 건축 언어가 매우 유사하며, 중앙고등학교 본관이 조금 더 모더니즘양식에 가깝다. 이것은 중앙고등학교 설립자 김성수가 보성전문학교(현재의 고려대학교) 본관 설계를 했던 박동진에게 중앙고등보통학교 본관 설계를 의뢰했기 때문으로 보인다. 박동진은 보성전문학교 본관 설계와 준공을 마친 후 보성전문학교 도서관 설계와 동시에 중앙고등보통학교 본관 오른쪽에 위치한 강당도 설계하여 1946년 준공했다. 중앙고등보통학교의 교정은 중심축을 가지고 엄격한 좌우 대칭형으로 교사들이 배치되어 있는데, 강당의 배치로 인해 대칭을 벗어났다.

중앙고등보통학교 본관은 1층을 행정 업무 공간으로, 2층을 교실로 사용하는 2층 철근 콘크리트 구조이며, 건물 중앙에는 4층 높이의 탑이 있다. 외관은 거친 화강석으로 마감되었으며, 중앙 현관은 유럽 성채의 망루를 연상시키는 흉벽 난간을 둘러 4층 높이의 중앙탑을 강조했다. 중앙탑 네 모서리에는 팔각형 작은 탑인 투렛이 배치되어 있으며, 1층 주출입구는 튜더 아치를 사용했다. 2층과 3층에는 돌출창이, 4층에는 사각창이 설치되었고, 탑 꼭대기에는 성처럼 흉벽 난간이 둘러져 있다. 본관의 통일된 사각형 창들은 모두 화강석으로 둘러싸여 있으며, 중앙탑을 중심으로 양쪽 날개동이 돌출되어 있다. 남쪽 면은 박공지붕으로 처리되었으며, 천연 슬레이트 지붕에는 돌출창인 도머창이 설치되었다.

평면은 H자형의 편복도형으로, 남쪽으로 교실과 행정실을 배치해 채광이 잘되도록 설계되었고, 북쪽에 편복도를 두었다. 복도 양 끝에는 현관과 계단이 있어 중앙 계단을 통해 각 실로 자유롭게 이동할 수 있다. 중앙고등보통학교 본관은 박동진이 설계한 튜더식 첨탑과 화강석 외관을 가진 민간 학교 건축물로, 근대기 학교 건축사의 중요한 사례로 평가된다.

1 중앙고등보통학교 옛 본관의 정면. 붉은 벽돌로 마감했으며 동관, 서관과 비슷한 양식으로 지어졌다. ⓒ중앙고등학교

2 원경에서 촬영한 중앙고등보통학교 옛 본관의 모습. 동관과 서관이 지어지기 전, 1917~1921년 사이에 촬영된 사진으로 추정된다. ⓒ중앙고등학교

3 옛 본관이 소실되고 1937년 새로 지은 중앙고등보통학교 본관. 박동진 설계의 고딕풍 학교 건축으로 중앙의 4층 탑과 좌우 대칭의 H자형 평면, 도머창이 놓인 슬레이트 지붕이 특징이다. 뒤편의 서관, 동관과 함께 중앙 정원을 감싸는 배치를 이룬다.

4 투렛을 가진 튜더 양식의 본관 주출입구. 현관을 중심에 놓고 강조하고, 화강석 프레임으로 창을 둘러 구조와 장식성을 함께 드러낸다.

64 | 고희동 가옥

한국 최초 서양 화가의 집

종로구립 고희동미술관

서울특별시 종로구 창덕궁5길 40
국가등록문화유산 제84호

춘곡 고희동1886~1965은 '한국 최초'라는 수식어가 가장 많이 붙는 근대 미술가다. 그는 한국 최초의 서양화가이자 유화를 그린 화가로 알려져 있으며, 한국 근대 미술단체인 서화협회 창립에도 참여했다. 통역과 번역을 맡았던 개화파 관료 출신 아버지의 영향으로 어린 시절부터 외국어와 서구 문화에 익숙했고, 1899년부터 1903년까지 한성법어학교에서 프랑스어를 배웠다. '법어'는 프랑스어를 뜻하는 당시의 한자식 표현이다.

1909년 고희동은 국비장학생으로 일본 도쿄미술학교 양화과에 입학해 서양화를 체계적으로 공부했다. 1915년 귀국한 뒤에는 중앙고, 보성고, 휘문고에서 미술 교사로 근무하며 후학을 길렀고, 같은 해 창덕궁 인근 북촌에 자신이 직접 설계한 개량 목조 주택을 지었다. 그는 이 집에서 41년 동안 거주하며 작품 활동과 교육을 병행했다. 1918년에는 동시대 서화가 13명과 함께 한국 최초의 근대적 미술단체인 서화협회를 창립했다.

고희동은 세 점의 자화상을 남겼다. 1915년의 첫 자화상은 정자관을 쓰고 의관을 갖춘 모습이고, 이후에는 옷깃을 풀고 부채를 든 좀 더 자유로운 모습으로 변화한다. 특히 1918년에 그린 자화상은 수송동 집에서 제작된 작품으로, 여름 모시한복 차림의 고희동 뒤로 유화와 책이 배치되어 있다. 전통 복식과 서구 회화가 한 화면에 공존하는 이 장면은, 서구 미술과 전통 사이에서 고민하던 그의 내면과 시대적 갈등을 상징적으로 보여준다.

1927년 이후 고희동은 한국화에 전념하며 산수화를 중심으로 한 새로운 화풍을 개척했다. 전통 회화에 서양화의 음영과 원근법을 접목한 그의 시도는 한국 근대 회화의 중요한 전환점으로 평가된다. 말년에는 정치에도 참여해 74세에 참의원에 당선되며 '그림 그리는 정치인'으로 불리기도 했다.

고희동 가옥은 사랑채와 안채가 결합된 개량 한옥으로, 넓은 마당과 바깥마당으로 돌출된 툇마루가 특징이다. 동쪽에는 현관이 있고, 포치 형태의 응접실과 발코니는 근대기 주거양식의 변화를 보여준다. 초기에는 一자형 안채와 사랑채로 구성되었으나, 이후 화실과 사랑방이 증축되며 모서리가 열린 ㅁ자형 배치가 되었다. 중정을 둘러싼 툇마루에는 유리문이 설치되어 전통 공간이 실내화되었고 안채, 사랑채, 작업 공간은 기능적으로 분리되었다. 1950년대에는 가족이 함께 거주하며 당대 서화가들의 교류 공간으로도 활용되었다.

1959년 고희동이 다른 곳으로 이사한 뒤 가옥은 여러 차례 주인이 바뀌며 훼손되었다. 2002년 철거 위기에 놓이자 시민단체의 보존 운동이 이어졌고, 2008년 종로구가 매입했다. 보수·복원 공사를 거쳐 2019년 종로구립 고희동미술관으로 개관한 이곳은, 오늘날 한국 근대 미술의 출발점과 한 예술가의 삶을 함께 전하는 문화·교육 공간으로 자리하고 있다.

안국동선

1	춘곡 고희동이 생활했던 집.
	종로구립 고희동미술관으로
	조성되어 시민에게 개방되고 있다.

2	고희동 가옥은 ―자형 안채와
	ㄷ자형 사랑채가 결합해 ㅁ자형
	배치를 이루는 근대 초기 한옥의
	특징을 잘 보여준다.

3	중정을 중심으로 긴 복도가
	연결되고, 유리 미서기문이
	설치되어 있다.

4	한국 최초의 서양화가 고희동이
	도쿄미술학교 졸업 작품으로
	제출한 자화상.

송석하 가옥

수묵을 닮은 공간　　　　　　　　　　　(배렴 가옥)

서울특별시 종로구 계동길 89
국가등록문화유산 제85호

지하철 3호선 안국역 3번 출구에서 계동길로 들어서면, 조선 시대부터 근대와 현대에 이르기까지 여러 겹의 시간이 포개진 풍경이 펼쳐진다. 현대 사옥과 작은 가옥, 상점들이 이어지는 계동길은 북촌을 향해 길게 뻗어 있고, 길 끝에는 중앙고등학교가 자리한다. 대로에서 한 걸음 들어선 계동길 안쪽에서는 자동차 소음이 잦아들고, 느릿한 보행 속에서 동네의 결이 드러난다.

계동길 안쪽에 자리한 배렴 가옥은 길에 바로 면하지 않고, 바깥채에 대문을 두어 안쪽으로 들어앉은 구조다. 배렴1911~1968이 거주하던 시기에는 솟을대문을 지나 사랑채로 이어지는 전통적 동선이 유지되었다. 가옥의 정확한 건립 시기는 알 수 없으나, 배렴이 입주하기 전인 1937년 민속학자 송석하1904~1948가 이 집에 거주했고, 1940년에 등기가 이루어졌다.

송석하는 식민지 시기에도 주체적으로 자료를 수집하며 조선 민속학의 기초를 세운 인물이다. 1923년 동경상과대학을 중퇴한 뒤, 1932년 조선민속학회를 설립하고 이듬해《조선민속》창간호를 발행했다. 해방 후에는 진단학회와 조선산악회에서 활동했고, 국립민족박물관 설립에 기여하며 초대 관장을 지냈다. 그의 삶은 문화 주권을 지키려는 학문적 실천으로 일관되어 있다.

송석하가 작고한 지 10여 년 뒤인 1959년부터 화가 배렴이 이 집에 살기 시작하면서 가옥은 '배렴 가옥'으로 불리게 되었다. 배렴 사후에도 가족들이 1983년까지 거주했으며, 이후 여러 차례 소유주가 바뀌었다. 2001년 서울시는 이 가옥을 공공 한옥으로 매입해 한옥 게스트하우스로 활용했고, 2017년 전면 보수·복원을 거쳐 현재는 전시와 문화 프로그램을 운영하는 문화예술 공간으로 사용하고 있다.

배렴은 1911년 경북 김천의 부유한 집안에서 태어나 한학을 익힌 뒤, 1928년 서울로 올라왔다. 청전 이상범의 청전화숙에서 동양화를 배우며 서화협회와 조선미술전람회에 작품을 꾸준히 출품했다. 초기에는 스승의 화풍을 따랐으나, 1939년 금강산 여행과 개인전을 계기로 독자적인 화풍을 확립했다. 온화하고 부드러운 필치로 산수화와 화조화를 주로 그렸으며, 〈강촌〉, 〈춘경산수〉, 〈산수도〉 등이 대표작으로 꼽힌다.

배렴 가옥은 ㄱ자형 안채와 ㄴ자형 행랑채가 결합된 ㅁ자형 평면 구조를 이룬다. ㄴ자형 행랑채의 꺾이는 지점에 대문을 두어, 안으로 들어서면 기와지붕 건물들이 작은 안마당을 감싸고 있다. 마당 한가운데에는 목련나무 한 그루가 서 있으며, ㅁ자형 마당의 한 모서리는 열려 있어 뒷공간으로 이어지는 사잇길 역할을 한다.

안채는 바깥채보다 두 계단 높게 지어져 공간의 위계를 드러낸다.

과거 안마당에는 내외담이 있어 대문에서 안채가 바로 보이지 않도록 했으나, 현재는 남아 있지 않다. 2017년 보수 과정에서 북 서쪽 창고와 화장실 부속채는 철거되었고, 안채 서쪽 끝에 새로운 화장실이 설치되었다. 부엌은 철거되어 안방과 통합된 전시 공간이 되었으며, 바깥채는 관리 공간으로, 사랑채의 방 두 칸은 전시 공간으로 활용되고 있다. 현재 배렴 가옥은 '공유 한옥'이라는 이름으로 운영되며 시민을 위한 전시와 문화 행사를 이어가고 있다. 이전 거주자였던 민속학자 송석하의 흔적이 충분히 드러나지 않는 점은 아쉬움으로 남는다.

대청에 앉아 있으면, 한 채의 집에 쌓였다가 잊혀진 사람들과 건축의 시간이 조용히 떠오른다.

1 송석하 가옥의 대문. 건축 재료를 절약하기 위해 길이를 짧게 한 처마는 근대기 한옥의 특징 가운데 하나이다.

2 계동에 위치한 송석하 가옥은 배렴 가옥으로 알려져 있다. 세 동의 건물이 튼 ㅁ자형 구조를 만든다.

3 철거된 부엌과 안방은 하나의 전시 공간으로 통합되어 현재 배렴의 작품 전시 공간으로 운영 중이다.

4 바깥채의 대문을 들어서면 다양한 전시 공간을 만날 수 있다.

66 | 태고사 대웅전

대웅전이 된 보천교 십일전

조계사 대웅전

서울특별시 종로구 우정국로 55
서울특별시 유형문화유산 제127호

인사동의 대형 빌딩들 사이, 분주한 도심 한복판에서 잠시 숨을 고를 수 있는 공간이 있는데 바로 조계사다. 일주문 앞에 세워진 철제 사천왕 조형물을 지나면 넓은 마당이 펼쳐지고, 그 안으로 백송과 석탑, 그리고 웅장한 대웅전이 한눈에 들어온다. 조계사 대웅전은 일반적인 사찰의 대웅전에 비해 규모와 높이에서 압도적인 존재감을 드러내며, 그 위용은 경복궁 근정전이나 창덕궁 인정전 같은 궁궐의 정전을 떠올리게 한다.

조계사 대웅전은 원래 전라북도 정읍에 세워졌던 민족 종교 보천교의 중심 건물, 십일전이었다. 보천교는 증산교 계열의 신흥 종교로, 백두산에서 벌채한 목재를 정읍까지 운반해 대규모 교당을 지었다. 그러나 1936년 교주 차경석1880~1936이 사망하자 일제는 보천교를 강제 해산시키고 교당을 파괴하거나 경매로 처분했다. 십일전 역시 해체되어 경성으로 옮겨졌고, 이것이 오늘날 조계사 대웅전의 전신이 되었다.

정읍의 십일전이 경성으로 이전되었을 당시 사찰의 이름은 태고사였다. 조선 시대 유교 국정 체제 아래에서 불교는 지속적으로 억압을 받았다. 승려의 도성 출입이 금지되었고, 세종 대에는 36개 사찰만 국가의 승인을 받았으며 나머지는 폐쇄되었다. 성종 대에는 승려에게 허가증을 발급하던 도첩제마저 폐지되면서 불교의 사회적 기반은 더욱 약화되었다. 다만 왕실 내부에서는 원당 사찰을 후원하는 등 모순된 태도가 공존했다.

1895년 승려의 도성 출입이 허용되면서 변화의 조짐이 나타났다. 1910년 5월, 조선 건국 이후 처음으로 사대문 안에 세워진 사찰이 각황사였다. 각황사가 있던 자리에 삼각산에 있던 태고사를 이전하는 형식으로 태고사가 들어섰고, 이 태고사가 오늘날 조계사의 전신이 된다. 1937년 일제는 불교 총본산 설립을 승인하며 태고사를 총본산으로 지정했고, 이듬해 보천교 십일전을 해체해 옮겨와 태고사의 대웅전으로 삼았다. 같은 해 6월에는 전남 영암 도갑사에서 목조 여래좌상을 옮겨 봉안했고, 1938년 10월 25일 낙성 봉불식이 거행되었다. 이는 일제강점기 속에서 조선 불교의 정체성과 자주성을 회복하고자 했던 상징적인 사건이었다.

1954년 불교정화운동의 일환으로 태고사는 조계사로 이름을 바꾸었고, 대웅전은 이후 여러 차례 보수와 보강을 거치면서도 원형을 유지해왔다. 마침내 조계사는 대한불교조계종의 총본산으로 자리 잡았다.

조계사 대웅전은 전면 일곱 칸, 측면 네 칸의 팔작지붕 건물로, 굵은 기둥 사이에 다포양식의 공포가 촘촘하게 배치되어 있다. 문살과 벽화에는 화려한 꽃무늬 장식이 더해져, 일제강점기 전통 목조 건축의 특징을 잘 보여준다. 대웅전을 지나 불교박물관 뒤편으로 가면 작은 정원과 함께 1930년 7월 각황사 시절 세워진 7층 석탑을 볼 수 있다. 이 7층 석탑은 원래 대웅전 앞에 있었으나 일본양식이라는 비판과 대웅전에 비해 규모가 작다는 지적이 제기되었다. 조계사는 창건 100주년을 맞은 2009년 전통양식의 팔각 10층 사리탑을 새로 세우고 기존 7층 석탑을 불교박물관 뒤쪽으로 옮겼다.

조계사의 이름과 경내의 조형물들은 시대의 변화에 따라 자리와 의미를 달리해왔다. 특히 대웅전은 한국 민족 종교의 흥망, 일제강점기의 종교 정책, 그리고 불교계의 정체성 회복 과정이 응축된 공간이다. 조계사 대웅전은 신앙의 장소를 넘어, 변화 속에서도 자주성과 전통을 지켜온 건축적·역사적 가치를 품은 상징적인 공간이라 할 수 있다.

안국동선

1   1937년 해체되기 전 정읍 보천교 십일전의
     모습. 일제에 의해 보천교가 해체되면서
     정읍의 보천교 건물도 강제로 경매에
     부쳐졌다.

2   한국 불교의 중심 사찰인 조계사 대웅전.
     1922년에 지어진 정읍 보천교 십일전을
     경성으로 옮겨와 1938년 10월 25일
     태고사 대웅전 준공 봉불식이 거행되었다.
     태고사는 1954년에 조계사로 이름이
     바뀌었다.

3   대웅전 후면. 화려한 창호살은 1920년대에
     지어진 단층 사찰 가운데 단연 돋보인다.

4 공포의 장엄미를 보여주는 조계사 대웅전.
궁궐 정전에서나 볼 법한 웅장함이다.

승동의 백정교회

승동교회

서울특별시 종로구 인사동길 7-1
서울특별시 유형문화유산 제130호

탑골공원 옆 인사동의 북적임을 뒤로하고 조금만 걸으면, 크고 작은 상가들 사이로 좁고 긴 골목이 나타난다. 골목 입구에 들어서면 승동교회 정문이 보이고, 그 안쪽 깊숙한 곳에 붉은 벽돌의 승동교회 예배당이 자리하고 있다. 교회에 가까워질수록 인사동 거리의 소음은 잦아들고, 긴 벽면을 따라 걸린 교회의 옛 사진과 설명들이 이곳에 축적된 시간을 차분히 되돌아보게 한다.

1919년 2월 28일, 승동교회 청년회 회장이었던 김원벽과 전국에서 모인 학생 대표들은 경성 곳곳에 비밀리에 보관해 두었던 태극기와 기미독립선언문 1,500장을 배포했다. 다음 날 펼쳐질 3·1운동을 준비하기 위함이었다. 승동교회는 조선의 청년들이 독립운동을 비밀리에 조직하고 실행하던 중요한 근거지였다.

승동교회의 역사는 1893년으로 거슬러 올라간다. 승동교회는 미국 북장로회 선교사 사무엘 포먼 무어Samuel Forman Moore, 1860~1906, 한국명 모삼열이 창립했으며, 소공동 곤당골에서 목회를 시작했다. 첫 이름은 곤당골교회였다. 당시 조선 사회는 엄격한 신분제 아래 있었고, 최하층 신분이던 백정들이 교회를 다니며 장로로 섬기자 교회는 '백정교회'라 불리기도 했다. 신분의 구분 없이 신앙 공동체를 이루려는 시도는 양반층의 강한 반발을 불러 많은 이들이 떠나기도 했지만, 그럼에도 승동교회는 평등 사상을 실천하는 신앙의 터전으로 자리 잡았다.

1904년 승동교회는 인사동의 옛 지명인 승동에 있던 한옥 예배당에서 본격적인 포교 활동을 시작했다. 이후 1912년 박공지붕과 붉은 벽돌 외벽을 갖춘 로마네스크양식의 예배당을 신축했다. 평면은 정방형이었고, 지붕층은 십자가 형태로 포개져 있으며, 동서남북 네 면에 박공지붕과 아치창이 배치되었다. 남측 전면 박공 아래에는 장미창 역할을 하는 원형 창이 있었고, 그 아래에는 큰 반원형 아치와 좌우의 작은 아치형 출입문이 자리했다. 좌우 출입문은 남녀가 따로 출입하고 예배를 드리던 당시의 관습을 반영한 것이다. 남쪽에 붙은 한옥은 신학생 교육과 기숙사로 사용되었으며, 현재는 기도실과 전도회실로 활용되고 있다.

승동교회는 여러 차례 증축과 보수를 거치며 초기의 모습을 일부 잃었다. 정방형이던 예배당은 장방형으로 확장되었고, 남측 주출입구와 북측 강당 증축 과정에서 원형 창과 아치형 출입구는 사라졌다. 대신 철근 콘크리트 구조의 종탑과 새로운 출입문이 들어섰다. 동·서쪽 외벽의 아치형 수직창 역시 벽돌로 막혔지만, 그 흔적을 통해 한때 자연광이 예배당 내부로 스며들던 옛 구조를 짐작할 수 있다.

　안국동선

승동교회는 신분 차별을 거부하고 평등을 실천했던 기독교의 현장이자, 독립운동의 역사를 간직한 장소다. 최근 주변의 다양한 높낮이 건물들이 철거되고, 피맛골 일대와 함께 대규모 빌딩 건축이 진행되면서 개발의 바람이 교회 바로 앞까지 다가왔다. 그럼에도 이곳만큼은 시대의 숨결을 고스란히 간직한 채, 온전히 보존되기를 바라는 마음이 간절하다.

1   1912년 완공 당시의 승동교회. 네 면
박공지붕을 갖춘 붉은 벽돌의 건물이다.
당시 출입구는 두 개로 나뉘어 남자와
여자가 다른 문으로 출입했다. ©승동교회
역사관

2   인사동 개발의 최전선에 보루처럼 서 있는
승동교회. 도시 개발로 인해 교회 앞의
오래된 건축물들은 대부분 철거되었다.

3   교회 앞, 인사동 초입이 재개발되기 전 2020년의 모습.

4   2025년의 승동교회. 교회 앞에 초고층 빌딩이 들어서고 있다.

존중과 평등의 교당

천도교 중앙대교당

서울특별시 종로구 경운동 삼일대로 457
서울특별시 유형문화유산 제36호

지하철 안국역에서 내려 인사동 옆 경운동, 낙원상가로 이어지는 길을 따라가다 보면 동쪽에는 운현궁이, 서쪽에는 천도교 중앙대교당의 영역이 펼쳐진다. 붉은 벽돌과 화강석으로 지어진 천도교 중앙대교당은 지금도 단연 눈길을 끄는 건축물이다. 준공 당시 그 웅장함과 아름다움으로 조선총독부청사, 명동성당과 함께 경성의 3대 건축물로 손꼽혔다.

천도교는 창시자 수운 최제우1824~1864가 1860년 동학을 창시한 해를 원년으로 삼고, 연호를 '포덕'이라 부른다. 최제우에 이어 2대 교주 최시형, 3대 교주 손병희로 이어지는 계보 속에서 천도교는 일제강점기라는 척박한 시대에 나라 잃은 민족의 구심점 역할을 했다. 1919년 3·1운동 당시 기미독립선언서와 독립통고서에 서명한 민족대표 33인 가운데 15인이 천도교인이었고, 독립선언서 작성과 배포 과정에서도 천도교가 중심적 역할을 했다는 사실은 이를 잘 보여준다. 천도교는 독립과 민족 자결을 염원하며 신앙과 실천을 함께 이어간 민족 종교였다. 인류 평등을 강조한 천도교 사상은 손병희의 사위 방정환이 처음 사용한 '어린이'라는 말에서도 드러나며, 천도교는 어린이 운동의 산실이 되기도 했다.

교세가 확장되면서 대규모 교당의 필요성이 커지자, 1918년부터 대교당 건축을 위한 성금 모금이 시작되었다. 이 성금의 일부는 독립 자금으로도 사용되었다. 1920년 12월 천도교중앙교회와 중앙총본부가 준공되었고, 이듬해 2월 중앙총본부가 이곳으로 이전했다. 청년회와 개벽사, 교회월보사 등 출판기관도 함께 옮겨오며 경운동 일대에는 천도교의 영역이 형성되었다. 1924년에는 건축가 이훈우1886~1937가 설계한 대신사출세백년기념관이 세워졌는데, 이는 창시자 수운 최제우 탄생 100주년을 기념한 건축물이었다.

천도교 중앙대교당은 일본인 건축가 나카무라 요시헤이가 설계했다. 민족 종교의 상징적 건축물이 일본인 건축가의 손에서 탄생한 이유는, 당시 이 정도 규모의 건축을 설계할 수 있는 한국인 민간 건축가를 찾기 힘들었기 때문으로 보인다. 외래 종교인 서학에 맞서 출발한 동학의 뿌리를 지녔지만, 천도교는 형식보다 기능과 실용을 중시하며 고정된 건축양식에 얽매이지 않았다.

대교당은 화강석 기초 위에 붉은 벽돌로 지어졌으며, 전면 중앙에는 종탑과 주출입구가, 대강당 좌우 측면에도 출입구가 마련되어 있다. 내부는 약 3,000명을 수용할 수 있도록 기둥을 두지 않고 철재 앵글 구조로 천장을 지지해 넓고 개방적인 공간을 구현했다. 강당 정면 벽에는 천도교의 상징인 궁을장弓乙章 문양이 배치되어

있고, 반원형 천장에는 박달나무꽃과 무궁화꽃 문양 장식이 더해
졌다. 좌우 측면의 긴 벽에는 아치형 창이 이어지며, 상부 반원창
안쪽에는 세 개의 원을 스테인드글라스로 표현해 상징성을 강조
했다. 천도교 중앙대교당은 지금까지 거의 변형 없이 원형을 보존
하고 있다.

1972년 천도교중앙총부 본관 자리에는 16층 규모의 수운회관
빌딩이 들어섰고, 중앙총부는 강북구 우이동으로 이전했다. 대신
사출세백년기념관은 한때 성신여대와 한양대학교의 개교 공간으
로 사용되었고, 이후 영화관 등으로 활용되다가 1968년 철거되었
다. 현재 그 흔적은 천도교 수운회관 입구 계단에 새겨진 천도교
궁을장 문양으로만 남아 있다.

천도교는 우리 사상과 정신을 지키려는 신념이 종교라는 형태
로 구현된 사례이다. 천도교 중앙대교당 곳곳에 남아 있는 문양과
공간 구성의 의미를 읽어내는 일은, 건축을 통해 근대사의 한 장면
을 마주하는 또 하나의 방법이 된다.

1 일제강점기 당시의
천도교 중앙대교당(우)과
대신사출세백년기념관(좌).
대신사출세백년기념관은 1968년
철거되었다. 지금의 천도교
중앙대교당 주차장 자리이다.
ⓒ천도교 중앙대교당

2 천도교 중앙대교당의 전경. 외벽을
붉은 벽돌로 마감하고 화강석을
사용해 아르데코적 장식 효과를
냈다.

3	천도교 중앙대교당 탑부. 탑 정면 중앙에
반원 아치로 된 큰 창을 두고, 그 위로
세 개의 작은 반원 아치창을 배치했다.
상부에는 곡면의 지붕과 장식 첨탑을 올려
중심성을 강조하며, 근대기 종교 건축의
절충적 구성을 보여준다.

안국동선

4 중앙탑을 중심으로 좌우 대칭을 이룬 정면 파사드.

5 천도교 중앙대교당의 기둥 없는 넓은 강당형 내부. 강당 정면 중앙에 천도교 문장이 있다.

경운동 민병옥 가옥

조선의 개량 한옥 (민병옥 가옥)

서울특별시 종로구 인사동10길 23-9
서울특별시 민속문화유산 제15호
각심재　서울특별시 노원구 초안산로7길 20
서울특별시 민속문화재 제16호

일제강점기 천도교 중앙대교당 남쪽 일대에는 주목해야 할 개량 한옥이 있다. 이 일대는 민영휘1852~1935가 소유했던 토지를 중심으로 형성된 공간이다. 그는 당대의 거부이자 대표적 친일파로, 지금의 인사동 경인미술관 일대를 포함한 넓은 토지를 소유했다. 민영휘의 저택 일부는 남산골한옥마을로 옮겨져 오늘날까지 전해지고 있다. 이러한 부와 지위는 아들 민대식1882~?에게 이어졌고, 민대식은 은행가로 활동했다. 1938년 그는 두 아들 민병환과 민병옥을 위해, 천도교 중앙대교당 남쪽에 동일한 구조의 개량 한옥을 나란히 지어주었다.

이 가운데 민병환 가옥은 1993년 도로 개설로 철거 위기에 놓였으나 예안 이씨 종중이 이를 매입해 노원구 월계동으로 이전했고, 현재 '각심재'라는 이름으로 보존, 관리되고 있다. 민병옥 가옥은 원래 자리를 지키고 있으며, 서쪽의 경인미술관과 북쪽의 천도교 중앙대교당 사이에 놓여 있다.

두 가옥은 근대 건축가 박길룡의 설계작이다. 박길룡은 경성공업전문학교를 졸업한 뒤 조선총독부에서 근무하며 총독부 청사 건축에 참여했고, 종로 화신백화점과 성북동 간송미술관을 설계한 인물로도 알려져 있다. 그는 전통 한옥의 여러 기능적 한계를 보완하고자 다양한 글과 설계 작업을 남겼으며, 박길룡의 개량 한옥에 대한 철학은 민병환·민병옥 가옥에도 뚜렷하게 반영되었다.

형제의 집 설계를 위해서, 길게 펼쳐진 대지를 둘로 나눈 뒤 동일한 평면을 적용하여 윗집이 민병옥의 가옥, 아랫집이 민병환의 가옥이 되었다. 두 집 모두 상류층 주택으로 설계되었으며, 네모 반듯한 대지 위에 동남향으로 배치되었다. 일각대문 외에 동북쪽 출입구가 별도로 마련되었고, 북측에 현관을 두어 실내로 진입하는 구조다. 약 51평 규모의 H자형 평면으로, 현관 마루에서 복도가 이어지고, 복도를 따라 응접실과 건넌방 등 공적·사적 공간이 균형 있게 배치되었다. 서쪽 날개동이 더 넓으며, 남쪽부터 안방-부엌-부엌마루-부엌방-뒷방이 차례로 놓인다. 복도를 건너 북쪽에는 화장실과 욕실 등 부속 공간이 자리하고, 복도는 실내 공간을 연결하면서도 기능적으로 분리하는 역할을 한다.

전통 한옥에서 외부에 두었던 화장실과 욕실을 실내로 들여오고, 마당과 실내에서 접근할 수 있도록 문을 두었다. 응접실, 안방, 대청마루, 툇마루 등 공적 공간은 남향으로 두어 채광과 통풍을 확보했고, 복도에는 유리창을 달아 비와 바람을 막고 햇빛은 실내로 충분히 들어오도록 했다. 복도는 동쪽의 손님 접대 공간과 서쪽의 가족 공간을 자연스럽게 구분하며, 또한 난방과 취사 기능을 분

리하기 위해 안방과 식당 아래 지하실로 연결되는 난방구를 마련
했다.

월계동으로 옮겨진 민병환 가옥인 각심재 역시 H자형 평면을
유지한다. 북측 현관을 통해 들어서면 대청, 부엌, 사랑방, 건넌방
이 중심을 이루고, 부엌을 사이에 두고 안방과 뒷방이 이어진다.
방들은 툇마루로 연결되며, 실내 화장실과 욕실을 갖추었다. 복도
는 창호지 대신 유리창을 사용해 개방감을 주는 동시에 외풍을 막
았다. 다만 월계동으로 이전하는 과정에서 행랑채는 복원되지 않
았다.

민병옥·민병환 가옥은 1930년대 후반 개량 한옥의 특징을 잘
보여주는 주택으로, 한국 근대 주거의 변화와 발전을 이해하는 데
중요한 건축물로 평가된다.

1 박길룡의 설계로 근대식 한옥양식으로 지어진 민병옥 가옥. H자형 평면으로 북쪽 유리문 현관(좌)을 통해 각 실로 연결된다.

2 민병옥 가옥 담장 앞 주차장 자리에 민병환 가옥이 있었다. 민병환 가옥은 현재 월계동으로 옮겨진 각심재이다.

     69 경운동 민병옥 가옥

3   민병옥 가옥의 격식 있는
    팔작지붕과 유리 미서기문은
    전통과 근대 건축 양식의 조화를
    보여준다.

4   북쪽 현관 출입문. 전통 한옥의
    툇마루에 근대식 건축 요소인
    유리창이 절충되어 있다.

5 민병옥 가옥과 함께 지어졌던 민병환 가옥. 1993년 도로 개설로 철거 위기에 놓였을 때 예안 이씨 종중이 매입해 노원구 월계동으로 이전, 복원했으며, '각심재'라는 이름으로 보존, 관리되고 있다. 사진 오른쪽 건물이 각심재, 민병환 가옥이다.

조선 왕족의 연회장 （운현궁 양관）

서울특별시 종로구 삼일대로 460
국가사적 제257호

고종의 조카이자 영선군이었던 이준용1870~1917의 저택인 이준용 공저는, 드라마 〈도깨비〉 촬영지로 알려지며 대중에게도 익숙한 공간이다. 이 건물은 운현궁의 양관洋館으로, 조선 말기와 일제강점기에 왕실과 귀족들이 서양 건축양식을 받아들여 지은 근대기 주거 건축물에 해당한다. 운현궁은 흥선대원군의 거처이자 고종이 즉위 전 머물렀던 잠저이며, 명성황후와 가례를 올린 별궁이었다. 이준용 공저는 운현궁 노락당 바로 옆 언덕 위에 자리해, 초기에는 노락당과 행각으로 연결된 운현궁의 일부였다. 현재는 담장으로 구분되어 덕성여자대학교 평생교육원 교정 안에 남아 있다. 일제강점기를 거치며 운현궁의 영역은 크게 축소되고 많은 전각이 사라졌지만, 이준용 공저와 목구조 회벽의 경비 초소는 비교적 원형을 유지하고 있다.

1898년 흥선대원군이 승하한 뒤, 장남 이재면은 완흥군으로 봉해져 운현궁을 물려받았고 1912년까지 이곳에서 생활했다. 1907년 순

종 즉위와 함께 대원군이 대원왕으로 추존되면서 운현궁은 '대원왕
궁'이라 불리기도 했다. 이재면의 아들 이준용은 유럽과 일본에서
유학한 경험을 바탕으로 근대적 감각을 추구하며 양관 건립을 추
진했다. 당시 신문 보도에 따르면, 그는 건축 자금을 마련하기 위
해 운현궁 일부 전각의 매각과 철거를 시도했고, 어머니와 순종의
만류에도 불구하고 일부는 실제로 철거되었다고 전해진다.

　이준용 공저가 들어선 부지는 원래 대원군이 이재면의 혼례를
위해 마련한 영로당과 작은 사랑채, 그리고 손자 이준용을 위해 지
은 송정사랑채가 있던 곳이다. 기존 한옥을 철거하고 그 자리에 서
양식 저택을 세운 것이다. 일본 유학을 마친 이준용은 조선총독부
로부터 공작 작위를 받고 귀국한 뒤 이 양관을 건립했다. 1917년
그가 사망한 후 건물은 아들 이우1912~1945에게 상속되었으나, 이우
는 히로시마 원자폭탄 피폭으로 생을 마감했다. 이후 이 건물은 김
구가 참여한 정치 단체 등 여러 기관이 사용했고, 1948년 덕성여
자대학교에 매각되어 오늘에 이르고 있다.

　이준용 공저는 일본 황실 건축가 가타야마 도쿠마片山東熊, 1854
~1917가 설계한 네오바로크양식의 건축물이다. 가타야마는 도쿄
영빈관과 다수의 귀족 저택, 그리고 1907년 의친왕 이강의 사저
사동궁을 설계한 일본 근대 건축의 대표적 인물이다. 1912년에 완
공된 이 건물은 약 300평 규모의 2층 양옥으로, 화강석과 붉은 벽
돌을 사용해 지어졌다. 1층 중앙에는 세 면이 개방된 포치를 갖춘
돌출 현관부가 강조되어 있으며, 좌우 대칭의 네오르네상스적 구
성 위에 네오바로크 장식이 더해져 있다.

건물 좌우의 2층 베란다에는 이오니아식 주두 기둥이 쌍으로 배치되어 장식성을 높였고, 피라미드형 지붕 위에는 둥근 지붕창과 굴뚝이 있다. 내부에는 각 실마다 벽난로가 설치되어 있었고, 바닥은 목조 마루, 지붕은 목조 트러스 구조, 내벽은 회벽으로 마감되었다. 1층과 2층에는 각각 일곱 개의 방이 배치되었다. 현재 안내문에는 건립 당시 부엌과 화장실이 없었다고 설명되어 있으나, 실제로는 별도의 조리 공간과 위생 시설이 있었을 것으로 보인다.

운현궁의 이준용 공저는 나라를 잃은 왕실과 귀족이 근대 도시의 변화 속에서 마주한 시간을 고스란히 담고 있다. 이곳에 서면, 한 시대의 권위와 쇠퇴, 그리고 왕실의 근대 귀족 저택이 사립학교 재단의 공간으로 전환된 역사의 아이러니가 오롯이 드러난다.

1 운현궁 전경. 사진 앞쪽에는 외행랑과
담장으로 둘러싸인 전정이 펼쳐지고,
그 뒤로 노안당, 노락당, 이로당 등
주요 전각군이 배치되어 있다. 중앙
뒤편에 보이는 돔 지붕의 서양식 건물이
1910년대에 조성된 이준용 공저이다.

2 이준용 공저의 정면. 이준용 공저는 약
300평 규모의 2층 양옥으로 발코니, 돔형
지붕 등을 갖춘 고전주의 계열 절충식
건축물이다.

안국동선

3   석재와 벽돌을 혼용한 르네상스양식에
    맨사드 지붕, 네오바로크 장식이 특징이다.

4   자동차가 현관까지 진입할 수 있는
    경사로와 돌출 포치 현관.

5   이준용 공저 영역을 경비하던 관리소.
    이준용 공저와 함께 덕성여자대학교
    교정에 남아 있으나 주목받지 못하는
    건축물이다. 당시의 건축양식과 기법의
    원형을 보여 주는 중요한 자료다.

71

서북학회회관

민족 계몽운동의 산실 건국대학교박물관

서울특별시 종로구 낙원동 282번지(구)
서울특별시 광진구 능동로 120 건국대학교 내(현)
국가등록문화유산 제53호

서울 광진구 화양동에 자리한 건국대학교는 중앙에 위치한 약 2만 평 규모의 인공호수 일감호 덕분에 아름다운 캠퍼스로 널리 알려져 있다. 일감호 옆 낮은 언덕 위에 서 있는 붉은 벽돌 건물은 캠퍼스의 풍경을 한층 돋보이게 하는데, 바로 건국대학교박물관이자 상허기념관이다. 학교 설립자이자 초대 총장인 상허 유석창1900~1972의 호를 딴 이 건물은 본래 종로구 낙원동에 세워졌던 서북학회회관이었다.

서북학회는 1908년 박은식, 안창호, 유동열, 이동휘 등을 중심으로 평안도·황해도 출신들이 조직한 서우학회와, 함경도 출신이 만든 한북흥학회가 합쳐져 설립된 애국계몽단체였다. 같은 해 경성부 낙원동 282번지에 건축을 시작해 1908년 11월 2일 완공했으며, 서북회관이라 불리기도 했다. 서북학회는 이곳에서 기관지《서북학회월보》를 발간하며 계몽교육운동을 활발히 전개했다.

그러나 1910년 한일강제병합을 반대하는 활동을 했다는 이유

안국동선

로 서북학회는 강제 해산되었다. 이후 서북학회회관은 천도교 보성전문학교, 협성학교, 광신상업학교 등 여러 교육기관의 교사로 사용되었다. 보성전문학교는 오늘날 고려대학교의 전신이며, 협성학교는 훗날 광신중·상업고등학교로 이어졌다. 1943년 이 건물은 민중병원을 운영하던 상허 유석창의 소유가 되었고, 해방 후에는 건국대학교의 전신인 조선정치학관이 사용했다. 그 이후에도 몇몇 사립 대학이 이 건물을 임시 교사로 활용했다.

1976년 도시 계획으로 서북학회회관이 철거 위기에 놓이자, 건국대학교는 1977년 건물을 해체해 자재를 보관했다. 1985년 건국대학교 서울캠퍼스로 옮겨 복원하면서 건국대학교박물관으로 사용하기 시작했다. 장소성은 상실되었으나, 복원 과정에서 형태와 구조적 세부를 최대한 보존해 건축물의 역사성과 원형을 지켜냈다. 서북학회회관의 복원은 근대 건축의 보존과 활용 측면에서 중요한 사례로 평가된다.

서북학회회관은 3층 규모의 붉은 벽돌 건물로, 중앙의 돌출된 현관부 뒤로 장방형 본체가 이어지고 중앙부에는 돔 형태의 탑이 솟아 있다. 원래 3층의 창은 원형 창이었으나, 현재는 시계가 설치되어 있다. 건물은 반지하층과 지상 2층으로 이루어져 3층 건물처럼 보인다. 1층은 학예실과 상설 전시관, 2층은 역사 유물 전시관으로 사용되고 있다. 외벽은 붉은 벽돌과 화강석으로 장식되었으며, 모서리는 내구성과 장식성을 높이기 위해 화강석으로 마감했다. 벽돌쌓기는 길이면과 마구리면을 교차시킨 영국식 쌓기 방식으로 시공되어 구조적 안정성을 확보했다. 창문은 원래 반원형 아치창이었으나, 현재는 상부를 막고 장방형 창으로 바뀌었다.

서북학회회관은 철거 대신 해체, 이전, 복원을 선택함으로써 원래의 장소성은 잃었지만 건축물의 역사성과 상징성을 지켜낸 사례다. 역사박물관으로 이어지면서 근대 교육과 애국계몽운동의 정신을 전하는 문화유산으로 남아 있다.

1 서북학회회관의 전경. 이축된
서북학회회관은 건국대학교박물관으로
사용되고 있다. 연면적 약 400평 규모의
반지하층과 지상 2층의 벽돌조 건축으로,
화강석을 사용했다. 건물의 중심성을
강조하는 중앙 출입구 상부의 원형 창은
시계로 바뀌었다.

 71 서북학회회관

2 서북학회회관 정초석. '융희 2년'이라
새겨져 있으며, 이는 대한제국 순종의
연호로 공사 착수 시점을 보여준다. 건물의
다른 모서리에는 이를 서기로 나타낸
'1908' 표기가 남아 있다.

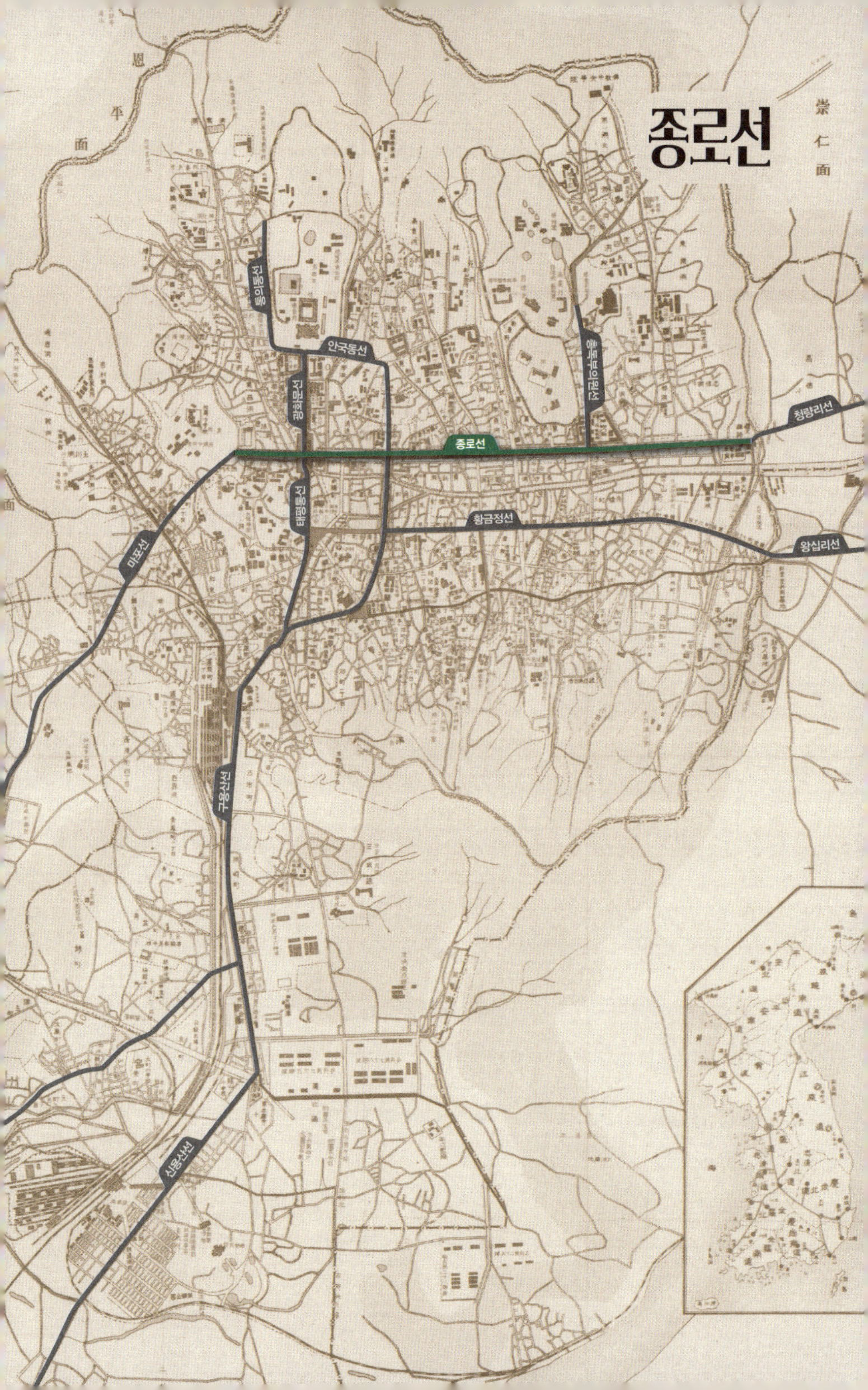
종로선
崇仁面
恩平面
통의동선
안국동선
권농동선
진마동선
앵두궁어의원소
청량리선
종로선
태평통선
황금정선
왕십리선
마포선
구룡산선
신용산선

72

창덕궁 대조전

장식마루가 수놓은 침전

서울특별시 종로구 율곡로 99
보물 제816호
〈봉황도〉 국가등록문화유산 제242호
〈백학도〉 국가등록문화유산 제243호

창덕궁의 대조전은 대조(大造, 크게 세우다)라는 이름의 뜻처럼 왕조를 이어갈 왕자의 탄생을 바라는 왕실의 염원을 담은 전각이다. 대조전은 조선 왕비의 생활 공간이자 정식 침전으로 사용되었으며, 여러 차례 화재와 재건을 거치며 왕실의 역사를 이어왔다. 일제강점기인 1917년 대화재로 소실된 뒤, 1920년 경복궁의 교태전을 옮겨와 다시 지어 오늘날의 모습을 갖추게 되었다. 이곳은 대한제국의 마지막 황제 순종과 순정효황후가 실제로 생활했던 공간이기도 하다.

현재의 대조전은 용마루가 없는 무량각 지붕을 얹은 건물로, 정면 아홉 칸, 측면 네 칸 규모다. 단층 월대 위 중앙에는 대청이 놓이고, 그 좌우에 왕과 왕비의 온돌 침실이 배치되었다. 상궁과 나인들의 방은 장지문을 사이에 두고 침실을 감싸듯 둘러서 있으며, 행각과 복도를 통해 전각 전체가 유기적으로 연결되어 있다. 대청 서쪽 왕비 침실에는 순정효황후가 사용하던 용 조각 장식의 침대가 남아 있다.

대청은 대조전의 성격을 가장 잘 보여주는 공간이다. 자개로 장식된 장의자가 놓여 있고, 좌우에는 여덟 짝의 불발기문이 설치되어 침실과 거실을 구분한다. 상부 벽면에는 오일영과 이용우가 그린 〈봉황도〉, 김은호의 〈백학도〉가 걸려 왕실 공간에 격을 더한다. 전통 한지 창호 대신 투명 유리창이 사용되었고, 커튼과 커튼박스, 샹들리에, 타일 바닥의 욕실과 욕조, 수도 시설 등 서구식 실내 요소가 적극적으로 도입되었다. 후면 복도에는 서양식 쪽마루가 깔려 있고, 뒤뜰에는 계단식 화단과 소나무, 괴석이 배치되어 있다.

대조전에서 특히 주목할 부분은 대청 바닥에 깔린 장식 마루다. 나무를 정교하게 짜맞춘 이 모자이크 바닥은 일본어로 '요세기바리寄木張り', 프랑스어로 '파케Parquet', 일반적으로 파케트라 불리는 서구식 고급 목재 바닥 기법으로 시공한 것이다. 베르사이유 궁전에서 유래한 파케트 플로어링은 다양한 색과 질감의 나무를 조합해 문양을 구성하는 방식으로, 정밀한 제작 기술과 상당한 비용이 드는 고급 시공법이다. 희정당과 함께 대조전의 장식 마루는 원형이 비교적 온전히 남아 있는 드문 사례로, 궁궐 건축에서도 매우 귀한 예에 속한다. 전통 궁궐의 마루가 정井자 형태의 우물마루를 기본으로 했다면, 대조전의 대청은 서구식 목재 모자이크 바닥 위에 카펫을 깔아 사용했던 근대적 생활 방식을 보여준다. 벚나무와 졸참나무 등 다양한 목재를 사용해 섬세한 패턴을 완성한 이 바닥은, 궁궐 공간이 지닌 장식성과 기술의 정점을 드러낸다.

대조전은 전통 궁궐 양식 위에 서구식 실내 문화가 겹쳐진 왕실 생활의 현장이다. 희정당과 함께 조선 왕실이 근대를 맞이하며 받아들인 변화와, 일제강점기의 역사적 상흔을 동시에 품고 있는 공간으로서, 궁궐 건축이 지닌 문화적, 역사적 층위를 깊이 있게 보게 하는 귀중한 문화 유산이다.

1   1917년 화재 이전의 대조전. 전통 궁궐
     마당의 백사토 대신 유럽식 잔디 정원으로
     조성되어 있다.

2   1917년 화재 뒤 1920년 경복궁 교태전의
     부재를 옮겨 지어 재건한 창덕궁 대조전.
     왕비의 침전인 이 건물은 지붕 상단에
     용마루가 없는 무량각 지붕이 특징이다.

3 봉황 조각이 있는 대조전 커튼 박스. 대한제국기와 일제강점기를 거치며 궁궐에 근대식 커튼 박스가 설치되었다.

4 전통 우물마루 대신 유럽식 목재 바닥인 화려한 장식 파케트 마루가 깔렸다. 대조전 동쪽 벽에는 오일영과 이용우가 그린 〈봉황도〉가 걸려 있다. 대조전 벽화는 모사화이며, 원본은 국립고궁박물관이 소장하고 있다.

창덕궁 희정당

조선식 궁궐에 놓인 유럽식 가구

창덕궁 희정당

서울특별시 종로구 율곡로 99
보물 제815호
창덕궁 희정당 〈총석정절경도〉 국가등록문화유산 제240호
창덕궁 희정당 〈금강산만물초승경도〉 국가등록문화유산 제241호

희정당熙政堂은 '밝은 정치를 펼친다'는 뜻을 지닌 이름으로, 원래는 창덕궁 내전 영역에 속한 전각이었으나 조선 후기부터는 왕이 집무를 보던 편전으로 사용되었다. 창덕궁과 창경궁이 그려진 〈동궐도〉에는 희정당 주변에 하월지라 불린 작은 연못이 있었던 것으로 기록되어 있다. 희정당은 여러 차례 화재와 중수를 거쳤고, 1917년 대화재로 완전히 소실된 뒤 1920년 경복궁의 강녕전을 옮겨와 재건되었다. 현재의 희정당은 본채와 행각들이 중앙 마당을 둘러싼 ㅁ자형 배치를 이루고 있다.

남쪽 현관에는 왕실을 상징하는 오얏꽃 문양이 세 면에 장식되어 있으며, 팔작지붕의 현관이 마당 쪽으로 돌출되어 자동차가 현관 앞까지 진입할 수 있도록 설계되었다. 이는 왕실이 가마 대신 자동차를 사용하기 시작한 근대적 생활양식의 변화를 보여준다. 순종과 순정효황후가 사용했던 자동차는 현재 고궁박물관에 전시되어 있다. 희정당은 대조전과 함께 전통 궁궐 공간에 서구식 실내

장식과 가구가 본격적으로 도입된 대표적 사례로, 대한제국 말기와 일제강점기를 거치며 근대 유럽 문화가 궁궐 내부로 스며든 흔적을 보여준다.

남쪽 현관을 통해 내부로 들어서면 중앙 마루를 중심으로 동·서 행각이 이어진다. 이 공간들은 대기실과 사무실로 사용되었으며, 일본에 체류하던 영친왕 부부가 순종을 알현하러 왔을 때 귀빈실로도 활용되었다고 전한다. 동쪽 날개동에는 욕탕, 세면실, 화장실과 귀빈실이 마련되었고, 서양식 도기 변기와 소변기가 설치된 화장실, 타일로 마감된 욕실, 영국산 보일러를 통한 온수 공급 등 1920년대의 근대적 위생 설비가 현재까지 남아 있다. 서쪽 날개동에는 숙직실과 욕탕, 변소가 배치되어 협문을 통해 출입할 수 있도록 했다.

희정당 본채는 퇴칸으로 일부 가려져 있지만 정면 열한 칸, 측면 다섯 칸 규모이다. 중앙의 세 칸은 알현을 위한 대청으로 사용되었고, 서쪽에는 왕비 알현실, 동쪽에는 여러 부속 공간이 배치되었다. 우물천장 아래에는 샹들리에가 달려 있으며, 벽 상부에는 해강 김규진이 비단 위에 그린 대형 산수 벽화가 걸려 있다. 가로 길이가 880센티미터나 되는 대작이다. 동쪽에는 〈총석정절경도〉, 서쪽에는 〈금강산만물초승경도〉가 장식되었고, 벽면은 문양 벽지로 마감되었다. 미닫이문에는 손잡이가 낮게 달려 있어 나인들이 몸을 숙여 여닫도록 설계된 점도 특징적이다.

알현실 바닥은 리놀륨과 목재로 마감되었고, 전·후면에는 유리창과 채광창이 설치되었다. 중앙 마루에는 마루장식 파케트 위로 화려한 카펫이 깔렸으며, 유럽에서 들여온 바로크양식의 가구와 서구식 라디에이터가 놓였다. 이는 좌식 생활에서 입식 생활로 옮겨가는 근대로의 변화를 잘 보여준다. 그리고 왕비 알현실의 천장은 유럽식 회반죽 미장으로 마감되어 있다.

희정당은 내전 영역에서 공식적 기능을 수행한 공간으로, 전통 궁궐 건축과 근대 서구식 공간 감각이 맞닿은 장소다. 조선 왕실의 생활상과 근대 문물 수용의 과정을 동시에 담아낸 희정당은, 전통과 변화가 교차한 근대 궁궐 건축의 중요한 사례라 할 수 있다.

1 1917년 화재 이전의 창덕궁 희정당.
돌 기단 위에 세운 팔작지붕의 목조
전각이다.

2 희정당 주출입구. 출입문 위 중앙에
대한제국의 상징인 오얏꽃 문양을
두었으며, 자동차가 드나들 수 있도록
경사로를 설치했다.

3   희정당 전경. 창호에 창호지 대신 유리를
     사용해 근대적 요소를 도입했다.

4   희정당 주출입구에서 내부 중정을
     바라본 모습. 전통 궁궐에는 없던 목재
     징두리판벽이 실내 마감으로 도입되었다.

5 희정당 중앙접견실 동쪽. 커튼 박스가
문 위를 장식하고 카펫 위에 유럽식
소파와 가구가 놓였다. 목재 여닫이문이
도입되어 방과 방 사이를 구분한 것도
특징이다. 희정당 동쪽에는 해강 김규진의
〈총석정절경도〉가 있다.

6 희정당 중앙접견실 서쪽. 해강 김규진의
〈금강산만물초승경도〉가 걸려 있다.
희정당에 걸려 있는 부벽화는 모사화이며,
원본은 국립고궁박물관이 소장하고 있다.

서울특별시 종로구 돈화문로11가길 가, 나, 다길 외

지하철 종로3가역 인근의 익선동은 도심의 빌딩 숲에 가려 겉으로는 잘 드러나지 않지만, 한 블록만 안쪽으로 들어서면 좁은 골목과 낮은 지붕의 근대 한옥들이 모습을 드러낸다. 종로 한복판에 남은 익선동 한옥마을은 미로 같은 골목마다 서로 다른 표정을 간직한 채, 과거와 현재가 겹쳐지는 풍경을 만들어낸다.

일제강점기 경성은 청계천을 경계로 남촌과 북촌으로 나뉘었다. 남촌인 명동·충무로 일대에는 주로 일본인이 거주했고, 북촌은 한국인의 주거지였다. 시간이 흐르며 일본인 거주지가 북촌으로 확장될 조짐을 보이자, 정세권은 조선인의 주거 공간을 지키고자 부동산 개발회사 건양사를 설립했다.

경남 고성 출신인 정세권은 진주사범학교를 졸업한 뒤 하이면 면장으로 재직하며 마을 개선 사업으로 주목받았다. 이후 경성으로 이주해 1920년 9월 건양사를 세우고, 표준화된 근대 한옥을 설계·공급했다. 그는 유리창 등 근대식 자재를 적극 도입한 개량 한옥을 개발했고, 1934년에는 '건양주택'이라는 이름으로 한옥을 브랜드화해 분양했다. 조선물산장려회와 조선어학회를 후원하는 등 민족운동에도 참여했으나, 일제의 탄압과 전쟁으로 사업은 위축되었고, 해방 후 낙향해 1965년 생을 마감했다. 그의 공적은 많이 퇴색되었지만, 익선동 한옥마을은 정세권이 조성한 대표적인 근대 한옥 단지로 남아 있다.

'익선동'이라는 지명은 일제강점기 행정구역 통폐합 과정에서 '익동益洞'의 '익'자와 이웃한 '정선방貞善坊'의 '선'을 합쳐 만들어졌다. 정세권은 1929년 익선동 33번지 옛 완화군 사저 부지를 매입한 데 이어, 이듬해 누동궁이 있던 익선동 166번지 일대까지 사들였다. 그는 넓은 왕족 저택 터를 작고 규칙적으로 나누어 도로와 필지를 정비하고, 그 위에 근대식 한옥을 지어 분양했다.

익선동 한옥은 한정된 면적에 많은 주택을 배치하기 위해 작고 규격화된 필지와 표준 평면을 적용했다. 기본 구조는 부엌, 안방, 마루, 건넌방으로 이루어진 一자형 온돌 한옥이며, 여기에 ㄱ자형 사랑채를 더해 ㅁ자 구조로 확장하기도 했다. 남향 배치를 기본으로 중앙 마루가 거실 역할을 했고, 맞배지붕과 짧은 처마는 자재를 절약한 경제적 설계의 결과였다. 작은 중정을 두어 채광과 환기를 확보했으며, 골목과 바로 맞닿은 배치가 특징이다. 해방 이후에는 중정을 덮어 실내 공간으로 확장한 사례도 많았다.

익선동의 한옥들은 큰길에서 한 겹 들어간 이면도로를 따라 마주보며 배치되어 있다. 서울 곳곳의 개량 한옥이 재개발로 사라진 가운데, 도심 한복판 종로에 이처럼 집단적으로 남아 있는 사례는 매우 이례적이다.

　최근 익선동은 카페와 식당, 공방 등이 들어서며 상업 공간으로 변모했다. 그럼에도 미로처럼 얽힌 골목 사이에는 근대 한옥 특유의 풍경과 정취가 여전히 남아 있다. 이 오래된 골목의 분위기 때문에 익선동은 오늘날 젊은 사람들이 즐겨 찾는 거리로 자리 잡았다. 골목을 걷다 보면, 젠트리피케이션의 파고 속에서도 살아남은 경성의 근대 한옥과 그 시간의 흔적을 곳곳에서 발견하게 된다.

1 정세권의 근대식 한옥이 밀집한 익선동
한옥마을. 골목에 면한 집들은 내부에 작은
중정을 품고 있다.

2 익선동 한옥마을 골목 전경.
일제강점기에 조성된 근대 한옥이
고밀도로 배치된 골목으로,
낮은 처마선과 좁은 필지 구조가
독특한 도시 경관을 만들어낸다.
대규모 근대 한옥마을 사이 골목은
계획적으로 반듯하게 조성되었다.

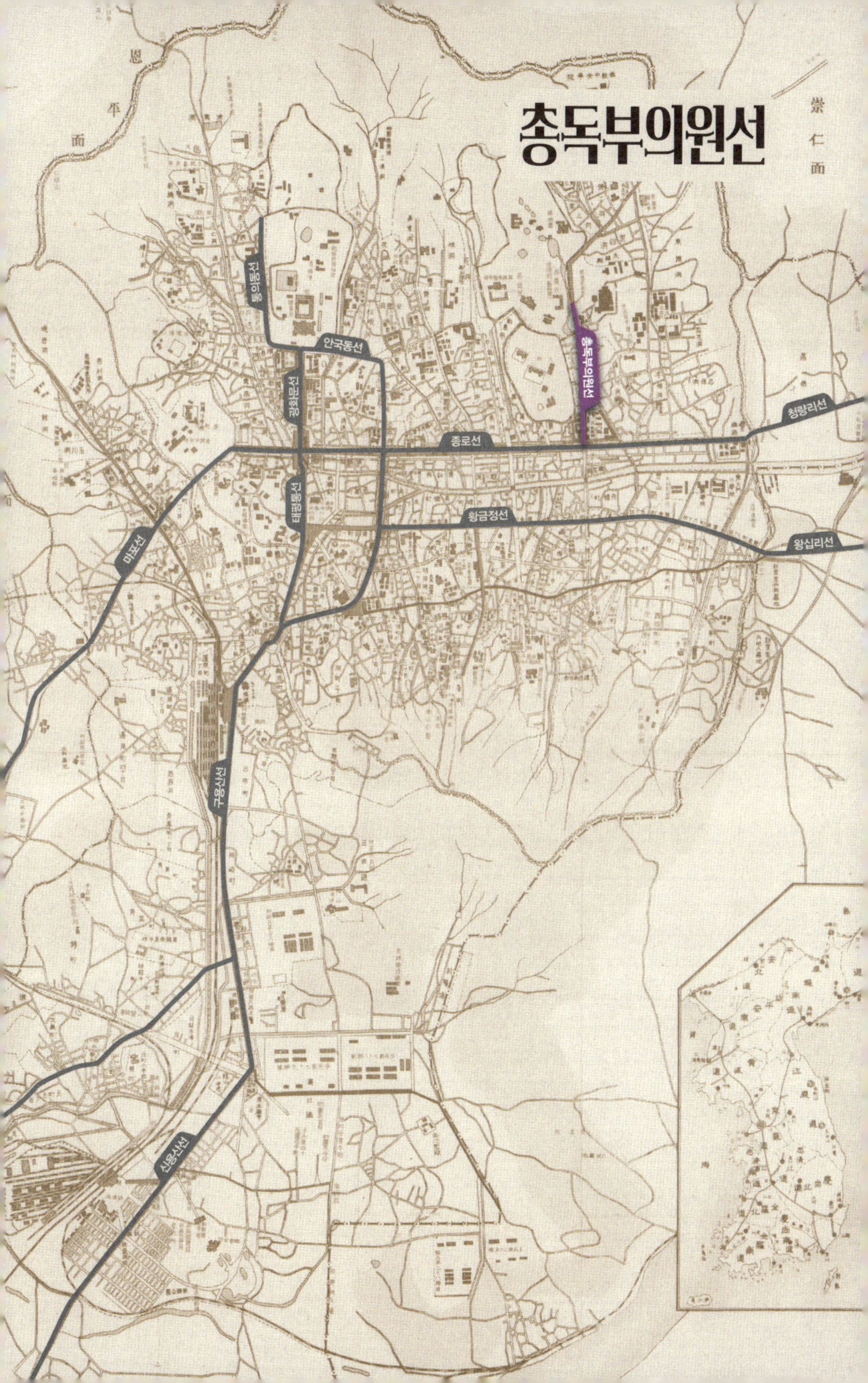

총독부의원선
崇仁面
安平面
신용산선
안국동선
광화문선
종로선
청량리선
마포선
태평통선
황금정선
왕십리선
구용산선
총독부의원
대한의원

창경원 대온실

궁궐 속 근대식 유리 온실 창경궁 대온실

서울특별시 종로구 창경궁로 185
국가등록문화유산 제83호

창경궁의 정문 홍화문을 지나 동쪽으로 들어서면 울창한 수목 사이로 정원이 펼쳐진다. 산책로를 따라 북쪽으로 걸어가면 과거에 연꽃이 가득했던 춘당지가 나타나고, 그 너머 낮은 구릉으로 둘러싸인 넓은 대지 위에 바로크풍 정원과 유리 건물이 모습을 드러낸다. 전통 궁궐 안에서 갑자기 유럽 궁전의 정원을 만난 듯한 낯선 감각을 주는 이곳은 우리나라 최초의 유럽식 유리 온실, 창경원 대온실이다.

창경원 대온실은 일본 황실 원예사 후쿠바 하야토福羽逸人, 1856~1921가 설계에 관여하고 프랑스 회사가 시공한 것으로 알려져 있으며, 1900년대 초 착공해 1909년에 완공되었다. 철과 유리로 공간을 구성한 근대 온실 건축의 출발점은 1851년 영국 만국박람회에 등장한 수정궁The Crystal Palace이다. 조지프 팩스턴Joseph Paxton, 1803~1865이 설계한 수정궁은 난방과 환기 기술을 바탕으로 대규모 유리 건축을 실현하며 근대 건축의 상징이 되었다. 이러한 유럽의 기술과 양식은 일본을 거쳐 한국으로 전해졌다.

후쿠바 하야토는 도쿄 신주쿠에 조성된 황실 정원, 신주쿠어원(신주쿠공원)의 온실 조성에도 참여한 인물이다. 그는 프랑스 베르사유 원예농업학교에서 수학한 경험을 바탕으로 서구식 온실 설계에 관여했으며, 신주쿠어원의 온실은 1896년 유럽식으로 완성되었다. 창경원 대온실은 이 신주쿠어원의 온실을 모델로 삼았는데, 규모는 더 컸다.

1907년 순종이 대한제국의 2대 황제로 즉위하면서 창덕궁으로 거처를 옮기자, 인접한 창경궁은 일제의 주도로 왕실 공원으로 개조되기 시작했다. 창경궁에는 박물관, 동물원, 식물원이 들어섰고, 북쪽에는 식물원, 남쪽에는 동물원이 조성되었다. 순종을 위한 공간을 만든다는 명분이었지만, 궁궐의 위상과 상징성을 훼손한 조치였다. 결국 1911년 11월 1일, 창경궁은 궁궐이 아닌 유원지 '창경원'으로 격하되었다.

대온실은 이러한 창경원 조성의 상징적 시설이었다. 동양 최대 규모로 지어진 이 온실은 정면 길이 약 33미터, 폭 15미터, 높이 10여 미터에 이르는 유리 상자 형태의 건축물이다. 화강석 기단 위에 흰색 철골과 목재 구조를 세우고 판유리를 끼워 넣어, 궁궐 내에 보기 드문 근대 건축 풍경을 만들어냈다. 자연광을 최대한 끌어들이는 장방형 구조로, 동·서·남·북 네 방향에 출입구가 마련되어 있으며, 남측 출입문에는 대한제국을 상징하는 오얏꽃 문양이 새겨져 있다.

온실 내부에는 중앙에 긴 정원이 놓이고, 이를 둘러싼 회랑을 따

  총독부의원선

라 관람객이 걸으며 식물을 감상하도록 구성되었다. 중앙에는 원형 연못도 조성되었다. 해방 이후에도 창경원은 오랫동안 시민들의 유원지로 사용되었다. 바닥이 타일로 교체되고 난방용 굴뚝이 철거되는 등 일부 변화가 있었지만, 대온실은 원형을 비교적 잘 유지해왔다.

1984년 창경원이 '창경궁'이라는 이름을 되찾는 복원 과정에서 박물관과 동물원은 철거되었으나, 대온실은 식물원 기능을 유지한 채 남아 일반인들에게 공개되고 있다. 오늘날 창경궁 대온실은 궁궐의 훼손과 근대화, 그리고 복원의 역사가 쌓인 공간이다. 온실 안에서 자라는 식물들의 생명력처럼, 출입문에 새겨진 오얏꽃 문양도 이곳에 남아 대한제국의 마지막 흔적을 증언하고 있다.

1 창경원 대온실 준공 직후의 모습. 철골과 목조를 결합한 구조 위에 유리를 덮은 근대 건축물이다. ⓒ국립민속박물관

2 오늘날 창경궁 대온실 전경. 큰 변형 없이 원형이 잘 보존된 사례이다.

총독부의원선

3 대온실 앞에는 분수를 중심으로 좌우 대칭을 이루는 서양식 정원이 조성되어 있다.

4 창경궁 대온실 내부. 유리 지붕과 벽체를 통해 자연광을 최대한 끌어들이고, 철골 기둥과 트러스 구조가 내부 공간을 지지한다. 중앙 통로를 따라 식물 전시대가 배치되어 있다.

5   창경궁 대온실 출입문 하부에는
대한제국의 문양인 오얏꽃이 양각으로
장식되어 있다.

     총독부의원선

근대식 국립병원

서울대학교병원 의학박물관

서울특별시 종로구 대학로 101
국가사적 제248호

대한의원은 도로 하나를 사이에 두고 창경궁이 내려다보이는 제법 높은 구릉 위에 자리하고 있다. 현재 서울대학교병원의 전신인 이곳에는, 병원이 들어서기 전까지 조선 시대 왕들의 초상화인 어진御眞을 봉안하던 영희전이 있었다.

우리나라 최초의 서양식 국립병원인 제중원은 1885년에 문을 열었고, 대한제국 시기인 1899년 국립병원 광제원이 설립되었다. 이후 1907년 3월 근대식 국립병원인 대한의원이 착공되어 1908년 5월 완공되었다. 그러나 1910년 한일강제병합이 이루어지면서 대한의원은 조선총독부의원으로 개칭되었다. 대한의원은 영희전 터에서 1913년까지 확장과 증축을 거듭하며 여러 병동과 부속 과를 갖춘 근대식 종합병원으로 발전했다.

1916년 조선총독부의원에는 기존 대한의원 시기부터 이어져 온 의학교육 기능을 바탕으로 부속 의학강습소가 설치되었다. 이 의학강습소는 이후 경성의학전문학교로 발전했으며, 학생들은 이곳에서 강의와 함께 임상 실습을 병행했다. 1926년에는 경성제국대학 의학부가 설치되면서 조선총독부의원은 그 부속병원이 되었고, 광복 후 경성제국대학이 서울대학교로 개편되면서 병원 역시 서울대학교병원으로 이어졌다. 옛 건물들은 점차 철거되고 새로운 병원 시설이 들어섰지만, 대한의원은 현재 한국의 의료사와 근대 의학, 의료기기 발전사를 보여주는 의학박물관으로 활용되고 있다.

대한의원은 붉은 벽돌을 기본으로 한 네오르네상스양식에 네오바로크식 장식 요소를 더해 격조와 실용성을 겸비했다. 건물 입구 포치 위 난간 중앙에 '대한의원大韓醫院'이라 새겨진 현판이 건물의 정체성과 역사적 의미를 드러낸다. 자동차가 현관까지 진입할 수 있도록 설계되어 있으며, 이는 당시 관공서나 고급 건축물에서 흔히 볼 수 있는 근대적 건축 특징이다.

건물은 2층 벽돌 구조로 중앙의 시계탑을 중심에 두고 좌우 대칭을 이루며, 장방형 평면과 수직적 창 배열을 통해 균형미와 리듬감을 강조했다. 현관 주변의 섬세한 화강석 장식은 공간의 위계를 보여주며, 내부는 중앙 복도를 따라 각 실이 양쪽으로 배치되어 있다. 본관 전면 중앙의 시계탑은 제관帝冠, imperial crown style양식의 종탑 형태로, 시계를 중심으로 네 모서리에 기둥을 세우고 그 위에 반구형 돔을 올려 사방에서 시간을 볼 수 있도록 했다.

제관양식은 20세기 초 일본에서 발전한 형태로, 유럽 신고전주의 건축 위에 일본식 지붕이나 기와를 얹은 것이 특징이다. 시계탑에는 영국에서 제작된 것으로 추정되는 기계식 탑시계가 설치되

                                          총독부의원선

었고, 시계탑 내부는 계단실, 전망대, 시계실로 구성된 3층 구조다. 현재 전시실로 사용되고 있는 1층은 약 7.5미터 높이의 공간으로, 목재 계단을 따라 전망대로 오를 수 있다. 오랜 수리와 보수를 거쳐 지금은 전자식 시계로 교체되었지만, 원래의 기계식 시계는 작동 가능한 상태로 복원되어 계단실 전시관에 보관되어 있다.

시계탑 2층 전망대는 유리문을 통해 발코니로 이어지며, 난간 중앙에는 태극 문양이 새겨져 있다. 시계실은 전망대 위의 3층 다락 공간에 설치되어 있으며, 이 시계탑은 현존하는 우리나라 기계식 탑시계 가운데 가장 오래된 사례로 역사적 가치가 있다.

한편, 대한의원 뒤편 정원에는 실험동물공양탑이라는 비석이 세워져 있다. 1922년에 건립된 비석은 의학 실험에 희생된 동물들의 넋을 위로하기 위한 것이었다. 일제는 공양탑으로 동물의 희생을 애도했으나, 생체실험으로 희생된 수많은 한국인들에 대한 사죄나 위령비는 남기지 않았다는 점에서 뼈아픈 역사의 이면을 보여준다.

1 조선총독부의원으로 쓰이던 시기의 대한의원 전경. 2층 서양식 건축물로, 대한제국의 근대 국립병원이 식민지 의료기관으로 전환된 역사를 상징적으로 보여준다. 이 건물은 1908년 완공되었고, 1910년 조선총독부의원으로 개칭되었다. ⓒ국립민속박물관

2 붉은 벽돌 외벽과 제관양식의 중앙 시계탑이 강조된 대한의원 전면.

총독부의원선

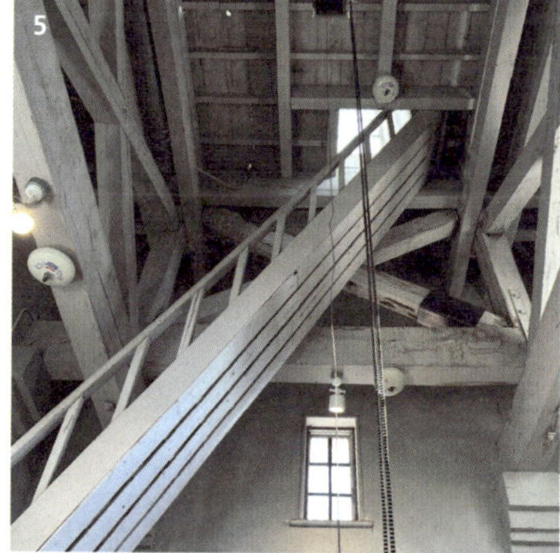

3 대한의원 후면. 장식적인 전면과 단순한 후면 모두 중앙 현관을 중심으로 대칭을 이룬다.

4 일제가 의학 실험에 희생된 동물들의 넋을 기린다는 명목으로 세운 실험동물공양탑.

5 전시 공간으로 사용되고 있는 시계탑 내부. 가파른 목재 계단을 오르면 시계탑 꼭대기 층에 이를 수 있다.

중앙시험소

나무 비늘판의 시험소　　　　　한국방송통신대학교 역사관

서울특별시 종로구 대학로 86
국가사적 제279호

　　중앙시험소는 혜화동 대학로 일대에 자리한 건물로 오
랫동안 대한제국의 공업전습소로 잘못 알려져왔다. 이 건물의 정
확한 명칭은 '중앙시험소'이다. 원래 이 자리에는 공업전습소가 있
었으나 화재로 소실되었고, 이후 같은 부지에 중앙시험소가 들어
서면서 두 건물이 혼동되어 전해졌다. 현재 중앙시험소 건물은 한
국방송통신대학교 역사관으로 사용되고 있으며, 도심 속에서 눈
에 띄는 고색古色의 목조 건축물이다.

　　공업전습소는 1907년 개교한 조선 최고의 관립 기술교육기관
으로, 공업 검정시험과 실습 중심의 교육을 담당했다. 한일강제병
합 이후 통감부는 근대 산업 육성 정책의 일환으로 공업전습소를
설치했고, 건물은 1909년 대한제국 탁지부 건축소에 의해 준공되
었다. 이 일대는 조선 시대부터 가죽 신발 제작과 목공예에 종사하
던 중인 수공업자들의 밀집 거주 지역으로, 이들의 자제들이 공업
전습소에 입학하는 사례가 많았다.

공업전습소는 금공, 도기, 목공, 염직, 응용화학, 토목 여섯 개 분
과로 구성되어 실습 위주의 교육을 실시했다. 1910년 이후에는
1년 과정과 2년 전문 과정으로 개편되었고, 1916년에는 경성공업
전문학교가 설립되었다. 1922년에는 2년 전문 과정이 경성고등공
업학교로 개칭되었는데, 이는 오늘날 서울대학교 공과대학의 전
신이다. 이곳을 졸업한 박길룡과 이상 등은 조선총독부에서 활동
하며 근대 건축의 초석을 다졌다.

중앙시험소는 1912년 조선총독부가 중앙 행정체계를 정비하고
산업 진흥 기관을 확대하는 과정에서 설치되었으며, 공업전습소
의 기능과 역할을 계승했다. 설계는 탁지부 건축소가 맡았고, 건물
은 1914년에 완공되었다. 이곳에서는 각종 공업 실험과 기술 연구
가 이루어졌다. 중앙시험소 건물은 일제강점기에 지어진 목조 건
축물 가운데서도 드문 사례로, 목재 비늘판 외장과 첨탑을 갖춘 르
네상스양식의 외관을 보여준다. 석조 건축을 연상시키는 외관이
지만, 실제로는 낮은 화강석 기단 위에 목재판을 비늘처럼 덧댄 구
조로, 당시 목조 건축의 기술적, 미적 특징이 잘 드러난다.

유럽 건축양식의 영향을 받은 장식과 비례는 당시 건축가들의
미감을 보여준다. 목재 외장은 석재에 비해 무게감은 덜하지만, 시
공 효율이 높고 공사 기간을 단축할 수 있다는 장점이 있다. 건물
은 ㄷ자형 평면으로, 좌우 끝이 돌출되고 중앙 현관이 강조된 대칭
구조를 이룬다. 1층 주출입구 포치를 중심으로 좌우가 균형을 이
루며, 전면 양 끝의 박공과 기둥 장식이 입면에 변화를 준다. 중앙
전면의 첨탑은 제관양식으로 처리되어 상징성과 중심성을 강조한

다. 1층의 반원 아치창과 2층, 지붕의 반원창이 수직으로 배열되고, 2층 창 사이에는 붙임기둥이 반복되어 안정감을 더한다.

내부는 십자형 평면으로, 동서와 남북 방향의 복도가 교차하며 후면 중앙의 계단실을 통해 2층으로 이어진다. 해방 이후 중앙시험소는 상공부商工部 산하 국립공업시험원으로 사용되었고, 현재는 한국방송통신대학교 역사관으로 활용되고 있다. 철근 콘크리트 건물들 사이에서, 중앙시험소의 목조 건물은 100년이 넘는 시간 동안 여전히 나무의 질감과 향기를 간직한 채 근대 산업과 기술의 기억을 전하고 있다.

1 1920년경 동숭동에 자리한 중앙시험소의 전경을 담은 사진 엽서. 중앙시험소 앞을 흐르는 하천은 복개되었다. ⓒ서울역사박물관

2 중앙시험소는 한국방송통신대학교 역사관으로 사용되고 있다. 현관 상부에 '역사관(歷史館)' 현판이 걸려 있다.

1

2

총독부의원선

3 중앙시험소는 석조 건축의
형태를 따른 목제 비늘판 외장의
르네상스양식 건물이다.

4 목재 창호와 난간, 벽면 기둥 장식은
근대적 장식미를 보여준다.

5 중앙시험소 2층 홀. 2025년 보수
수리 과정에서 드러난 천장 구조와
석고 장식. 석고 장식을 바르기 위한
천장 살대가 원형(原形) 그대로
모습을 드러냈다.

6 원형(原形)의 천장 석고와 화려한
꽃문양 부조 장식. 보수 현장은
원형(原形)의 재료와 양식을
확인할 수 있는 기회이기도 하다.

대학로의 시작　　　　　　　　　　　　　　　　　(예술가의 집)

서울특별시 종로구 동숭길 3
국가사적 제278호

　　지하철 4호선 혜화역에 내리면 대학로가 펼쳐진다. 이 일대는 1907년 공업전습소를 시작으로 1912년 중앙시험소, 1916년 경성공업전문학교와 경성의학전문학교가 차례로 들어서며 근대 교육의 중심지로 성장했다. 1924년 경성제국대학이 개교하면서 본격적인 대학 교육의 거점이 되었고, 해방 이후 경성제국대학은 서울대학교로 이름을 바꾸었다. 서울대학교는 1975년 관악캠퍼스로 이전하기 전까지 혜화동에 자리했으며, 1985년 이 일대 도로가 공식적으로 '대학로'로 명명되었다.

　서울대학교가 이전한 뒤에도 대학로에는 서울대학교병원과 옛 경성제국대학 본관이 남아 과거의 기억을 이어왔다. 법문학부와 문과대학이 있던 자리에는 마로니에공원이 조성되었고, 주변으로 소극장과 전시 공간이 들어서며 대학로는 연극과 문화예술의 거리로 변모했다. 1985년 문화거리로 지정되면서 대학로는 서울을 대표하는 예술 중심지로 자리 잡았다.

1919년 3·1운동 이후 일제는 통치 방식을 무단통치에서 문화통치로 전환했다. 조선 사회의 교육에 대한 열망은 민립 대학 설립 운동으로 이어졌고, 서양 선교사들은 보성, 이화, 연희전문학교 등 사립 전문학교를 설립했다. 이는 오늘날 고려대학교, 이화여자대학교, 연세대학교의 전신이다. 한편 일제는 일본 본토와 동일한 고등교육 체제를 식민지에도 적용한다는 명분 아래, 일본인 유학생 중심의 경성제국대학을 설립했다. 1924년에 세워진 경성제국대학은 일본 본토의 다섯 제국대학에 이은 여섯 번째 제국대학이었으며, 1928년에는 대만에 대북제국대학을 추가로 설립했다.

경성제국대학은 개교 당시 2년제 예과 과정으로 출발해, 1926년 3년제 법문학부와 4년제 의학부를 신설했다. 1938년에는 교통이 편리한 현재의 서울과학기술대학교 부지에 이공학부를 설치하며 대학 체제를 확장했다.

1931년 완공된 경성제국대학 본관은 해방 이후 서울대학교 본관으로 사용되다가, 서울대학교 이전 후에는 한국문화예술위원회 청사로 활용되었다. 2010년부터는 '예술가의 집'으로 재탄생해, 청년 예술가와 시민이 함께 사용하는 복합문화공간으로 운영되고 있다.

경성제국대학 본관은 박길룡의 설계로 알려져 있으나, 조선총독부 소속 기술자로서 수행한 공공 건축이라는 점에서 총독부 주도의 건축물로 보는 것이 타당하다. 마로니에공원을 향해 선 장방형의 건물은 철근 콘크리트 구조에 벽돌로 마감한 3층 평지붕 건물로, 외벽은 엷은 갈색 타일로 처리되었다. 1층과 상층부 사이의 수평 띠는 층위를 분명히 하며, 절제된 외관은 고전적 비례미와 재료의 질감을 드러낸다.

　중앙 현관은 전면으로 돌출되어 있고, 상층부 창과 현관부에는 반원형 아치가 반복되어 깊이감 있는 입면을 만든다. 계단을 중심으로 좌우에 완만한 경사로를 두어 차량 진입이 가능하도록 설계된 점에서 근대적 기능성이 드러난다. 불필요한 장식을 배제하고 구조와 기능이 곧 형태로 나타나는 이 건물은, 한국 근대 대학 건축의 전형이자 대학로의 역사적 상징으로 남아 있다.

총독부의원선

1 경성제국대학 본관 정면. 벽돌과
콘크리트 구조의 3층 건물로 아치형
중앙 현관과 계단식 진입부가
강조되어 있으며, 스크래치 타일
외벽과 좌우 대칭 구성이 근대
건축의 특징을 보여준다.

2 입면과 입구의 아치는 내부에서도
반복되며, 실내외가 통일된
디자인으로 입구의 상징성을
강조한다.

     78 경성제국대학 본관

3　측면에서 본 전경. 반복되는 아치창과
　아치형 출입구가 결합되어 입체적인
　형태를 이룬다.

3

한양도성이 품은 공관 　　한양도성 혜화동 전시안내센터

서울특별시 종로구 창경궁로35길 63
서울특별시 미래유산 제2014-035호

혜화로터리를 지나 창경궁로의 언덕길을 따라 올라가면 한양도성 혜화동 전시안내센터가 모습을 드러낸다. 계단을 오를수록 흰색의 2층 가옥이 서서히 시야에 들어오고, 느티나무와 향나무가 어우러진 넓은 정원이 펼쳐진다. 이 건물은 한양도성의 동쪽 성벽에 바짝 기대어 서 있어, 도성을 담장 삼아 공간을 감싸 안은 듯한 인상을 준다. 성벽이 자연스러운 경계가 되어 주는 이 배치는 도심 한가운데임에도 불구하고 든든하고 아늑한 분위기를 만들어낸다.

한양도성 혜화동 전시안내센터는 2016년 11월 문을 열었다. 이 건물은 비교적 최근까지 서울 시장 공관으로 사용되던 공간으로, 한양도성 복원 사업이 본격화되면서 철거 대상에 오르기도 했다. 그러나 건물의 입지와 역사적 맥락을 살려 전시관과 안내센터로 활용하기로 하면서, 철거 대신 보존이라는 선택이 이루어졌다. 그 결과 이곳은 한양도성의 역사와 복원 과정을 소개하는 공간으로

다시 태어났다.

　일제강점기 경성은 근대 도시로 빠르게 재편되며 인구가 급격히 증가했다. 이 과정에서 서울을 둘러싸고 있던 한양도성의 성벽은 도시 확장의 장애물로 인식되었고, 상당 부분 훼손되거나 끊어졌다. 성벽을 가로질러 도로와 전차 노선이 놓였고, 그 주변으로 주택들이 들어섰다. 도성을 지키던 네 개의 소문 가운데 하나인 혜화문은 도성 동쪽에 자리해 '동소문'이라 불렸는데, 이 일대 역시 점차 주거지로 바뀌었다. 특히 경성 시내와 가깝고, 인근에 경성제국대학이 자리하면서 교통과 이동이 편리해지자 일본인들의 토지 점유가 빠르게 늘어났다. 1928년 혜화문의 문루는 철거되어 아치형 홍예만 남았고, 1939년 도로 확장 공사 과정에서 홍예마저 철거되면서 혜화문은 완전히 사라졌다. 오늘날 우리가 보는 혜화문은 1994년에 복원된 것으로, 원래 자리에서 약간 비켜난 위치에 세워진 것이다.

　현재 전시관으로 사용되는 건물은 1941년 일본식 목조 주택으로 지어졌다. 원래 이 집의 소유주는 조선영화제작주식회사와 조선영화배급사의 대표였던 다나카 사부로田中三郎, 1899~1965였다. 그는 일제 식민지 조선에서 한국 지배를 정당화하는 국책 영화를 제작한 대표적인 인물로 알려져 있다. 1943년에는 조선인 지원병 가족의 일본에 대한 충성심을 주제로 한 영화 〈조선해협〉을 제작했고, 1944년에는 〈사랑과 맹세〉를 만들었다. 〈사랑과 맹세〉는 조선 청년들의 전쟁 참여를 독려하기 위해 일본 해군 특별공격대인 가미카제 특공대를 영웅적으로 묘사한 작품이다. 다나카 사부로는

　총독부의원선

영화 제작과 배급을 통해 전쟁 협력과 참전을 선동하며, 대동아 신질서 건설과 조선인의 황국신민화를 정당화하는 식민지 지배의 도구로 영화 산업을 적극 활용했다.

해방 이후 다나카 사부로의 주택은 적산가옥으로 분류되었다. 이후 이 집은 경남 지역의 부호이자 전직 정치인이 인수해 10여 년간 거주했으며, 1955년부터 1957년까지는 초대 해군 참모총장이 머물렀다. 다시 개인 소유를 거친 뒤, 1959년부터 약 20년 동안 대법원장 공관으로 사용되었다. 공관은 고위 공직자에게 제공되는 공식 관저로, 공적인 업무 수행과 사적인 생활이 함께 이루어지는 공간이다. 직위가 높을수록 공관의 규모와 시설 역시 더 크고 잘 갖추어지는 것이 일반적이다. 이 건물은 1981년부터 2013년까지 서울 시장 공관으로 쓰였으며, 18대 박영수부터 35대 박원순까지 총 14명의 서울 시장이 이곳에서 생활했다.

이 건물은 개인 주택으로 사용된 기간보다 행정기관 수장의 공관으로 활용된 시간이 훨씬 길다. 여러 차례 증개축을 거쳤음에도 불구하고, 일본식 목조 주택이라는 초기 형태와 공간 구성은 비교적 잘 유지되어 있다. 현재는 한양도성 혜화동 전시관과 안내센터로 운영되며 시민들에게 개방되어 있지만, 전시는 서울 시장 공관 시절의 기록이 주를 이루고 있다. 최초 건축주였던 다나카 사부로와 이 공간이 지닌 식민지 시기의 기억은 전시관에서 쉽게 찾아볼 수 없다. 도성과 함께 시간을 견뎌온 이 장소는, 무엇이 기록되고 무엇이 침묵 속에 남겨졌는지를 조용히 묻고 있다.

1 다나카 사부로 가옥의 전경. 1941년 지어진
일본식 2층 목조 주택으로, 흰 회벽과
기와지붕의 단정한 외관을 갖춘 근대
주택 형식이 드러난다. 한양도성 성벽을
담장처럼 접한 입지가 특징이다.

총독부의원선

2 정부 관료의 의전과 생활에 이용되던 관사 건물은 현재 전시관으로 운영 중이다.

정치 격동기를 담은 집　　　　　　　　　　　(장면 가옥)

서울특별시 종로구 혜화로5길 53
국가등록문화유산 제357호

명륜동 일대에는 낮은 지붕을 가진 근대 한옥들이 빌라들 사이에 드문드문 남아 있다. 지금 이곳에 들어선 빌라들은 대부분 일제강점기를 거친 근대 개량 한옥을 허물고 세워진 것들이다. 큰 도로와 맞닿은 골목 모서리에는 석축이 높게 쌓여 있고, 그 위로 한옥과 양옥이 하나의 담장 안에 공존하는 풍경이 나타난다. 지금의 자동차가 쉼 없이 오가는 전면 대로는 오래전 물이 흐르던 하천을 복개해 만든 길이다. 석축 아래 도로 옆 인도에는 '앉아 있는 장면'이라는 조형물이 설치되어 있어, 이곳이 장면의 집이었음을 알려준다.

장면 가옥은 국무총리를 지낸 장면1899~1966이 1937년부터 1966년 생을 마칠 때까지 거주한 집이다. 이 가옥은 장면의 처형인 건축가 김정희가 1937년에 지은 것으로 전해진다. 장면의 호는 운석이다. 그는 종로구 적선동 외가에서 태어나 박문학교와 수원의 고등농림학교를 졸업했고, 1920년 기독교청년회관 영어과를 수료한 뒤 미국으로 유학을 떠났다. 1925년 뉴욕 맨해튼의 가톨릭 대학교를 졸업한 그는 평양성당에 소속되어 선교와 언론 활동에 참여했고, 1931년부터 해방 때까지는 혜화동 동성상업학교에서 교직에 몸담았다.

장면은 해방 이후인 1946년 정치에 입문했다. 1949년에는 초대 주미 전권대사로 임명되어 외교 현장에서 활동했고, 이승만 정부 시절에는 국무총리와 부통령을 지냈다. 이후 윤보선 대통령 시기의 의원내각제 제2공화국에서 다시 국무총리를 맡아 국정을 이끌었다. 1961년 군사 정권 수립 이후에는 연금 생활을 했고, 반혁명 음모 사건으로 징역 10년형을 선고받았으나 이후 형 집행이 중지되었다. 장면의 삶은 한국 근대 정치사의 격랑 한가운데를 통과한 궤적이었다.

장면이 오랜 시간 거주했던 이 가옥은 한국 근대 정치사를 증언하는 중요한 공간이기도 하다. 독실한 가톨릭 신자였던 그는 세례명 요한을 따라 '장요한'으로 불리기도 했다. 그의 동생 장발 1901~2001은 1926년 명동성당의 〈14사도화〉를 그린 화가로, 서울대학교 미술대학 학장을 지냈다. 여동생은 한국전쟁 중 공산군에게 희생되었으며, 넷째 아들 장익1933~2020은 춘천교구장을 지낸 가톨릭 주교였다. 한 가문의 개인사는 곧 한국 현대사의 비극과 신념을 함께 품고 있다.

석축 위 계단을 따라 대문으로 들어서면, 키 큰 향나무 곁으로 낮은 담장이 방문객의 시야를 가로막는다. 이는 전통 여염집 마당에 설치하던 내외담으로, 외부인이 들어왔을 때 집 안 전체가 한눈에 보이지 않도록 하기 위한 장치다. 시선을 한번 걸러내는 이 담을 지나면, 햇살이 가득한 안마당이 펼쳐진다. 안마당을 중심으로 안채, 사랑채, 뒷방채, 경호원동 등 네 채의 건물이 자리하고 있으며, 경호원동은 장면을 수행하던 경호원들이 사용하던 공간이다.

장면 가옥은 근대기 상류층 주거의 다양한 기능과 위계를 비교적 온전히 간직하고 있다. 안채 동쪽에는 일본식 기와를 얹은 양옥 사랑채가 붙어 있는데, 정치인이나 기자 등 외부 인사가 방문할 경우 이 사랑채를 통해 별도로 출입하도록 동선이 구성되어 있었다. 서쪽의 경호원동은 원래 있던 지하 공간을 확장해 만든 건물이다. 장면의 성씨인 '장張' 자를 작은 돌로 정성스럽게 장식한 기단을 딛고 안채 대청으로 들어서면, 대청을 중심으로 안방, 부엌, 건넌방이 ㄴ자형으로 배치된 구조를 확인할 수 있다. 이후 화장실과 욕실이 증축되면서 평면은 ㄷ자형으로 변화했다. 욕실에는 주철 욕조가 설치되어 있으며, 각 방은 세 겹의 문으로 구분되어 개인 공간의 경계를 엄격히 유지하고 있다.

안마당과 각 건물 내부에는 장면의 생애를 보여주는 자료와 실제 사용했던 소품, 가구들이 전시되어 있다. 이를 통해 방문객은 격동의 정치사 속에서 이 집이 지녔던 일상의 풍경을 짐작하게 된다. 장면 가옥은 한 정치인의 옛집을 넘어, 한국 전통과 일본, 서양의 건축 요소가 한 공간 안에 공존하는 근대기 한국 주거 문화의 단면을 보여주는 장소다.

1 외부에서 바라본 장면 가옥. 양옥의 사랑채(좌)와 한옥의 안채(우)가 나란히 자리한다. 담장 아래에는 장면의 동상이 있다.

2 장면 가옥 안채 전경. 전통 한옥 구조에 유리문을 달아 실내와 마루를 연결한 1930년대 개량 한옥의 특징을 보여준다.

3   장면 가옥 사랑채. 완만한 경사의
     기와지붕과 회벽, 유리문이 어우러져
     전통과 근대의 어법이 교차하는 응접
     공간을 이루고 있다.

4   장면 가옥 안채의 대청마루. 안방(우),
     건너방(좌), 대청 뒤로 부엌이 이어진다.

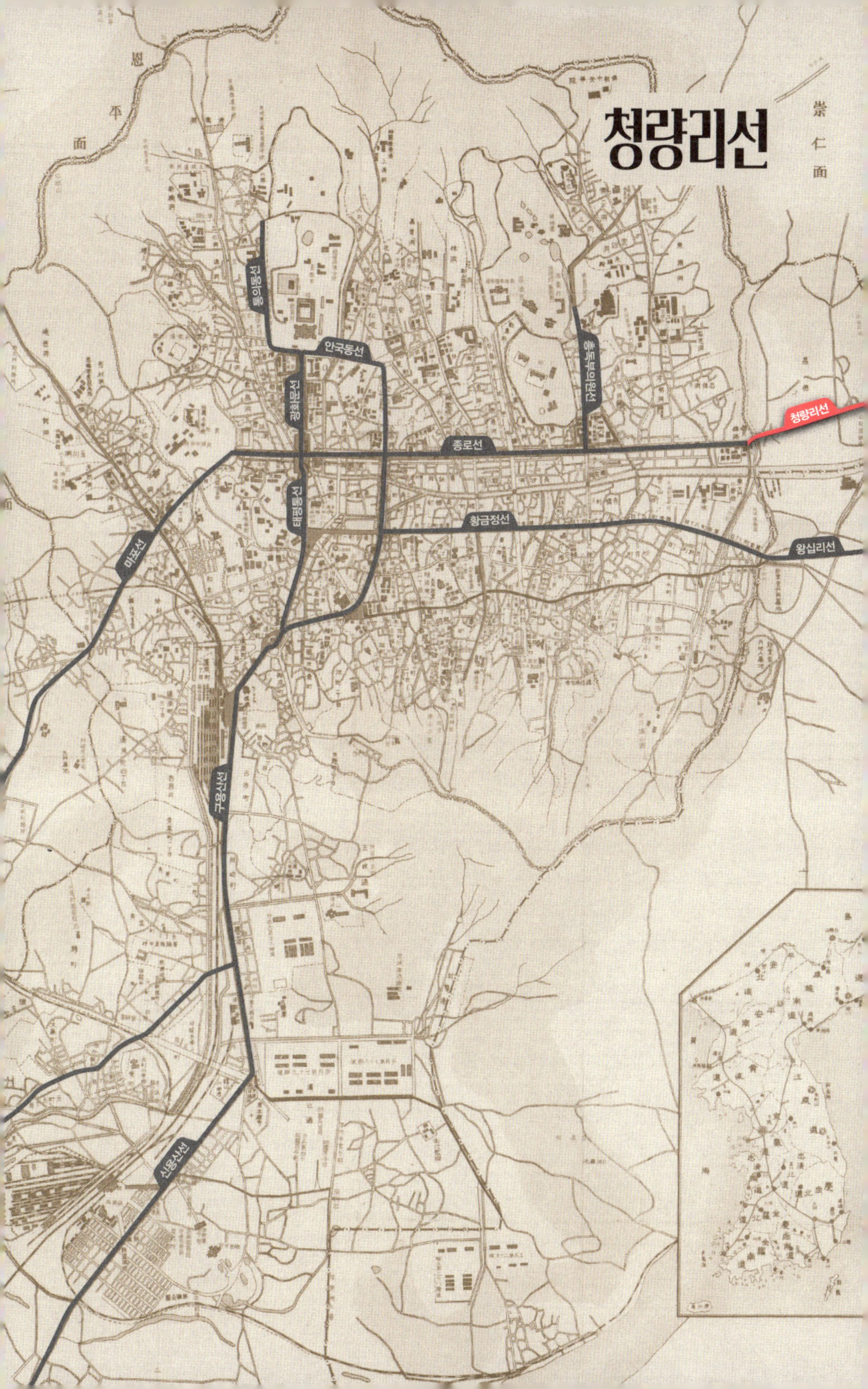

청량리선
崇仁面
恩平面
청량리선
신용비호선
안국동선
진마회선
동부무의선
종로선
황금정선
왕십리선
마포선
진용구선
태평로선
신용삼선

보성전문학교 본관

민족사학의 안암골 호랑이 （고려대학교 본관）

서울특별시 성북구 안암로 145
국가사적 제285호

성북구 안암동에 자리한 고려대학교의 역사는 1905년으로 거슬러 올라간다. 조선 말기와 대한제국 시기에 외교관이자 정치인으로 활동했던 이용익1854~1907은 종로구 수송동에 법률과 실업 교육을 가르치는 보성전문학교를 설립했다. 그러나 학교 운영이 어려워지면서, 1910년 이용익은 보성전문학교를 천도교에 맡기게 된다. 이후 학교는 안국동의 목조 건물 두 동에서 전문 교육을 이어가며 명맥을 유지했다.

보성전문학교는 여러 차례 자리를 옮겼다. 1918년에는 낙원동에 있던 서북학회회관을 교사로 사용했고, 1922년에는 송현동으로 이전했다. 하지만 재정난은 계속되었고, 결국 1932년 김성수가 학교를 인수하면서 전환점을 맞는다. 김성수는 보성전문학교를 근대적 고등교육기관으로 성장시키기 위해 대대적인 개혁을 추진했고, 그 핵심은 새로운 교사 건립이었다. 그는 성북구 안암동 일대를 매입해 학교 부지를 마련하고, 본격적인 교사 건립에 나섰다.

이때 세워진 건물이 안암동 교정의 첫 근대식 교사인 보성전문학교 본관이다. 본관은 1세대 한국인 건축가 박동진1899~1981이 설계를 맡았고, 일본인 후지타 고지로藤田幸二郎가 시공을 담당했다. 공사는 1933년 9월에 시작되어 1934년에 완공되었다. 이 건물은 이후 고려대학교 캠퍼스의 건축적 정체성을 만드는 기준점이 되었다.

보성전문학교는 해방 이후 종합대학으로 승격되며 고려대학교로 교명을 바꾸었고, 교정은 점차 확장되어 안암동 일대의 상당 부분을 차지하게 되었다. 김성수는 학교 규모를 키우는 데 그치지 않고, 근대적 대학에 걸맞은 공간과 환경을 조성하고자 했다. 이를 위해 그는 1920년대 말 구미歐美의 여러 명문 대학을 직접 시찰했다. 특히 미국 대학 캠퍼스에서 흔히 볼 수 있는 튜더식 고딕양식의 석조 건축물에 깊은 인상을 받았다. 당시 조선에서는 붉은 벽돌로 지은 고딕풍 교사들이 일반적이었기에, 화강석을 사용한 튜더식 석조 건축은 이례적인 선택이었다. 김성수는 이 건축양식을 보성전문학교 본관 설계에 적극 반영했다.

고려대학교 교정 오른편 언덕에 자리한 중앙도서관 역시 박동진의 설계로 지어진 건물이다. 본관과 마찬가지로 화강암 석조로 건립되어 묵직하고 웅장한 인상을 준다. 중앙도서관은 L자형 평면을 기본으로 하며, 중심성을 강조하기 위해 모서리에 사각형 탑을 세우고 두 개의 출입구를 배치했다. 중앙고등학교 본관, 고려대학교 본관, 중앙도서관으로 이어지는 박동진의 건축 언어는 반복적으로 나타나며, 그의 설계 철학과 미감을 분명하게 보여준다.

고려대학교 본관은 H자형 평면의 3층 석조·철근 콘크리트 건물이다. 건물 중앙에는 6층 높이의 탑이 세워져 강한 중심축을 형성하고, 좌우 대칭의 날개동이 이를 감싼다. 양 끝에 위치한 3층 높이의 날개동은 삼각형 박공면을 통해 건물의 정면성을 강조한다. 목조 트러스 구조의 지붕에는 도머창이 설치되어 있고, 외벽은 화강석을 완자 무늬로 쌓아 올려 장중하면서도 질서 있는 인상을 준다.

정면 2층에는 아치형 창문을 배치하고, 나머지 층에는 사각형 창문을 사용해 리듬감을 주었다. 후면은 층마다 크기가 다른 사각형 창을 배치해 변화를 주었으며, 중앙탑 네 모서리에는 부축벽을 두어 안정감을 더했다. 1층 출입구의 튜더식 아치는 건물의 성격을 분명히 드러낸다.

출입구의 첨두 아치 양쪽 끝에는 어금니를 드러낸 호랑이 얼굴 조각이 새겨져 있다. 호랑이는 고려대학교의 상징으로, 사람들은 이 학교를 '안암골 호랑이'라 부르기도 한다. 후면 출입구에는 무궁화 문양이 새겨져 있어, 보성전문학교가 민족 교육기관이었음을 상징적으로 보여준다. 본관 내부에는 중앙의 넓은 홀과 후면의 긴 편복도가 이어지며, 복도 양 끝에는 계단실과 수세식 화장실이 설치되어 있다. 특히 수세식 화장실은 당시로서는 매우 혁신적인 기술의 위생 설비였다.

고려대학교 본관은 한국인 건축가의 설계를 바탕으로, 근대적 구조와 설비를 수용하면서도 화강석 완자쌓기라는 재료와 기법을 통해 한국적 정서를 담아낸 근대 석조 건축물로 평가된다. 안암동 언덕 위에 세워진 이 건물에서 울려 퍼진 안암골 호랑이의 포효는, 오늘날에도 배움과 학문의 울림으로 이어지고 있다.

1   고려대학교 본관의 전경. 1934년
     보성전문학교 본관으로 준공되었으며,
     화강석을 사용한 고딕 양식의 지상 3층
     건물이다. 중앙의 탑이 강조된 입면을
     중심으로 좌우가 대칭을 이루는 H자형
     평면을 갖추었으며, 아치창과 수직
     오르내리창, 천연 슬레이트 지붕이
     특징이다.

2   고려대학교 본관의 야경. 입면 창호의
     형태와 규칙적인 창호 배열이 더욱
     또렷하게 드러난다.

3 고려대학교 본관 중앙탑부. 본체는 지상 3층이지만 중앙탑은 6층 높이로 솟아 건물의 위계를 강조한다.

4 고려대학교 본관 내부 홀.

5 1층 튜더식 아치 출입구에는 고려대학교의 상징인 호랑이상이 조각되어 있다.

염불로 이르는 극락정토

안양암

서울특별시 종로구 창신5길 61
마애관음보살좌상　서울특별시 유형문화유산 제122호

　동대문구 창신동 만수산 남쪽 끝자락의 암벽 능선에 자리한 안양암은 지하철 동묘역에서 내려 동네 골목길을 서너 번 꺾어 돌면 닿을 수 있는 도심 사찰이다. 절 입구에 들어서기 전부터 눈에 띄는 공로비와 비석들은 이곳이 단순한 절이 아님을 예측하게 한다. 바위에 홈을 파 그 자리에 비를 세운 독특한 형식 또한 인상적이다.

　여느 절에서 흔히 볼 수 있는 일주문一柱門은 없지만, 작은 대문을 열고 들어서면 경내는 완결된 절집의 구성을 갖추고 있다. 전체 부지는 하나의 언덕으로 이루어져 있으며, 거대한 화강암 암반 위에 전각들이 층층이 자리 잡았다. 대웅전을 중심으로 동쪽에는 명부전이, 서쪽에는 마애관음보살좌상을 모신 관음전이 배치되어 있고, 대문 옆에는 사무실을 겸한 요사채가 자리한다. 규모는 크지 않지만 공간 구성은 단정하며, 경내는 아늑하면서도 평온하다.

　요사채는 최근 내부를 현대식 방과 부엌으로 개조하면서 과거의 원형은 많이 사라졌지만, '만일회萬日會'라 적힌 현판이 이곳이 한때 염불당으로 사용되었음을 알려준다. 경사를 따라 위로 올라가면 금륜전과 천오백불전이 자리하고, 그 동쪽의 빈터는 한때 강당으로 사용되었던 설법전이 있던 곳이다. 설법전은 1939년에 지어진 열다섯 칸 규모의 대형 전각이었으나, 2002년 화재로 소실되어 현재는 터만 남아 있다.

안양암은 조선 후기 승려 성월대사1850~1926가 1889년에 창건한 사찰이다. 성월대사의 속명은 이창진이다. 조선은 숭유억불 정책으로 인해 한양도성 안에 사찰을 세우는 것이 엄격히 제한되었으나, 1905년에 이르러 승려들의 도성 내 출입이 허용되면서 상황이 달라졌다. 안양암은 흥인지문, 즉 동대문과 매우 가까운 창신동에 자리를 잡으며 도성과 맞닿은 불교 공간으로 자리매김했다.

고종 26년(1889), 성월대사는 칠성각을 짓고 정토신앙을 중심으로 한 무량회無量會를 조직했다. 무량회는 염불을 통해 누구나 극락정토에 이를 수 있다는 교리를 바탕으로 한, 아미타불을 주존불로 모신 신앙 공동체였다. 처음 작은 암자로 출발했을 당시 절의 이름도 '칠성각'이었다. 이후 사찰이 확장되면서 금륜전이 마련되었고, 현재 금륜전에는 아미타삼존상과 〈후불도〉, 〈신중도〉, 〈산신도〉가 봉안되어 있다.

이후 금륜전 서쪽 아래에 독성각을 세우고 〈산신도〉와 〈독성도〉를 봉안하면서 절 이름을 '안양암'으로 바꾸었다. 이 시기 금륜전에는 약사불이 모셔졌다. 1909년에는 대웅전 서쪽 화강암 바위에 관음상을 새겼는데, 이것이 현재 관음전에 자리한 마애관음보살좌상이다. 같은 해 대웅전에는 '축연'으로 알려진 고산당이 그린 〈감로도〉가 봉안되었다. 이후 염불당과 관음전이 차례로 세워졌고, 1914년에는 대웅전을 중건했다.

1915년에는 여섯 칸 규모의 명부전이 지어졌고, 1926년에는 영각이 세워졌다. 1936년에 착공해 1937년에 완공한 천오백불전, 1939년에 세운 열다섯 칸 규모의 강당, 1942년에 중건된 염불당에 이르기까지 안양암은 근대기 도심 사찰로서의 모습을 갖추게 된다.

천오백불전은 1934년 천오백불상을 조성하면서 함께 지어진 전각이다. 불단과 함께 안치된 일본식 목조 위패, 그리고 천장에 그려진 불화는 일제강점기 불교 건축과 회화의 특징을 잘 보여준다. 이곳에서 예불을 드리던 한 신도는 다음과 같이 말했다.

"천오백불전에서는 한 번 절하면 부처님 천오백 분이 받으시잖아요. 두 번만 해도 삼천배가 되는 거죠."

천오백불전에는 1936년에 제작된 것으로 추정되는 아미타삼존상도 함께 봉안되어 있으며, 법당을 가득 채운 불상과 불화, 목조 위패는 높은 조형적 완성도를 보여준다.

안양암의 주요 전각인 대웅전, 명부전, 관음전, 금륜전, 영각, 천오백불전은 모두 좌우 측면벽을 벽돌로 쌓은 화방벽防火壁 구조를 갖추고 있다. 이는 화재에 대비한 근대기 불교 건축의 특징적인 방식이다. 또한 암반 지형을 따라 흐르는 물을 관리하기 위해 전각

   청량리선

주변에는 배수로를 정교하게 설치했다. 마애관음보살좌상이 있는 관음전 아래에도 배수로가 마련되어 있으며, 그 위에 바닥을 놓은 뒤 기와 지붕에 보호각을 덧댔다.

안양암은 괘불과 불화, 불상, 전각 등 수많은 문화유산을 간직한 근대기 불교 문화의 보고라 할 만하다. 개인 소유 사찰로서 한때 1,500점이 넘는 보물급 문화재를 보유하고 있었으나, 소유주가 바뀌는 과정에서 일부 문화재가 유실되기도 했다. 그럼에도 불구하고 안양암은 도심 한가운데서 근대기 불교 신앙과 건축, 예술이 집약된 공간으로 남아 있다. 암벽 위에 자리한 이 작은 절은 오늘날에도 도심 속에서 조용한 안식처이자 살아있는 불교 박물관으로 기능하고 있다.

1 관음전의 모습(좌). 반원형의 공간 안에 불상 마애관음보살좌상을 봉안하고 보호각을 덧댔다.

2 관음전에 봉안되어 있는 마애관음보살좌상. 서울특별시 유형문화유산이다. 전체 높이는 3.5미터이며, 좌우에 연꽃이 새겨진 팔각기둥을 세웠다.

3 천오백불전의 전경. 천오백불전은 천오백개의 불상을 모신 전각이다.

4 천오백불상의 모습. 전체 높이가 17.9cm 정도인 아주 작은 불상들이 1,500구에 이른다. 안양암의 천오백불상은 우리나라에서 거의 유일한 예이며, 20세기 전반의 다불신앙(多佛信仰)을 보여준다.

　82 안양암

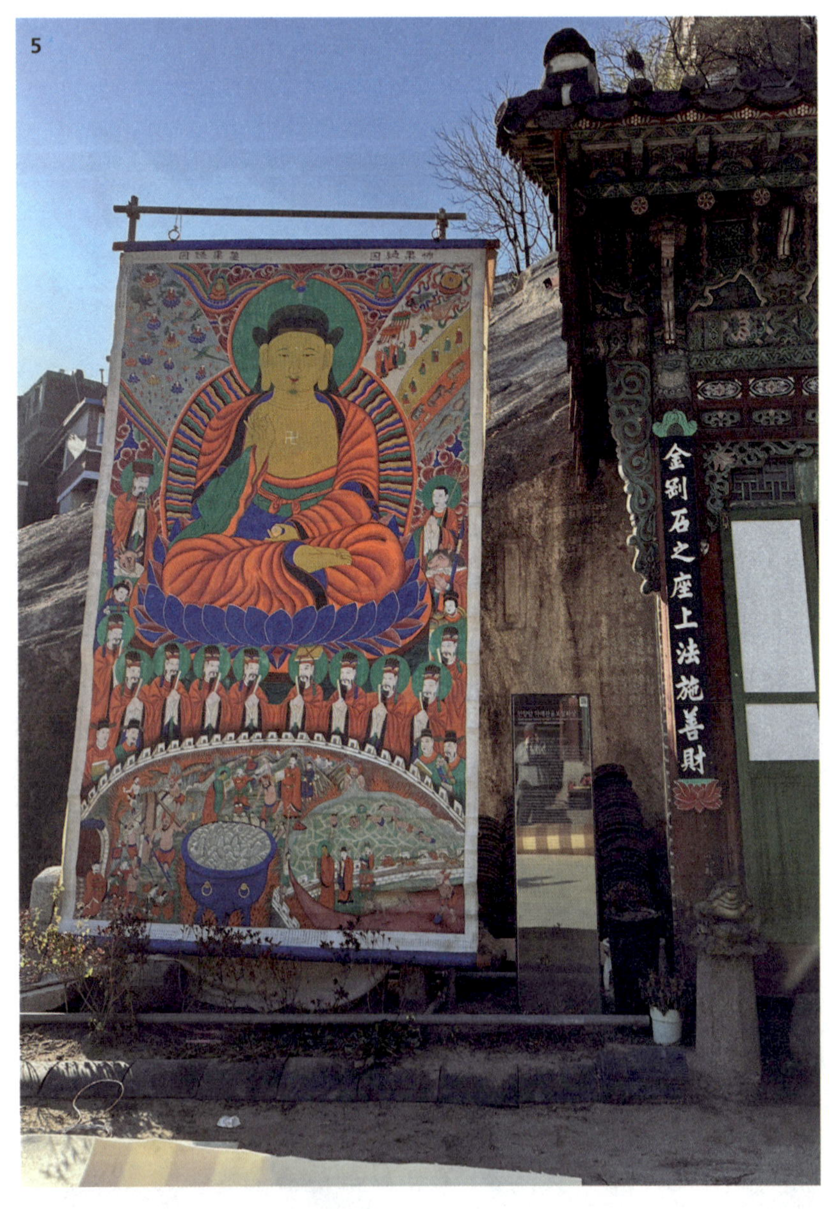

5   1930년 화승 고산당 축연이 그린
     문화재자료 제16호 〈지장시왕괘불도〉.

옛집에 깃든 아름다움 최순우 옛집

서울특별시 종로구 성북로15길 9
국가등록문화유산 제268호

한양도성 외곽을 따라 자리한 성북동의 주택들 사이에는 근대 한옥들이 숨어 있다. 지하철 한성대입구역 5번 출구를 나와 도로를 따라 오르면 완만한 경사의 골목이 이어진다. 빌라들이 늘어선 골목 사이로, 제법 높은 축대 위에 날렵한 곡선의 기와지붕 처마가 모습을 드러낸다. 이곳이 바로 '최순우 옛집'이라 불리는 1930년대 근대 개량 한옥이다.

최순우 옛집은 '시민문화유산 1호'로 지정된 공간으로, 개발의 물결 속에서도 시민들의 성금과 후원으로 지켜낸 사례다. 2002년 내셔널트러스트 운동을 통해 시민들이 힘을 모아 이 집을 매입했으며, 2004년부터는 내셔널트러스트가 전시와 문화예술 프로그램을 운영하고 있다. 내셔널트러스트는 시민의 자발적인 참여로 운영되는 환경·문화유산 보존 운동으로, 기부와 헌금을 통해 가치 있는 공간을 매입해 보호한다. 최순우 옛집은 국가등록문화유산으로도 등재되어 있다.

한국 문화유산의 아름다움과 가치를 평생 전한 혜곡 최순우1916~1984는 국립중앙박물관 제4대 관장이자 미술사학자, 교육자였다. 그가 이 집에서 집필한 대표작《무량수전 배흘림기둥에 기대서서》는 우리 문화유산의 미학을 새롭게 바라보게 한 명저로, 문화재에 무심했던 시대에 많은 사람들에게 문화재를 보는 시선과 안목을 일깨워주었다.

최순우는 1976년 이 성북동의 낡은 한옥을 매입해 생을 마친 1984년까지 10여 년 동안 머물렀다. 그는 한국적 정서와 자신의 미적 감각을 담아 이 소박한 공간을 가꾸었다. 개성에서 태어났고 송도고등보통학교 재학 시절 개성부립박물관장 고유섭1905~1944을 만나 깊은 영향을 받았다. 학문적 한계를 실무 경험으로 채워가면서 수많은 논문을 발표했고, 한국 미술사 연구의 토대를 다졌다.

'순우'는 필명으로 간송 전형필1900~1962이 1954년에 지어준 이름이며, 아호 '혜곡' 또한 간송이 지은 것이다. 본명은 최희순이다. 한국전쟁 중 북으로 이송될 뻔한 간송미술관의 문화재를 지키는 데 기여하면서 두 사람의 인연은 더욱 깊어졌다.

최순우 옛집은 1930년대 개량 한옥의 정취를 고스란히 간직하고 있다. 잘 다듬어진 일곱 개의 화강석 계단을 올라 대문을 열고 들어서면, 키 큰 향나무와 네모난 우물 옆의 낮은 소나무, 그리고 소박한 식물들이 방문객을 맞이한다. 안마당은 한 폭의 동양화를 옮겨 놓은 듯 고요하고 단정하다.

가옥은 ㄱ자형 안채와 ㄴ자형 바깥채가 네모난 마당을 중심으로 둘러선 ㅁ자형 구조이다. 안채와 바깥채의 모서리를 터 집 안

곳곳을 자연스럽게 오갈 수 있도록 하여 폐쇄성을 완화했다. 툇마루에 앉아 중정의 나무를 따라 시선을 위로 올리면 파란 하늘이 시야를 채운다. 높은 하늘과 산속의 고요가 한곳에 깃든 듯한 풍경이다. 사랑방 툇마루 위에는 "두문즉시심산杜門卽是深山"이라 쓰인 현판이 걸려 있는데, '문을 닫으면 그곳이 곧 깊은 산이 된다'는 뜻으로 혜곡이 직접 쓴 글씨다.

따뜻한 햇살이 스며드는 작은 온돌방 안에는 정갈한 목가구 몇 점이 놓여 있어 검박하면서도 섬세한 주인의 취향을 느낄 수 있다. ㄱ자형 안채에는 사랑방, 안방, 대청, 건넌방이 자리하고 있으며, 사랑방 뒤 툇마루에는 "오수당午睡堂"이라 쓰인 현판이 걸려 있다. 동쪽의 행랑채는 사무 공간으로 쓰이고, 나머지 공간은 전시와 문화행사 공간으로 활용되고 있다.

최순우 옛집은 덧붙이거나 꾸미지 않은 자연스러움 속에 주인의 미적 세계를 고스란히 품은 집이다. 그가 남긴 말처럼, '아름다움은 멀리 있지 않다'는 사실을 일깨워준다.

1 성북동 골목에서 바라본 최순우 가옥 외부
전경. 자연석을 쌓은 기단 위에 흰 회벽과
목구조가 어우러진 1930년대 도시형
한옥의 모습이다.

2 최순우 가옥 안채의 전경. 안채의 흰 벽과
목재 기둥, 처마 아래 툇마루가 안마당을
감싸는 모습을 보여주며, 검박한 생활
한옥의 분위기를 전한다.

3 　소박하고 정갈한 목가구가 놓인 방들은
전시 공간으로 활용되고 있다.

4 　튼 ㅁ자형 배치가 만든 중정에는 한국
정원의 정취가 묻어난다.

마음속 소를 찾는 집　　　　　　　　　　　　　　　（심우장）

서울특별시 성북구 성북로29길 24
국가사적 제550호

성북동 북정마을의 좁은 비탈길을 오르다 보면, 만해 한용운1879~1944이 살았던 심우장이 모습을 드러낸다. 산 능선을 따라 빼곡히 들어선 낮고 작은 집들은 전망을 확보하기 위해 자연스럽게 북향으로 자리 잡고 있다.

한용운은 자신의 집을 심우장이라 이름 지었다. ‘심우尋牛’는 깨달음을 얻기 위한 수행 과정을 ‘소를 찾는 일’에 비유한 불교의 말로, ‘소’는 본성인 ‘마음’이자 ‘선禪’을 상징한다. 따라서 ‘심우장’은 마음을 찾아 큰 도를 깨닫고자 하는 수행의 집이라는 뜻을 지니고 있다.

심우장은 독립운동가이자 승려, 시인이었던 한용운이 옥고를 치른 뒤, 1933년 쉰다섯의 나이에 생애 처음으로 마련한 집이다. 지인들의 도움으로 얻은 이 집에서 한용운은 1944년 6월 29일 생을 마감할 때까지 집필과 사색을 이어갔다. 광복을 불과 1년여 앞두고 세상을 떠나, 평생 염원하던 조국의 독립을 보지 못한 채 눈을 감았다. 그가 평생 찾아 헤맨 '소'는 곧 조국이자 민족이었다.

만해 한용운은 1879년 충남 홍성에서 태어났다. 속명은 유천으로, 어려서부터 한학에 뛰어나 신동이라 불렸다. 그는 조혼 풍습에 따라 열네 살이던 1892년 지주 집 딸과 결혼해 아들까지 두었으나, 불교에 귀의하기 위해 이혼했다. 1905년 강원도 백담사에서 수계하며 법명 '용운'과 법호 '만해'를 받은 후, 세상에 '만해 한용운'으로 알려지게 되었다.

한용운은 동학농민운동, 청일전쟁, 을미사변, 러일전쟁 등 격동의 시대를 온몸으로 겪으며 민중의 고통과 현실을 직시했다. 이러한 경험은 그를 늘 민중의 편에 서게 만들었다. 1919년 3·1운동 당시에는 불교계를 대표해 민족대표 33인에 참여했으며, 이로 인해 3년간 옥고를 치러야 했다.

수많은 지식인들이 변절하던 암울한 시기에 그는 굴하지 않고 1926년 대표 시집 《님의 침묵》을 발표했으며, 이듬해 항일단체 신간회에 가입했다. 1931년에는 재혼하면서 대처승이 되었는데, 승려의 결혼을 허용해야 한다는 신념에 따른 선택이었다. 그러나 한용운은 일제가 강요한 창씨개명에는 단호히 저항했다. 또한 혼탁했던 불교계를 비판하며 대중불교의 개혁과 자주독립 정신을 실천으로 옮겼다.

능선을 따라 나 있는 가파르고 좁은 골목길을 따라 올라가면 심우장이 보인다. 대문을 열고 들어서면 키 큰 향나무와 소박한 마당이 방문객을 맞이한다. 가옥은 정면 네 칸, 측면 두 칸의 장방형 구조로, 중앙에 대청이 있고 왼쪽에는 온돌방, 오른쪽에는 부엌과 찬

마루방이 배치되어 있다.

심우장은 한양도성 밖 산비탈에 자리하고 있다. 이 집이 남향이 아닌 북향으로 지어진 이유를 흔히들 '조선총독부가 자리한 경복궁 쪽을 등지기 위해서'라고 설명하지만, 실제로는 산비탈의 지형을 따라 자연스럽게 북쪽으로 트인 전망을 택한 결과였을 가능성이 높다.

험난한 시대 속에서도 불교 사상가이자 민족 운동가, 웅변가이자 시인으로 이름을 남긴 만해 한용운의 흔적이 남아 있는 심우장의 대청에 앉아 성북동의 낮은 지붕들을 내려다보면, 잠시나마 그가 평생 찾아 헤맨 '잃어버린 소'를 떠올리게 된다.

1 심우장 정면. 정면 네 칸, 측면 두 칸 규모의 기와집이 낮은 기단 위에 길게 놓여 있다. 소박한 목구조와 팔작지붕이 어우러진 근대 한옥의 분위기가 느껴진다.

2 심우장 방 앞 툇마루와 뒤뜰. 만해 한용운의 검박함이 느껴진다.

3   만해 한용운이 생활했던 방 내부의 모습.

4   심우장 앞마당의 소나무. 굽은 줄기와
      풍성한 가지가 한옥과 어우러져 공간을
      채운다.

    청량리선

보물을 지키는 집 （간송미술관）

서울특별시 성북구 성북로 102-11
국가등록문화유산 제768호

간송미술관은 우리나라 최초의 근대식 사립 미술관으로, 1938년 보화각葆華閣이라는 이름으로 문을 열었다. 이곳에는 간송 전형필1906~1962이 평생을 바쳐 지킨 귀중한 문화유산이 보존되어 있다. 민족 문화유산의 수호자로 불린 간송은 국외로 유출되거나 훼손될 위기에 놓인 문화재를 지키기 위해 전 재산을 아낌없이 내놓았다. 그것이 바로 그가 선택한 독립운동의 방식이었다.

1906년 서울 종로구에서 태어난 간송 전형필은 어의동공립보통학교를 거쳐 1926년 휘문고등보통학교를 졸업했다. 휘문고등학교 교사이자 한국 최초의 서양 화가였던 고희동1886~1965은 간송을 위창 오세창1864~1953에게 소개했다. 오세창과의 만남은 그의 인생을 바꾸어놓았다. 그림과 고서에 깊은 관심이 있던 간송은 오세창을 통해 우리 민족의 문화유산을 보는 안목을 키워나갔다.

오세창은 3·1운동 민족대표 33인 중 한 사람으로, 독립운동가이자 서화가였다. 그는 서화와 도자기, 골동품 감식에 탁월한 안목을 지녔고, 간송에게 문화재의 가치와 보존의 중요성을 일깨워주었다. 그의 가르침 아래 간송은 민족 문화의 수호자로 성장했고, 그 결과 간송미술관에는《훈민정음 해례본》, 신윤복의 〈미인도〉, 고려청자 등 수많은 국보와 보물이 모이게 되었다.

오세창은 흩어져 있는 문화재를 모아 체계적으로 보관하고 올바르게 감상해야 한다고 강조했다. 이에 감명을 받은 간송은 1934년 성북동 일대의 땅을 사들였고, 1938년 마침내 보화각을 완공했다. '보화각'은 '보물을 간직한 집'이라는 뜻으로, 이름과 현판 글씨는 오세창이 전서체로 직접 써 주었다. 1966년에는 간송의 호를 따 '간송미술관'으로 이름이 바뀌었다. '간송'이라는 아호 또한 오세창이 지어준 것이다.

간송미술관의 재개관 전시에서는 미공개 서화 유물과 함께 보화각의 설계도가 새롭게 공개되었다. 박길룡건축사무소가 1938년 4월 완성한 설계도에는 '서화진열실'과 '북단장 양관' 등의 표기가 남아 있다. 같은 해 음력 윤 7월 5일(양력 9월 초경), 지상 2층 규모의 보화각이 준공되었다.

보화각은 철근 콘크리트와 벽돌로 지어진 흰색 직사각형 건물로, 간결하고 절제된 모더니즘 건축의 미를 보여준다. 출입구 상부의 반원형 돌출부는 비를 막는 처마 역할을 하며, 2층의 반원형 유리창은 햇빛이 드는 발코니 공간을 형성한다. 건물 뒤편에는 2층으로 연결되는 사각형 계단실이 돌출되어 있다. 내부는 전시 기능에 충실하게 설계되었으며, 마감에는 최고급 재료가 사용되었다.

간송은 진열장 제작에도 직접 참여했다. 그는 국내외 박물관을 둘러보며 직접 스케치를 남겼고, 미츠코시백화점 경성점의 가구 장식부에 설계와 제작을 의뢰했다. 붉은빛 자단목으로 만든 진열장에는 값으로 매길 수 없는 문화재들이 놓였다.

일제강점기에 완공된 보화각은 박물관 허가를 받지 못했으며, 해방 이후에도 한국전쟁의 여파로 개관이 미뤄졌다. 여러 격동의 시기를 지나, 간송이 세상을 떠나고 9년이 지난 1971년에 이르러서야 일반에 공개되었다. 보화각은 간송미술관으로 이름을 바꾸었고, 부속 건물이 신축되면서 서쪽 끝에 승강기 홀이 더해졌지만, 건물의 외형과 내부는 원형의 모습을 유지하고 있다. 전시실의 목재 바닥도, 자단목 진열장도 여전히 옛 모습 그대로이다. 간송 전형필이 생전에 지켜낸 문화유산을 후손들이 이어받아 지키고 있는 듯 시간의 무게가 흐르는 공간이다.

1 1938년 완공 당시의 보화각. 국내 최초의 사립 미술관인 보화각은 간송미술관의 전신이다. 문화재를 수집하고 보존하며 민족의 자긍심을 지킨 간송 전형필의 뜻이 담겼다. ⓒ간송미술관

2 보화각 입구를 87년간 지키던 청나라 시대 대리석 돌사자상 한 쌍은 2026년 중국 반환을 위한 기증 협약이 체결되어, 앞으로는 볼 수 없다.

3 오세창이 쓴 '보화각' 현판 글씨. 보화각은 '보물을 담는 곳'이라는 뜻이다.

4 간송미술관에서는 보화각에서 사용하던 진열장을 지금도 사용하고 있다. 진열장 제작은 미츠코시백화점 가구장식부에서 담당했다.

글 향기 담은 집　　　　　　　　　　　　　　(수연산방)

서울특별시 성북구 성북로26길 8

성북동 초입에 들어서면 도로를 사이에 두고 서로 다른 풍경이 펼쳐진다. 한쪽은 한양도성 자락을 따라 형성된 주택지이고, 다른 한쪽은 성북구립미술관이 자리한 주택지다. 지금은 포장도로가 놓여 있지만, 예전에는 개천이 흐르고 밭과 집들이 어우러진 곳이었다. 성북동은 한국 근대문학을 대표하는 문인들과 화가들이 살던 동네이기도 하다. 맞은편 산자락에는 만해 한용운의 심우장이 있고, 인근에는 간송미술관이 자리한다. 1936년 이전까지만 해도 성북동은 서울이 아닌 경기도 고양군 숭인면 성북리였다. 지금도 그 시절의 흔적을 간직한 개량 한옥들이 난개발된 건물들 사이로 드문드문 남아 있다. 그중에서도 수연산방水硯山房이라는 현판을 단 이태준 가옥은 유난히 단정한 품격을 지닌다. '수연산방'은 벼루가 닳도록 먹을 갈아 글을 쓴다는 뜻으로, 문인의 자세를 상징하는 이름이다.

수연산방은 한국 근대 단편소설의 선구자로 평가받는 모더니스트 작가 상허 이태준1904~1970이 1933년부터 1946년까지 거주하며 수많은 작품을 써낸 곳이다. 1904년 강원도 철원에서 태어난 그는 어린 시절 부모를 여의고 어려운 형편 속에서도 학업을 이어갔다. 1925년 일본 유학 중《시대일보》에 단편 〈오몽녀〉를 발표하며 문단에 데뷔했고, 귀국 후 1929년부터《개벽사》기자로 활동했다. 결혼 후에는 기자와 강사로 생계를 이어가다 1932년 성북동에 터를 잡고 집을 지었다. 수연산방은 한양도성을 바라보는 서남향으로 앉혀졌으며, 고향 철원의 옛집에서 가져온 목재 일부를 사용해 지어졌다.

이태준은 1933년 문학친목 모임 구인회九人會를 결성하고 동인지《시문학》을 창간했다. 그러나 1946년 이태준이 월북하면서 이 집은 주인을 잃었다. 지금은 그의 외증손녀가 수연산방이라는 이름으로 전통 찻집을 운영하고 있다.

작은 일각문을 열고 들어서면, 마당에는 수목과 화초가 소담히 자리하고, 햇살이 포근히 내려앉는다. 홑처마 팔작지붕의 본채는 장대석 기단 위에 세워졌으며, 오른쪽으로는 누마루가 길게 이어진다. 정면의 두 칸 대청을 중심으로 왼편에는 뒷방과 건넌방이 각각 한 칸씩 있고, 모두 벽장이 설치되어 있다.

아凸자 난간을 두른 누마루는 버선코처럼 휘어진 지붕선이 하늘로 날아오를 듯 솟아 있고, "한향루閒香樓"라 쓰인 현판이 걸려 있다. '한향루'는 '한가롭게 향을 피운다'는 뜻으로, 글을 쓰던 선비의 여유와 품격을 상징한다. 누마루는 세 면이 모두 창호지 대신 유리창으로 되어 있어 실내에서도 정원을 바라보며 담소를 나눌 수 있는 사랑채 역할을 한다.

안방 뒤편에는 부엌과 찬마루, 화장실이 이어져 자유로운 평면 구성을 이룬다. 우물마루가 깔린 대청에는 툇마루가 놓여 있어 잠시 앉아 정원을 바라보며 쉬기에 좋다. 여염집에서는 보기 드문 화강석 기둥의 누마루는 이 집의 격조를 한층 높인다. 대청과 실내의 문 또한 유리창으로 되어 있어, 안과 밖이 시선의 걸림 없이 이어진다.

서쪽에는 별채와 작은 북카페가 마련되어 있어 방문객들이 자유롭게 공간을 즐길 수 있다. 누마루에 앉아 차를 마시며 여유를 누리다 보면, 글의 향기가 가득했던 이곳의 숨결이 느껴진다. 성북동 재개발의 바람이 수연산방 코앞까지 밀려왔지만, 이곳의 글 향기만큼은 진하게 머물러 있다.

1 이태준 가옥의 누마루이자 사랑채 공간.
문인들이 모여 교류하던 사랑방 역할을
했으며, 누마루를 받치는 화강석 기둥과
아(亞)자 난간이 특징적이다. 짧은
처마에는 함석 지붕을 덧대어 근대적
건축의 흔적을 보여준다.

2 이태준 가옥은 사랑채(우)와 안채(좌)가 한 채로 연결된 근대기 한옥의 모습을 보여준다.

3 수연산방 현판. '산속의 작은 집에서 벼루가 닳을 때까지 글을 쓴다'는 뜻을 담고 있다.

천도교 봉황각

천도교의 수도원

서울특별시 강북구 삼양로173길 107-12
서울특별시 유형문화유산 제2호

강북 우이동에 자리한 천도교 의창수도원은 일제에 빼앗긴 나라를 되찾기 위해 천도교 지도자들이 모여 독립운동을 논의하고 훈련을 진행하던 곳이다. 천도교 3대 교주인 의암 손병희 1861~1922는 1911년 당시 경기도 고양군 승인면 우이동이었던 이곳의 약 2만 7천 평의 땅을 매입해 수도원이자 수련원을 세웠다. 현재 의창수도원 안에는 천도교중앙총부와 봉황각, 그리고 여러 부속 건물이 있으며, 인접한 산기슭에는 손병희의 묘소가 자리한다.

의암성사라 불린 손병희는 해월 최시형1827~1898에 이어 천도교의 제3대 교주가 되었다. 1860년 최제우가 창도한 동학은 이후 손병희의 천도교와 친일적 성격의 시천교로 갈라졌으나, 손병희는 동학의 정신을 이어받아 '천도교'로 이름을 바꾸었다. 그는 개화문명을 직접 체험하기 위해 일본에 머무르던 중 1904년 오세창, 권동진과 함께 진보회를 조직했으며, 1905년에는 동학을 체계적인 근대 종교로 정비해 중앙총부와 전국 교구를 설치했다. 머리를 짧게 자르고 개량복을 입는 등 개화의 상징을 몸소 실천하며, 개화운동과 독립운동의 선두에 섰다. 1919년 3·1운동 당시에는 민족대표 33인 중 한 사람으로 독립선언서를 낭독했으며, 이로 인해 3년간 옥고를 치른 뒤 병보석으로 풀려난 직후인 1922년 생을 마감했다.

의창수도원에 들어서면 가장 먼저 천도교중앙총부로 사용되던 붉은 벽돌 건물이 눈에 들어오는데, 그 뒤 넓은 대지 위에 자리한 한옥이 봉황각이다. 천도교중앙총부 본관이 이전하기 전까지 봉황각은 수도원의 중심 건물로, 수백 명의 교인들이 모여 수도와 회의를 하던 공간이었다.

봉황각은 1912년에 착공해 그해 4월 2일 상량식을 올리고 6월 19일 준공되었다. '봉황각'이라는 이름은 최제우의 시문에 자주 등장하는 '봉황'에서 따왔으며, 현판은 독립운동가이자 명필가인 위창 오세창이 흰 바탕에 푸른 글씨로 직접 썼다. 손병희는 이곳 봉황각에서 3·1운동을 구상하며, 500여 명의 교인들과 함께 3년 동안 일곱 차례에 걸친 연성기도를 진행했다. 그는 또한 지방 교구의 교인들에게도 독립정신을 고취하며 민족의 자주 의식을 일깨웠다.

동남향으로 앉혀진 봉황각은 정면 다섯 칸, 측면 다섯 칸의 장방형 평면을 지닌다. 중앙의 두 칸은 대청마루로, 오른쪽에는 누마루인 강선루가, 왼쪽에는 툇마루가 달린 두 칸의 방이 배치되어 있다. 두 벌의 장대석으로 쌓은 석조 기단 위에 네모난 초석을 놓고 사각 기둥을 세웠으며, 겹처마 팔작지붕에 기와를 얹었다. 중앙 대청에는 의암 손병희의 영정이 모셔져 있다.

광복 이후 1957년, 봉황각이 있는 이곳은 '천도교 의창수도원'이라는 이름으로 다시 개원했다. 천도교에서는 주요 종교시설을 '수도원'이라 부르며, 봉황각 뒤편에는 함께 지어진 살림채가 담으로 구획되어 있다. 봉황각은 1965년 중수를 거쳤고, 1968년에는 보수를 마쳤다. 같은 해 경운동에 있던 천도교중앙총부 본관 건물이 이곳으로 옮겨왔다. 천도교중앙총부 본관은 천도교 중앙대교당과 함께 일본인 건축가 나카무라 요시헤이가 설계했으며, 1968년 9월 1일 경운동에 수운회관을 세우면서 우이동 의창수도원으로 이전되었다. 현재는 천도교의 교리와 사상을 교육하는 종학원으로 사용되며, 교단의 인재를 길러내는 공간이 되고 있다.

봉황각에 서서 올려다보면 웅장한 삼각산의 봉우리가 시야에 들어온다. 의암 손병희가 꿈꾸던 보국안민의 기상이 이곳 산세처럼 서려 있는 듯하다.

1 봉황각 전경. 장방형 평면의 목조 건물이 석조 기단 위에 놓이고 겹처마 팔작지붕에 기와를 얹었다. 오른쪽이 화강석 기둥 위에 놓인 누마루인 강선루이며, 왼쪽에는 툇마루가 달린 방 두 칸이 배치되어 있다. ⓒ서종환

2 누마루인 강선루의 모습. 장대석 기단 위에 초석과 사각 기둥을 세운 구조로, 높게 들린 마루가 특징이다.

3   경운동에 있던 천도교중앙총부 본관
건물을 봉황각 앞으로 이전, 복원해 인재를
길러내는 종학원으로 사용하고 있다.
나카무라 요시헤이가 설계했다.

4   봉황각 내부의 〈조선독립숙의도〉. 조선의
독립을 논의하는 장면을 그린 회화로,
독립운동의 정신과 시대적 분위기를
상징적으로 표현하고 있다.

5   손병희의 영정이 있는 실내. 상부에는 채광과
환기를 위해 위로 들어 올려 여닫는 들문을
설치했다.

흥천사

달콤한 이슬의 염원을 담은 그림 (흥천사)

서울특별시 성북구 흥천사길 29

높은 아파트들이 병풍처럼 둘러싼 돈암동 산자락에 흥천사가 자리하고 있다. 주차장의 가파른 축대를 따라 난 계단을 오르면 가장 먼저 종각과 대방이 눈에 들어온다. 흥천사는 조선을 건국한 태조 이성계가 처음 지은 사찰이다. 태조는 두 번째 부인이자 조선의 왕비였던 신덕왕후가 1396년 사망하자 왕후의 능을 조성하고 정릉이라 부르며, 흥천사를 세워 이를 관리하게 했다. 이러한 연유로 이 일대는 '정릉이 있던 동네'라는 뜻에서 '정동'이라 불리게 되었다. 원래 정릉은 덕수궁 인근, 지금의 영국대사관과 대한성공회 서울주교좌성당 일대에 있었다.

태종이 집권한 뒤 계모였던 신덕왕후의 능은 지금의 성북구 정릉으로 옮겨졌다. 이에 따라 능을 관리하던 흥천사도 점차 쇠락의 길을 걷게 된다. 연산군 때 화재로 흥천사가 소실되자 '신흥사'라는 절이 새로 세워졌고, 1865년에 이르러 흥선대원군이 신흥사의 이름을 다시 '흥천사'로 고쳐 부르고 대방과 요사채를 지었다. 흥천사 대방은 등록문화유산이다.

　일제강점기에는 왕실의 후원을 받던 흥천사가 경성 시민들이 즐겨 찾는 유원지로 활용되기도 했으며, 결혼식이 열리기도 했다. 천재 시인 이상도 변동림과의 결혼식을 이곳에서 올렸다. 흥천사의 대방과 요사채는 조선 후기 불교 건축의 품격을 보여주는 귀중한 문화재로, 뛰어난 불교 회화 작품도 다수 보유하고 있다. 특히 흥천사 〈감로도〉는 일제강점기의 사회상을 반영한 희귀하고 특별한 작품으로 평가된다.

　〈감로도〉는 감로탱, 감로왕도, 시아귀도 등으로도 불리며, 한국 불교에서만 볼 수 있는 독특한 형식의 불화이다. 사찰의 그림은 주로 화가이자 장인이었던 승려가 담당했는데, 흥천사 〈감로도〉는 1939년 승려 보응 문성1867~1954과 남산당 병문이 그린 작품이다. 이 그림은 근대기에 유입된 서양 화법을 활용해 당시의 사회상을 사실적으로 담아냈다.

　〈감로도〉는 상단, 중단, 하단의 세 단으로 구성되어 있다. 상단에는 중생을 극락으로 인도하는 여러 보살이 그려져 있고, 중단에는 극락으로 가기 위해 아귀에게 성찬, 즉 감로를 베푸는 의식 장면과 승려, 신도들의 제례 준비 모습이 묘사되어 있다. 하단에는 〈감로도〉의 개성과 시대적 특징이 가장 두드러지게 드러나며, 구제를 받아야 할 이들이 현세에서 겪는 다양한 시련과 지옥의 풍경이 펼쳐진다. 사람들은 뱀에 물리고 호랑이에게 쫓기며, 아귀에게 붙잡히거나 절벽에서 떨어지는 등 고통스러운 모습으로 표현된다.

　〈감로도〉에는 당대의 시대상도 생생하게 반영되어 있다. 1937년에 시작된 중일전쟁이 1939년에도 계속되던 시기였기에, 탱크가 달리고 보병이 행군하며 바다 위에서는 폭탄이 터지고 불길이 치솟는 전투 장면이 등장한다. 하늘에는 폭격기가 날고, 전쟁의 한가운데에서도 시민들은 스케이트를 타고 전화를 걸며 우편국을 이용하고 재판을 받는 등 일상을 이어간다. 경성 시내에는 전차와 버스가 오가고, 남산의 조선신궁과 통감부, 서커스, 해안 도로, 자동차, 전신주, 도로 공사 현장 등 근대적 풍경이 함께 그려져 있다.

그 밖에도 한복을 입은 사람들이 대장간에서 일하거나 양잠을 하고, 논에 모를 심고 물고기를 잡는 장면, 재판을 받는 모습도 담겨 있다. 농악과 가마 행렬 같은 전통 문화와 신식 문명이 공존하는 경성의 풍경이 한 화면 안에 생생하게 펼쳐진다.

흥천사 〈감로도〉는 31개의 화면에 다양한 장면을 모자이크처럼 배열해, 마치 사진을 인화한 듯한 시각적 효과를 준다. 불교 법당이라는 신성한 공간 안에 당대의 일상적 사회 모습을 담아낸 것은 불교가 대중과 함께하려 한 혁신적이고 적극적인 시도였다. 일부 장면에서 일본군과 일본적 요소가 지워지기도 했으나, 흥천사 〈감로도〉는 일제강점기 조선 사회와 경성의 시대상을 기록한 소중한 문화유산으로 남아 있다.

1 흥천사 대방의 전경. 흥천사 대방은 염불
수행 공간에 누, 승방, 부엌 등을 결합한
근대기 복합 법당이다.

2 흥천사 극락보전. 내부에는 1939년 승려
문성과 병문이 그린 〈감로도〉가 봉안되어
있으며, 일제강점기 사회상을 담은 근대기
불화로 평가된다.

3　홍천사 〈감로도〉. 〈감로도〉는 망자의 천도
의식에 쓰이는 불화이지만, 홍천사의
〈감로도〉는 일제강점기의 시대상을 생생히
담은 풍속화로도 읽힌다.

4 흥천사 〈감로도〉에는 스케이트 타는
사람들, 전신주 고치는 사람, 재판 장면,
모내기하는 사람들, 전화 통화하는 사람
등 일제강점기를 살아갔던 사람들의
일상적인 모습이 구체적으로 드러나 있고
아래쪽에는 하늘을 나는 폭격기와 전쟁의
참상이 그려져 있다.

88 흥천사

망우리공동묘지

산 자와 죽은 자가 근심을 잊는 곳　　　　　　(망우리역사문화공원)

서울특별시 중랑구 망우동 망우로91길 일대

공동묘지로 널리 알려진 망우리는 서울 동북쪽, 중랑구 망우동과 경기도 구리시 교문동 사이에 자리하고 있다. 조선 시대 태조 이성계가 동구릉의 건원릉 터를 자신의 묘자리로 정하고 돌아오는 길에 이곳에서 잠시 쉬며 오랜 근심을 잊었다 하여, '망우리忘憂里'라는 이름이 붙었다는 이야기가 전해진다.

오랜 세월 동안 이어져 온 우리나라의 전통 장례문화에서는 가족이 세상을 떠나면 마을 공동체가 함께 슬퍼하며 상여를 메고 장례를 치렀다. 이후에는 마을 뒤편 산자락, 흔히 북망산이라 불리던 곳에 무덤을 마련했다. 특히 농경 사회에서 무덤에 묻힌 이는 마을 사람 모두가 아는 존재였기에, 죽음은 두려움의 대상이라기보다 애도의 대상이었고, 일상의 일부이자 이웃과 가족 의례의 연장이었다.

다만 이러한 관행은 주로 지방이나 도성 밖 마을에서 유지되었고, 한양도성 주변에는 별도의 규제가 적용되었다. 조선 시대에는

'성저십리城底十里'라 하여 도성 안은 물론 도성 밖 십리 이내에도 무덤을 둘 수 없었다. 권세가들은 성 밖 가까이에 선산을 마련할 수 있었지만, 일반 백성들은 시신이 나가는 문인 광희문 밖의 구릉지대에 묻혔다. 이는 수도 한양의 위생과 질서, 왕도의 상징성을 유지하기 위한 조치였다.

그러나 일제강점기에 접어들면서 경성은 물자와 인구가 집중되고 도시화가 급속히 진행되었다. 인구가 폭발적으로 늘어나자 산 자가 생활할 주택이 부족해진 것처럼, 죽은 자가 묻힐 묘지도 포화 상태에 이르렀다. 산 자의 주택지를 확보하기 위해 공동묘지는 개발 대상으로 전락했고, 위생을 명목으로 강력한 규제가 도입되면서 산 자와 죽은 자의 공간은 철저히 분리되기 시작했다. 이태원 공동묘지의 고급 주택지 개발을 시작으로 묘들은 여러 공동묘지로 나뉘어 이장되었고, 경성의 묘지는 점차 도시 외곽으로 밀려났다. 마을이 함께 치르던 공동체의 장례는 직업 장의사가 맡는 개인의 일이 되었으며, 공동묘지는 모르는 사람들이 묻힌 공포와 괴담의 공간으로 인식되기 시작했다.

1912년 조선총독부는 묘지 규칙을 제정해 지정된 구역을 제외하고는 무덤을 만들 수 없게 했으며, 화장을 합법화했다. 유교 사회였던 조선에서 화장은 금기였기에, 이는 장례문화의 커다란 전환을 의미했다. 1920년대 전후로 서울의 동·서·남·북 네 곳에 부립공동묘지가 설치되었는데 신당리, 아현리, 이태원, 수철리가 그곳이다. 그러나 이들 묘지 역시 곧 포화 상태에 이르렀고, 1933년 일제는 새로운 묘지로 망우리공동묘지를 개장했다. 망우리 일대

임야 75만 평을 매입해 그중 52만 평을 묘지로 조성한 것이다.

해방 이후에도 공동묘지로 사용된 망우리는 1973년 무덤 수가 4만 7,700여 기에 이르며 포화 상태가 되자 매장이 금지되었고, 공동묘지로서의 기능을 마쳤다. 이후 이곳은 망우역사문화공원으로 조성되었다.

현재 공원으로 바뀐 이곳에는 조선 순조의 장녀 명온공주와 부마 김현근의 묘가 남아 있다. 이는 고려대학교 앞에 있던 묘를 1936년 이장한 것이다. 또한 이태원에 묻혔다가 무연고자로 합사된 유관순 열사의 합동묘를 비롯해 오세창, 한용운, 방정환, 지석영, 이중섭 등 근현대사를 대표하는 인물들의 묘도 함께 자리하고 있다. 1938년에는 서강대 뒤편 노고산공동묘지의 무연고 묘를 이곳으로 옮기며 '노고산천골취장비老姑山遷骨聚葬碑'가 세워졌다.

망우리에는 일본인 아사카와 다쿠미淺川巧, 1891~1931의 묘도 있다. 그는 평생 기독교적 사랑을 실천하며 한국의 민예民藝를 연구했고, 1924년 경복궁에 조선미술관을 설립해 조선의 미를 보존하고자 했다. '한국의 흙이 되어 묻히길 원했다'는 그의 뜻에 따라 그는 이곳에 잠들었다.

망우리공동묘지가 망우역사문화공원으로 바뀐 지금, 우리는 '한시름을 잊은 땅'이라는 이름의 의미처럼 이곳에서 시름을 내려놓는다. 그리고 수많은 묘와 비석을 따라 걸으며, 한국 근현대사의 굴곡과 그 속을 살아간 사람들의 삶과 죽음을 마주하게 된다.

1 1973년 망우리공동묘지의 모습.
망우리공동묘지는 1933년 5월에
개장해 1973년 5월까지 이용되었다.
ⓒ망우역사문화공원

2 망우리공동묘지에서 바라본 구리시.
망우리공동묘지가 있는 망우산은
구리시와 서울시의 경계에 위치하고 있다.

3 조선의 민예를 사랑한 일본인 아사카와 다쿠미의 한국식 봉분묘가 이곳에 있다.

5 화가 이중섭의 묘.

4 애국지사 유관순의 무연고 합장묘. 이태원 공동묘지에서 이곳으로 합동 이장되었다.

증기기관차의 기억 〔청량리역 부속창고〕

서울특별시 동대문구 왕산로 214 외 1필지
국가등록문화유산 제269호

증기기관차가 달리던 시절에 지어진 청량리역 검수차고는 당시로서는 보기 드문 형태의 철도 차량 정비 시설이다. 한반도에서 중국과 만주로 이어지던 철도는 근대 문명의 이동과 교류를 이끈 중요한 교통 수단이었으며, 일제강점기에는 대륙으로 진출하려는 제국의 욕망과 전쟁 준비가 더해지면서 대규모 철도 시설이 건설되었다.

청량리역의 역사歷史는 1899년으로 거슬러 올라간다. 고종이 명성황후의 능인 홍릉으로 가는 길을 편리하게 하기 위해 전차를 부설한 것이 그 시작이었다. 1911년 경원선이 개통되면서 청량리역은 경원선의 중간역이 되었고, 전농동 일대에는 철도 관사가 들어서기 시작했다. 1936년 10월에는 현재의 중앙선에 해당하는 경경선 공사에 필요한 철도 자재를 보관하고, 철도 종사자들이 거주할 수 있는 400여 호 규모의 관사 건설이 추진되었다. 경원선과 경경선이 만나는 교차 지점이 된 청량리역은 사람과 물자가 넘쳐나는 동부 경성의 철도 교통 중심지로 자리 잡았다.

해방 이후 청량리 일대의 철도 관사들은 다른 지역과 마찬가지로 적산으로 분류되어 국가가 관리하다가 민간과 개인에게 매각되었다. 현재는 도시 개발로 복합 상가와 고층 건물이 들어서면서 과거 철도 관사의 흔적을 찾아보기 어렵지만, 증기기관차 시대의 산업 유산인 청량리 검수차고는 여전히 남아 있다.

철도역의 검수차고는 일반적으로 두 개 이상의 철도 노선이 교차하거나 운송량이 많은 주요 역에 설치되었다. 증기기관차는 검수나 수송 준비를 위해 검수차고에 들어왔으며, 이곳에는 보일러실, 급수탑, 석탄 저장고, 전차대(기차 방향전환대) 등이 함께 갖춰져 있었다. 검수차고는 '선형기관고扇形機關庫'라고도 불리는데, '선扇'은 부채살을 뜻하는 한자로, 평면 형태가 부채를 펼친 모습과 닮아 붙은 이름이다. 부채살이 모이는 중심에는 기관차를 회전시키는 원형 턴테이블이 있고, 그 둘레를 따라 칸들이 배치되어 각 칸마다 기관차가 들어와 검수를 받을 수 있는 효율적인 구조였다.

1938년에 지어진 청량리역 검수차고는 스물일곱 칸 규모의 선형기관고로, 전차대와 기관차의 수리와 보관을 담당했다. 현재는 스물네 칸이 철거되고 세 칸만 남아 있다. 남아 있는 세 칸만으로는 반원형 부채살 구조를 떠올리기 어렵고, 기관차의 방향을 돌리던 중앙의 턴테이블 역시 사라진 상태다.

현재 창고로 사용되고 있는 검수차고는 철근 콘크리트 구조에 붉은 벽돌을 쌓아 만든 건물이다. 기둥은 높이 5미터, 간격 4.6미터로 세워졌으며, 한 칸의 깊이는 28미터에 이른다. 건물 높이는 전면 8.2미터, 후면 6.6미터로 뒤로 갈수록 낮아지는 구조다. 전면 상부에는 두 단의 유리창을 설치해 자연광이 내부로 들어오도록 했고, 완만한 경사의 지붕 위에는 배연을 위한 콘크리트 배기통이 놓여 있다.

청량리 민자 역사 건설과 도시 재개발 사업으로 옛 선로와 철도 시설 대부분은 철거되어 본래의 기능을 잃었다. 그러나 한국 철도의 발달사와 근대 건축사에서 중요한 의미를 지닌 청량리역 검수차고는 증기기관차 시대의 수송과 정비를 담당했던 산업 유산으로서, 현재 국가등록문화유산으로 지정되어 그 명맥을 이어가고 있다.

1 부채살을 펼친 모습의 청량리역 검수차고.
1938년 건축되어 기관차 수리와 보관
용도로 사용되었다. ⓒ국가유산청

2 검수차고는 총 스물일곱 칸이었으나
2026년 기준으로 세 칸만 남아 있다.
기관차가 들어오는 반대쪽 벽면은 전면
유리창으로 자연광 유입을 극대화했다.

<table>
<tr><td>3</td><td>검수차고 내부 천장에는 둥근 통기구가 칸마다 설치되어 있다.</td><td>4</td><td>기차의 방향을 전환하는 턴테이블이 있었던 터. 지금은 철거되고 공터만 남아 있다.</td></tr>
</table>

경춘선 화랑대역

숲이 된 철도　　　　　　　　　　　　(화랑대 철도공원)

서울특별시 노원구 화랑로 606
국가등록문화유산 제300호

경춘선은 서울의 '경京'과 춘천의 '춘春'에서 유래했다. 1937년 7월 서울 성동역에서 출발해 강원도 춘천역까지 이어지는 동서 방향의 철도 노선으로 착공되어, 1939년 경춘철도주식회사가 사설 철도로 개통했다. 경춘선은 1926년 춘천 지역 상인들이 조직한 경춘철도기성회에서 추진한 사업으로, 우리 민족의 산업 발전과 교통 편의를 도모하기 위한 철도로 계획되었다.

경춘선의 화랑대역은 '태릉역'이라는 이름으로 문을 열었다. 태릉역은 조선의 문정왕후 능인 태릉이 인근에 위치한 데서 비롯된 이름이다. 1940년대 들어 불암산 자락에 경성제국대학 이공학부가 자리하면서, 태릉역은 학생들의 통학로 역할도 담당했다. 해방 이후 태릉역은 국유화되었으며, 1958년 근처에 있는 육군사관학교의 별칭 '화랑대花郎臺'에서 이름을 따서 '화랑대역'으로 바뀌었다. 2010년 12월 마지막 무궁화호 운행을 끝으로 화랑대역은 약 70년간의 운행을 마무리했다.

무궁화호 운행이 종료된 후, 경춘선의 자리는 2018년 '경춘선 숲길'이라는 이름의 도시공원으로 다시 태어났다. 이 프로젝트는 1세대 조경가 정영선의 설계로, 경춘철교에서 담터마을까지 약 6.5킬로미터 구간을 세 구역으로 나누고, 각 구간에 고유한 주제를 부여하여 조성되었다.

첫 번째 구간의 주제는 '마을의 뜰'로, 좁은 골목과 단독주택 주변 약 12미터 폭의 공간을 작은 근린공원으로 꾸몄다. 두 번째 구간은 공동주택 지역을 중심으로 '공동체 정원'을 주제로 조성되었으며, 주민이 직접 참여해 함께 가꾸는 커뮤니티 정원으로 설계되었다. 중랑천 철교와 인근 산책로, 자전거길이 연결되었고, 주민들이 텃밭을 일구며 참여할 수 있는 다양한 프로그램이 운영된다. 마지막 구간은 화랑대역이 있는 서울 동북부 지역으로, '철도역 공원'을 주제로 조성되었다. 남쪽에는 육군사관학교 담장이 이어지고, 도로와 평행하게 달리던 옛 철로가 춘천으로 향했다.

화랑대역은 현재 역사관으로 활용되고 있다. 외부 철로 위에는 1899년 대한제국 시절 운행된 최초의 전차부터 협궤 열차, 미카형 증기기관차 등 다양한 열차가 전시되어 관람객을 맞이하고 있다. 선로 주변에는 숲과 카페, 야외 공연 공간이 조성되어 주민 행사가 열리는 지역 문화의 중심지로 자리 잡았다.

화랑대역은 1939년 준공되어 보통역으로 영업을 시작했으며, 현재 국가등록문화유산으로 지정되어 있다. 간이역 규모의 화랑대역은 1946년 5월 국유화 이후 지붕 공사 때 올린 상량문이 천장에 남아 있다. 이 상량문은 1939년 준공 당시의 것이 아니라,

1946년 지붕 보수 공사 후 새로 설치된 것으로 추정된다. 상량문에는 "용이 날고 기둥을 세워 대들보를 올리니 봉황이 춤춘다龍飛柱立擧大梁鳳舞"라는 문구와 함께, 상량일인 단기 4282년 8월 13일(서기 1949년)이 기록되어 있다.

화랑대역 건물은 지은 1층 목조 건물로, 한쪽으로 길게 이어지는 이어내림 지붕이 특징이며, 전면 출입구에는 두 개의 기둥이 받치는 포치가 있다. 철로 쪽 출입구에는 지붕 차양이 설치되어 있고, 내부는 대합실, 사무실, 숙직실 세 구역으로 나뉜다. 숙직실에는 온돌이 설치되어 있어, 근대 한옥 요소와 서양식 건축이 결합된 형태를 보여준다.

경춘선 숲길은 옛 철길과 철교의 원형을 보존한 선형의 공원으로, 길게 이어지는 철로를 따라 경춘선의 오랜 역사를 지역 주민과 방문객이 함께 공유할 수 있는 명소로 자리 잡았다.

1   철로 쪽에서 바라본 화랑대역. 1939년 7월 태릉역으로 영업을 시작했으며, 1958년 화랑대역으로 이름이 바뀌었다.

2   화랑대역 상량문. 단기 4282년 8월 13일 상량되었다는 내용이 적혀 있다. 단기 4282년은 1949년에 해당하며, 준공 당시가 아니라 해방 후 지붕 공사 과정에서 올린 상량문으로 추정된다.

3 화랑대역 일대에는 시민들이 즐겨 찾는
도시공원이 조성되었다.

경성광산전문학교 본관

전쟁 수행을 위한 광산 전문 인력 양성소 (서울과학기술대학교 대륙관)

서울특별시 노원구 공릉로 232
국가등록문화유산 제369호

일본은 1931년 9월 18일 만주를 침략한 이후, 1937년 중일전쟁을 거치며 식민지 지배를 강화하고 군수공업과 고급 기술 인력 양성의 필요성을 절감했다. 서울 강북의 공릉동 일대는 경기도 양주군 공덕리에 속했으며, 서울 외곽에 위치하면서 경원선과 경춘선이 만나는 교통의 요지였다. 이 지역은 평안남도 흥남과도 연결되는 경춘선 덕분에 대륙으로의 이동도 용이했다.

1941년 태평양전쟁이 발발하자, 일제는 조선을 전쟁 물자 조달과 보급의 거점으로 삼았다. 조선의 산하山河는 전쟁 수행을 위한 광산 개발로 크게 훼손되었으며, 특히 강원도의 석탄 채굴은 일제가 눈독을 들인 일이었다. 1942년에는 광산학과 교사를 공릉동에 신축했다. 이는 광산 개발이 국가적 전략 산업으로 간주되었고, 전문 기술 인력의 양성이 절실했기 때문이다.

조선총독부가 설립·운영한 경성광산전문학교는 관립 전문학교로 '경성광전京城鑛專'이라 불렀다. 이 학교에는 광산기계과, 채광과, 야금과의 세 개 학과가 있었으며, 3년 과정이었다. 전시 체제하에서 숙련공에 대한 수요가 급증하면서 졸업생 다수가 국영 광산의 간부로 진출했다. 해방 이후 경성광산전문학교는 서울대학교 공과대학에 흡수되었고, 건물은 1980년까지 공과대학 5호관으로 사용되었다. 이어서 서울과학기술대학교의 전신인 서울산업대학교가 사용했으며, 현재는 서울과학기술대학교 공과대학 토목공학과가 입주해 있다. 현재 건물명은 대륙관이다.

광산학과 본관의 설계는 조선총독부 회계과 영선계가 담당했으나, 시공자는 정확히 알려져 있지 않다. 대륙관은 경성광산전문학교 광산학과 본관 건물로, 지금은 실험실과 교수 연구실로 사용되고 있다. 본관은 철근 콘크리트 구조에 조적조와 목조 트러스 구조를 결합한 2층 건물로, 중앙에는 5층 높이의 탑이 있었다. 탑 상부의 시계는 철거되었고 대륙관과 날개동인 무도장武道場, 강당 등 세 동만 남아 있다. 기록 사진을 통해 본관 뒤편으로 여러 실험실과 공장이 있었던 것을 볼 수 있다.

경성광산전문학교 본관의 남측에는 교실이 배치되고 북측에는 편복도가 설치되었다. 복도는 좌우 날개동과 연결되어, 중앙 출입구를 통과하면 홀과 계단실로 이어진다. 평면 배치는 ㅡ자형 본관을 중심으로 양쪽 끝에 H자형 부속동이 회랑으로 연결된 구조이다. 본관 좌우의 단층 부속동은 각각 무도장과 강당으로 사용되었다. 장방형 창문은 수평 띠창 형식으로 상하부를 구분해 구성되어 있다.

돌출된 포치 현관을 갖춘 본관은 2층 조적조 건물이며, 외벽 상

부는 갈색, 기단부는 짙은 색 모자이크 타일로 마감되어 있다. 박
공지붕으로 통일된 본관, 무도장, 강당은 처마선과 벽면이 만나는
모서리에 수평 띠를 두 겹씩 두어 간결하고 절제된 장식미를 보여
준다. 현재 내부는 실험실과 연구실로 사용되고 있는데, 중앙 본관
에는 1, 2층의 대형 강당과 목조 트러스 구조가 남아 있다.

현재 본관 앞 원형 정원은 중앙 현관을 중심으로 대칭적으로 조
성되어 있으며 향나무가 식재되어 있다. 본관의 중앙탑은 건물의
전면성과 위엄을 강조하는 상징적 요소로 기능한다. 경성광산전
문학교 본관은 기능성과 상징성을 함께 갖춘, 근대기 고등교육 건
축의 이행기적 특징을 보여주는 건축물이다.

1 1939년에 촬영된 경성광산전문학교와 경성제국대학 이공학부 전경. 앞쪽에 탑부가 솟아 있는 장방형 건물이 경성광산전문학교 본관이다. 본관을 중심으로 강당(좌)과 무도장(우)이 배치되어 H자 형태를 이룬다. 북쪽 끝에 장방형의 경성제국대학 이공학부 건물 두 동이 위치해 있다. ⓒ위키미디어커먼스

2 대륙관의 전경. 경성광산전문학교 본관으로 사용되다가 1946년 서울대학교 공과대학 건물로 사용되었다. 지금은 서울과학기술대학교 대륙관으로 쓰이고 있다.

3 대륙관 개축 공사 중 드러난 목재 트러스
천장 구조.

4 최근 개축을 마친 2층 강당 공간. 원래
건축이 지니고 있던 시간의 흔적은 거의
제거된 상태다.

5	경성광산전문학교(현 대륙관) 본관
동쪽에 회랑으로 연결된 부속 건물인 강당.
북쪽에 주출입구, 동쪽에 부출입구를 두고
있다. 외벽은 타일로 마감하고 지붕 끝을
조형적으로 강조하였다.

경성제국대학
이공학부

모더니즘 건축의 근대 공업학교　（서울과학기술대학교 다산관·창학관）

서울특별시 노원구 공릉로 232
다산관·창학관　국가등록문화유산 제12호

경성제국대학은 종로구 연건동과 동숭동 일대, 즉 현재의 대학로 지역에 법학부, 의학부, 본관 건물을 두고 있었으며 경성제대 또는 성대라 불렸다. 1937년 중일전쟁 이후 일제는 식민지 지배 강화를 위해 군수 공업화를 추진하면서, 이를 뒷받침할 고급 기술 인력의 양성이 시급하다고 판단했다. 그래서 1938년 이공학부가 신설되었으며, 이공학부 교사는 서울 도심이 아니라 외곽 지역인 강북 공릉동에 세워졌다.

이공학부를 공릉동에 둔 이유는 군사적으로 안전한 위치였기 때문이다. 또한 경원선과 경춘선이 만나는 교통 요지로, 철도를 통해 한반도의 최대 공업 생산지였던 평안남도 흥남까지의 접근이 용이했다. 이곳은 대륙으로의 이동도 수월해 전략적 입지로 평가되었다.

경성제국대학 이공학부 설립을 주도하고 본격적인 대학 교육을 실현한 핵심적인 인물은 화공학자 야마가 신지山家信次, 1887~1954다.

그는 일본 해군 중장 출신으로 동경제국대학 교수에 이어, 경성제국대학 이공학부장과 마지막 총장을 역임했다. 화학을 포함한 이공학 교육은 일제의 전쟁 수행에 필수적인 분야였기에 일제는 식민지 조선에 지속적으로 교육기관을 세워나갔다.

경성제국대학 이공학부의 주요 건물은 현재 서울과학기술대학교의 다산관과 창학관이다. 두 건물 모두 조선총독부 영선과가 설계했다. 본관이었던 다산관은 1942년 완공된 이공학부 제1호관으로, 철근 콘크리트 구조의 지하 1층, 지상 3층 건물이다. 정면 중앙에는 7층 높이의 시계탑이 세워져 있으며, 돌출된 현관부와 세로로 긴 띠창이 중앙부의 상징성을 강조한다. 시계탑은 건물 뒤편 계단실 상부에 세워진 탑형 구조로, 불필요한 장식을 배제한 수직형 매스가 중심성과 기념성을 부여한다. 다산관은 해방 이후 서울대학교 공과대학이 사용하다가 1979년 서울대학교가 관악캠퍼스로 이전하면서 지금은 서울과학기술대학교 생산정보공학관으로 사용하고 있다.

창학관(옛 전기전자관)은 다산관과 쌍둥이처럼 닮은 건물로, 내부 구조도 거의 동일하다. 다산관과 달리 중앙탑이 없고, 정면에는 3층 높이의 장방형 기둥 네 개가 서 있는 입구가 특징이다. 출입구를 지나면 넓은 로비가 펼쳐지고, 로비 좌우로 교실이 배치되어 있다. 건물 뒤편 출입구는 중정中庭으로 연결되며, 전체 평면은 중정을 중심으로 한 ㅁ자 구조이다. 중정은 건물에 둘러싸여 건물 외부에서는 그 모습을 확인하기 어렵다.

경성제국대학 이공학부 건물은 1940년대 조선의 고등교육시설 건축물 가운데 대표적인 사례로 평가된다. 공개된 설계도면과 교사 신축 기록에 따르면, 다산관은 ㅁ자형 평면 구성과 대칭적 배치, 회랑형 복도로 연결된 좌우 날개동 구조를 갖추고 있다. 입면에서는 중앙부를 높게 돌출시키고 세로로 긴 띠창이 규칙적으로 배열되어 수직성이 뚜렷하다. 외장은 황갈색 스크래치 타일과 단정한 창 배치로 통일감을 주며, 중앙탑은 권위와 중심성을 상징한다.

이러한 특징은 1930~40년대 일본 관학 건축에서 나타난 전형적 특성과 맞닿아 있다. 즉, 수직적 구성과 대칭적 평면, 절제된 장식, 기념비적 탑 구조는 식민지 시대 관립학교 건축에서 흔히 사용된 상징 체계였다. 동시에 철근 콘크리트 구조, 합리적 공간 배치, 기능 중심의 평면 설계 등은 근대 건축의 기술적 전환기를 반영한다. 따라서 다산관과 창학관은 제국주의적 상징과 근대적 합리성이 공존한 식민지 시대 고등교육시설 건축의 중요한 사례로, 오늘날 한국 근대 건축사 연구에서 교육시설의 표준화와 근대화 과정을 보여주는 자료다.

1 경성제국대학 이공학부 전경. 태평양전쟁 발발과 함께 세워진 경성제국대학 이공학부는 군수 물자 개발과 병참 기지화를 위한 고급 기술자 양성소 역할을 했다. ⓒNARA전자사료관

2 다산관의 전경. 경성제국대학 이공학부 1호관(본관)이었으며 현재 다산관으로 사용되고 있다. ㅁ자형 건물로 높이 솟은 중앙탑이 특징이다.

3 창학관의 전경. 경성제국대학 이공학부 교사동이었으며 현재 창학관으로 사용되고 있다. ㅁ자형 건물이며 현관을 중심으로 한 좌우 대칭 구조로 창문이 규칙적으로 배치되어 있다.

청량리선

4 중정에서 바라본 창학관의 모습.
   창학관의 중정은 건물에 둘러싸여
   외부에서는 보이지 않는다.

5 다산관 중앙탑부 후면. 장식을
   절제한 단순한 벽면과 반복되는
   수직창으로 구성된 입면으로, 기능
   중심의 근대 건축 특징을 보여준다.

청량리선

왕십리선
崇仁面
恩平面
面
통의동선
안국동선
광화문선
종로선
청량리선
창덕궁앞선
마포선
태평통
황금정선
왕십리선
구룡산선
신용산선

근대 상수도 역사의 시작

수도박물관

서울특별시 성동구 왕십리로 27
서울특별시 유형문화유산 제72호

중랑천 끝자락에 위치한 성동구 성수동은 원래 작은 공장들이 즐비한 공업 지역이었으나, 최근에는 공장과 낮은 주택 자리에 서울숲과 고층 아파트가 들어서고, 주변에는 카페와 상가가 늘어서며 전혀 다른 모습으로 탈바꿈했다.

조선 시대 서울 동쪽에 위치한 성동구 일대는 넓은 들판으로, 관官에서 말들을 사육하고 군인들이 훈련하는 장소로 활용되었다. 왕들은 이곳에서 사냥을 즐겼으며, 왕이 탄 가마 앞에는 '독'이라 불리는 긴 깃대를 달아 존재를 알렸다. 이러한 신호물로 쓰이던 '독'이 변해 '둑'이 되었고, 다시 '뚝'으로 불리면서 '뚝섬'이라는 지명이 생겼다고 전해진다. 이곳에 뚝도수원지 제1정수장이었던 수도박물관이 있다. 수도박물관 정원의 안내판에는 이곳에 세워진 '독기'와 '경성수도상수 보호구역표' 돌기둥이 뚝섬의 유래와 역사를 보여준다고 설명되어 있다.

중랑천과 한강이 만나는 곶 모양의 평지에는 서울숲이 조성되어 있고, 동쪽 끝에는 뚝도수원지 제1정수장을 중심으로 한 수도박물관이 자리한다. 뚝도수원지는 우리나라 최초의 상수도 수원지 시설로, 1903년 대한제국으로부터 허가를 받은 미국인 콜브란H. Collbran과 보스트윅H. R. Bostwick이 상수도 시설과 경영 특허권을 소유했다. 이후 1905년 대한수도회사Korean Water Works Co.가 이를 인수하고, 미국과 영국에서 수입한 기계 설비를 바탕으로 1906년 8월 완속여과지緩速濾過池 공사를 시작했다. 뚝도수원지 제1정수장은 송수펌프실과 정수지, 완속여과지를 갖추고 1908년 완공되면서 경성에 본격적으로 수돗물을 공급하기 시작했다.

현재 수도박물관 본관으로 사용하는 붉은 벽돌의 송수펌프실은 1907년에 지어진 박공지붕 건물로, 내부는 정수를 위한 다양한 설비로 채워져 있다. 본관의 돌출된 입구는 화강석 아치로 장식되었으며, 창문과 출입구 또한 반원 아치 형태로 꾸며졌다. 입구 위 발코니 난간은 도자기 모양의 장식으로 마감되어 있다. 정면 박공지붕 아래 벽면에는 "SEOUL WATERWORKS 1907"이라는 글자가 새겨진 화강석판이 있고, 출입구 오른쪽 벽에는 "광무11년건축光武十一年建築", 왼쪽 벽에는 "경성수도양수공장京城水道揚水工場"이라 쓰인 화강석 현판이 걸려 있다. 광무 11년인 1907년, 이곳은 '경성수도양수공장'이라는 이름으로 한강물을 정수하기 시작했으며, 일제강점기에는 뚝도수원지 제1정수장으로 불리게 된다.

수도박물관 정문에 들어서면 넓은 정원과 산책로 끝에 본관과 별관 건물이 나타난다. 오른쪽 낮은 지대에는 야외 전시물과 함께 잔디 구릉 아래 굳게 닫힌 철문들이 규칙적으로 놓여 있는데, 이

　　　　　　　　　　　　　　　　　　　　왕십리선

곳이 완속여과지이다. 지붕은 잔디로 덮여 있고 환기구가 흰 상자 모양의 질서정연하게 배치되어 있다. 완속여과지는 철근 콘크리트로 만든 유려한 곡선 입구를 지나면 내부에 철근 콘크리트 기둥들이 모래 속에 열을 맞춰 서 있는 구조로, 1938년 확장 공사 이후 1990년대까지 사용되었다. 이곳에서는 침전지를 거친 물이 모래층과 자갈을 통과하며 여과되도록 설계되었으며, 물 위에 떠오른 부유물은 사람이 직접 퍼내야 하는 고된 작업이 뒤따랐다.

완속여과지 옆의 정수지는 지하에 설치되었고, 지면 높이의 지붕은 잔디로 덮였다. 여섯 개의 원기둥 형태 통풍구를 통해 내부 공기를 환기시키는 구조다. 완속여과지와 정수지의 높이 차이는 여과지를 통과한 물이 자연스럽게 정수지로 흘러들어가도록 한 설계로, 정수지에서는 수질을 관리하고 수돗물의 생산과 공급량을 조절한 뒤 송수펌프실로 물을 보낸다.

대한제국기에 철근 콘크리트로 지어진 뚝도수원지 제1정수장은 기능에 따른 건축 형태와 디자인이 조화를 이루는, 보기 드문 근대 산업 건축물이다.

京城水道揚水工場

光武十一年建築

1   뚝도수원지 제1정수장 송수실 건물. 현재
     수도박물관으로 활용 중이다.

2   1907년 준공 기념 현판. "경성수도
     양수공장"(좌), "광무11년건축"(우)이라
     새긴 석재 현판이 송수실 출입구 양쪽에
     붙어 있다.

3   완속여과지 옥상이 흙과 잔디로 덮여 있다.
     흰색의 상자들은 환기구로, 현재 사용하지
     않아 닫혀 있다.

3

4   완속여과지 입구. 철근 콘크리트 구조물인
     완속여과지는 근대 산업유산으로 가치가
     높다.

5   모래와 자갈로 불순물을 걸러내는
     완속여과지 내부. 1908년에 준공되었다.

왕십리선

신용산선
崇仁面
平面
안국동선
청량리선
종로선
황금정선
왕십리선
마포선
신용산선

왕가의 무덤에 들어선 골프장　　　　　　　　효창공원

서울특별시 용산구 효창원로 177-18
국가사적 제330호

서울 용산구 효창공원의 이름은 이곳에 자리했던 왕실 원묘 '효창원'에서 유래했다. '효孝'는 부모에 대한 정성을, '창昌'은 번영을 뜻한다. 효창원에는 조선 제22대 왕 정조의 장남 문효세자1782~1786와 그의 친모 의빈 성씨1753~1786의 묘가 있었고, 순조의 후궁 숙의 박씨와 영온옹주의 묘도 함께 자리했다.

조선 시대에는 왕세자, 세자빈 또는 왕의 부모의 무덤을 '원園'이라 불렀다. 효창원은 처음에는 '효창묘'로 불리다가 1870년(고종 7년) '효창원'으로 승격되었다. 당시 이 일대는 소나무와 밤나무가 울창한 낮은 산지로, 인적이 드물고 조용한 곳이었다.

그러나 청일전쟁을 전후로 일본군이 효창원 일대에 불법 주둔하면서 묘역은 점차 훼손되기 시작했다. 일제강점기에는 이곳을 '용산고지'라 부르며 일본군의 비밀 군사기지로 활용했고, 독립군 토벌 작전이 전개되면서 훼손은 더욱 심해졌다. 효창원 주변에는 일본인을 위한 위락시설이 들어섰고, 문효세자 묘가 있던 자리 일

대에는 골프장이 조성되었다.

효창원 골프장은 조선총독부 철도국이 운영하던 철도호텔의 부속시설로, 외국인 관광객 유치를 목적으로 1919년 착공해 1921년 완공되었다. 영국인 프로 골퍼 댄트H. E. Dannt가 설계를 맡았으며, 6홀로 시작해 9홀까지 확장되었으나 실제 운영은 7홀에 그쳤다. 관리 문제와 공원화 계획이 겹치며 골프장은 오래 유지되지 못했다.

1924년 조선총독부는 효창원 일부를 공원으로 조성하면서 왕실 무덤을 고양 서삼릉으로 이장했다. 이후 일본식 정원이 조성되고 벚나무가 심어졌으며, 관 주도의 기념식수 행사도 열렸다. 1930년대에는 겨울철 눈 덮인 효창공원에서 스키를 타는 시민들의 모습이 신문에 실릴 만큼, 이곳은 근대적 여가 공간으로 변모했다. 1940년 효창원은 공식적으로 '효창공원'이라는 이름으로 개장했다.

1938년 2월 19일 자《매일신보》에 실린 공원 설계도에는 경기장과 박물관, 식물 표본원, 야외 극장, 연못과 스케이트장, 동물 사육장 등이 효창원을 중심으로 배치된 모습이 담겨 있다. 이는 효창공원이 단순한 근린공원을 넘어, 근대적 도시 공원으로 기획되었음을 보여준다. 그러나 1944년 공원 전체는 일본인 단체에 이양되며 식민지 말기의 통치 공간으로 편입되었다.

해방 이후 효창공원의 성격은 다시 크게 바뀌었다. 이곳에는 이봉창, 윤봉길, 백정기 의사의 유해가 안장되었고, 안중근 의사의 가묘假墓와 대한민국 임시정부 요인들의 묘역도 조성되었다. 1949년 서거한 백범 김구의 묘역 아래쪽에는 2002년 백범기념관이 건립되었다. 공원 안에는 원효대사 동상이 세워졌고, 1960년에는 효창운동장이, 1969년에는 반공기념탑이 들어섰다.

오늘날 효창공원은 조선 왕실의 원묘였던 공간에서 출발해, 일제강점기의 군사기지와 골프장, 근대 공원, 그리고 독립운동가들의 묘역에 이르기까지 한 세기의 격동을 품고 있다. 이곳의 흔적을 따라 걷다 보면, 효창공원의 역사가 곧 이 땅의 근현대사임을 실감하게 된다.

신용산선

1 효창원 골프장의 모습. 왕실 묘역이었던 효창원은 1919년 공사를 거쳐 1921년 골프장으로 개장했으며, 1924년까지 운영되었다. ⓒ서울역사박물관

2 효창공원 내 의열사 전경. 김구, 윤봉길, 이봉창, 백정기, 이동녕, 조성환, 차이석 애국선열 7인의 영정을 봉안한 곳이다.

3 효창공원에 있는 삼의사(三義士) 묘역. 의사 이봉창, 윤봉길, 백정기의 유해가 안장되어 있다. 봉분은 총 4기인데, 맨 왼쪽의 묘가 유해가 확인되지 않은 안중근 의사의 가묘(假墓)이다.

4 백범 김구 묘역. 2002년 건립된 백범기념관도 인근에 있다.

박물관으로 담은 신용산의 시간

용산역사박물관

서울특별시 용산구 한강대로14길 35-29
국가등록문화유산 제428호

일제강점기 용산 지역은 일본인을 중심으로 형성된 구 용산과 신용산, 그리고 광범위한 군 주둔지로 구분되어 있었다. 이 가운데 신용산은 용산역을 중심으로 새롭게 형성된 철도 중심지로, 기존 용산과 구별하기 위해 붙은 이름이다. 1904년 러일전쟁 중 일본이 대한제국 내 군사적 주도권을 확보하기 위해 서울에 설치한 일본군 주둔 기구인 한국주차군사령부韓國駐箚軍司令部와 철도관리국이 이곳으로 이전하면서 사람과 물자 수송을 담당하는 핵심 지역으로 자리 잡았다.

신용산에는 1905년 철도공장, 1907년 철도병원, 1912년 철도학교가 차례로 들어서며 철도 도시로서의 성격이 강화되었다. 러일전쟁 전후 일본이 철도 사업을 급격히 확장하는 과정에서 사고와 부상자가 급증했으나, 조선에는 이들을 전문적으로 치료할 의료 시설이 거의 없었다. 이에 일본의 동인회同仁會가 철도 부상자 치료를 명목으로 특수병원을 설립했고 평양, 용산, 대구 등 주요 철도 거점에 '동인의원'이 설치되었다.

용산동인의원은 1907년 조선통감부 철도국이 동인회의 협조를 받아 기존 철도관사를 개조해 설립한 병원에서 출발했다. 이후 1913년 '용산철도병원'으로 개칭되며 독립된 의료기관으로 성장했고, 1926년 철도국이 직접 운영을 맡으면서 본격적인 철도병원 체제가 갖추어졌다. 1928년에는 기존 병동을 병실로 사용하면서 새 본관을 신축했고, 1938년에는 '경성철도병원'으로 이름이 바뀌었다.

해방 이후 병원은 미군정청 관할 아래 '서울운수병원'이 되었고, 대한민국 정부 수립 후에는 교통부 소속 '서울교통병원'으로 운영되었다. 이후 철도청 분리와 행정 개편을 거치며 '서울철도병원', '국립서울병원'으로 이름이 바뀌었고, 1980년대에는 대규모 병동 신축과 개보수가 이루어졌다. 1984년부터는 중앙대학교병원이 임대해 '용산병원'으로 운영하다가 2011년 문을 닫았다. 현재는 복원과 정비를 거쳐 용산역사박물관으로 개관했다.

1928년에 건립된 새 본관 건물은 철근 콘크리트 구조에 벽돌을 쌓은 2층 규모로, 외벽 모서리에 곡선형 이형 벽돌을 사용해 부드러운 인상을 준다. 진료실과 대기실, 처치실, 약국 등이 갖춰졌고, 외상 환자가 많은 철도병원의 특성을 반영해 외과와 소규모 수술실을 출입구 가까이에 배치했다. 1937년 3층으로 신축된 병동은 의료진 33명, 병상 52개 규모였다.

한국전쟁 이후 여러 차례 개보수를 거쳤지만 건립 당시의 구조와 재료는 많이 남아 있다. 용산 재개발로 한때 철거 위기에 놓이기도

했으나, 오늘날 이 건물은 신용산의 형성과 철도, 의료의 근대사를 함께 증언하는 공간으로 새로운 역할을 이어가고 있다.

1 용산철도병원 본관. 용산철도병원은
   1928년 2층으로 준공되었고, 철근
   콘크리트 구조에 벽돌로 마감했다.
   당시 병원의 주출입구가 건물의
   중앙에 있었다. ⓒ서울역사박물관

2 복원 전의 용산철도병원. 시멘트가
   테두리 형태로 발라져 있는 곳이
   주출입구였으나 막아놓았다. 1번
   사진과 비교했을 때 캐노피가
   철거되었고 창호도 바뀌었다.

3   용산철도병원은 복원 후
용산역사박물관으로 개관했다.

4   복원된 용산철도병원의 처치실 모습.

5   용산역사박물관에서 전시 중인 병원
약국의 접수대 원형 창호.

근대와 현대를 이은 다리   한강철교·한강대교

서울특별시 용산구 이촌동 이촌한강공원과 동작구 본동 일대
한강대교   서울특별시 등록문화유산 제1호
한강철교   국가등록문화유산 제250호

한강철교는 한강에 세워진 최초의 교량이자, 완공 당시 조선에서 가장 긴 다리였다. 이 다리가 놓이기 전까지 한강을 건너는 방법은 나룻배뿐이었으며, 국왕의 행차 때에는 여러 척의 배를 이어 판자를 얹은 배다리가 사용되었다. 이러한 모습은《화성능행도》(한강주교환어도)에 남아 있다.

한강철교의 역사는 경인선 건설과 함께 시작된다. 1896년 미국인 제임스 모스가 한강 교량과 철도 부설권을 얻었으나, 자금난으로 사업권은 일본 경인철도합자회사로 넘어갔다. 1897년 착공한 한강철교는 일본의 근대 토목기술로 시공되어 1900년 7월 준공되었다. 길이 약 620미터에 달하는 이 철교는 인천항과 경성을 직접 연결하며 근대 교통 체계의 출발점이 되었다.

교통량이 늘어나자 1911년 제2한강철교가 완공되어 1912년 개통되었고, 1944년에는 제3한강철교가 추가로 건설되었다. 이들 철교는 모두 기차 전용으로, 보행자나 마차를 위한 통행로는 없었

다. 초기에는 노량진 쪽에만 교각을 세우고 용산 쪽은 제방 위로 철로를 놓았으나, 1925년 을축년 대홍수로 제방이 유실되면서 복구 과정에서 용산 쪽에도 교각이 추가되었다. 현재는 1995년 신교가 더해져 총 네 선의 철교 체계를 이루고 있다.

한편 한강에 놓인 최초의 인도교는 오늘날의 한강대교, 당시 명칭으로는 '한강인도교'였다. 한강철교 상류에 위치한 이 다리는 1912년 계획되어 1917년 준공되었으며, 사람과 우마차가 함께 건널 수 있도록 폭 약 37미터, 길이 약 1킬로미터 규모로 건설되었다. 한강 중간의 모래톱 중지도를 경유해 노량진과 한강로를 잇는 구조였으며, 중지도는 오늘날 노들섬이다. 과거에는 노량진과 노들섬 사이를 '한강대교', 노들섬과 한강로 사이를 '한강소교'라 불렀다.

한강인도교는 삼각 구조로 힘을 분산하는 트러스truss 구조였으나, 1925년 대홍수로 일부가 유실되었다. 1929년 복구된 뒤 1936년 아치형 교량으로 확장 개통되었으며, 이 과정에서 일부 철골 부재는 북한강 양수교 건설에 재활용되었다. 한강인도교는 한강대교로 명칭이 바뀌어 오늘날까지도 한강 수위와 결빙 시점을 측정하는 기준점으로 활용되고 있다.

1950년 6월 28일 한국전쟁 발발 직후, 우리 정부는 북한군의 진격을 막기 위해 한강철교와 한강인도교를 폭파했다. 이로 인해 다리를 건너던 피란민들이 희생되고, 한강 이북의 시민들은 서울에 고립되는 비극이 벌어졌다. 전쟁 이후 제1한강철교는 1951년 임시 복구되어 열차 운행이 재개되었고, 1957년까지 나머지 철교들도 차례로 복구되었다. 한강인도교 역시 1958년 복구되어 전차 운행이 재개되었다.

1960년대 이후 양화대교를 시작으로 한강 위에 새로운 다리들이 잇달아 놓였고, 1982년 기존 한강인도교 옆에 신교가 건설되며 오늘날의 한강대교가 완성되었다.

한강철교와 한강인도교는 단순한 교통 시설을 넘어, 서울의 확장과 근대화를 가능하게 한 구조물이었다. 이 다리들은 전쟁과 재난의 비극을 품은 장소이자, 사람과 도시의 이동을 이어온 '역사의 교량'으로 오늘날까지 서울의 시간을 건너고 있다.

1 한강철교 전경을 담은 사진 엽서.
한강철교는 1900년 7월 준공된 한강
최초의 근대 교량으로, 경인선 철도를
위해 건설된 한강 제1철교이다. 엽서에는
"경성의 명소 한강 철교. 조선 5대 강
중 하나인 한강 위에 놓인 유일한 복선
철교"라는 문구가 적혀 있다.

2 오늘날의 한강철교. 1900년 제1철교를
시작으로 서로 다른 시기에 건설된
철교들이 병렬로 놓여 있다.

THE FOOTWAY-BRIDGE ACROSS
THE RIVER KANKO, KEIZYO.
【京城名所】大河漢江に横は壮豪なる人道橋。

신용산선

3   1917년 준공된 한강인도교의 전경.
한강인도교는 1950년 한국전쟁으로
폭파되었다가 1957년에 복구 공사에
들어가 1958년 준공되었다. 이후
한강인도교는 1979년 확장 공사에 착공해
1982년 완성되었다. ⓒ서울역사박물관

4   한강인도교는 한강대교로 이름이
바뀌었다. 노량진에서 노들섬까지는 강철
아치 구조가 적용된 구간이며, 노들섬에서
용산 방향으로는 아치가 없는 일반 교량
구조가 이어진다

5   한강철교의 전경. 노량진에서 용산으로
향하는 한강철교의 교각은 네 개에서 세
개로 줄어든다.

영등포에서 만들어진 우리의 옷 (카페)

서울특별시 영등포구 영중로 15
국가등록문화유산 제135호

영등포는 빠른 속도로 상업 공간과 고층 아파트가 들어서며 낡고 오래된 건물들이 하나둘 사라지고 있다. 영등포 타임스퀘어는 이러한 변화의 중심에서 도심 속 거대한 상업 시설로 자리 잡으며 새로운 도시 경관을 만들어냈다. 그러나 조금만 시선을 돌리면, 이 일대가 한때 공장 지대였음을 보여주는 크고 작은 산업의 흔적들이 여전히 남아 있다.

조선 후기까지만 해도 영등포는 공업 지대가 아니었다. 일제강점기 일본인 주거지가 밀집했던 용산에는 공장 설립이 제한되었고, 한강철교 완공과 함께 경인선과 경부선이 잇달아 개통되면서 교통 여건이 크게 개선되자 영등포가 새로운 공업지로 주목받기 시작했다. 일본인들은 교통이 편리하고 값싼 노동력을 활용할 수 있는 영등포에 공장을 세웠고, 1911년 조선피혁주식회사, 1919년 용산공작소 영등포공장, 1923년 경성방직주식회사가 차례로 들어서며 이 일대는 본격적인 공업 지대로 변모했다.

경성방직주식회사, 이른바 '경방'은 인촌 김성수가 설립한 방직 공장이다. 중앙고등학교 교장이기도 했던 김성수는 1920년 《동아일보》를 창간했고, 1932년에는 고려대학교의 전신인 보성전문학교를 인수했다. 해방 이후인 1946년 8월에는 고려대학교를 발족하며 민족사학의 기반을 다졌다. 그는 전라북도 고창의 대지주 집안에서 태어나 한학을 익히고, 일본 와세다대학교 정경학부를 졸업한 뒤 귀국해 교육과 언론, 산업 분야에서 활동을 이어갔다.

김성수는 일제강점기 대부분의 옷감이 일본에서 수입되는 현실을 문제로 인식했다. 그는 '우리 옷감은 우리가 만든다'는 신념 아래, 1919년 10월 국민이 참여하는 우리나라 최초의 국민주 방식으로 경성방직주식회사를 설립했다. 경성방직은 1923년 3월 영등포 공장에서 근대적 생산 설비를 갖추고 첫 제품을 생산했으며, 다양한 섬유 제품을 선보였다. 경성방직의 첫 고유 상표인 '태극성'은 중앙의 태극 문양과 팔괘를 상징하는 여덟 개의 별을 배치해 민족 자본 공업의 정체성을 드러냈다.

1936년 영등포공장 내에는 붉은 벽돌로 지은 사무동이 완공되었다. 벽돌조에 목조 트러스 구조의 합각지붕을 얹은 단층 건물로, 장방형 평면에 두 개의 아치형 포치 현관이 돌출되어 있고, 양 측면에는 원형 창이 배치되어 있다. 이 건물은 공장 운영의 중심 공간으로 사용되었으며, 2003년 영등포공장이 문을 닫을 때까지 큰 변형 없이 유지되었다.

2006년 경방은 영등포공장 부지 재개발을 추진하며 복합 쇼핑센터 건립에 나섰다. 공장 건물들은 철거되었고, 사무동은 해체되어 보관되었다가 2009년 원래 자리에서 남쪽으로 옮겨 복원되었다. 같은 해 9월, 복합 문화·상업 시설인 경방 타임스퀘어가 정식 개장했다.

복원된 옛 사무동은 타임스퀘어의 거대한 건물들 사이 광장 한편에 자리하며, 공장 도시 영등포의 과거와 소비 중심 도시의 현재가 겹쳐진 풍경을 만들어낸다. 해체와 이전, 복원 과정에서 일부 구조는 변형되었지만, 이 건물은 일제강점기 한국인 자본으로 세워진 산업 건축물로서 근대 공업사의 중요한 흔적을 간직하고 있다. 지금은 카페로 운영되고 있다.

국가등록문화유산은 보존과 활용의 균형을 전제로 하지만, 원래의 자리와 기능을 떠난 건축물이 문화유산으로 받아들여질 수 있는지는 여전히 질문으로 남는다. 옛 경성방직 사무동은 개발과 보존 사이에서 도시가 선택해온 경로를 드러내며, 오늘의 영등포 한복판에서 그 질문을 던진다.

2 경성방직 사무동 전면. 붉은 벽돌 외벽과 중앙의 반원 아치형 출입구, 박공지붕을 갖춘 소규모 건물로, 장식을 절제한 입면에서 근대 산업시설 부속 사무동의 실용적 건축 특성을 보여준다.

3 경성방직 사무동 후면. 중앙 출입문 상부의 콘크리트 인방이 출입구를 강조하며, 그 위로는 환기용으로 보이는 작은 창이 배치되어 있다.

4 경성방직 사무동은 영등포 타임스퀘어 내 카페 시설로 운영되고 있다.

5 경성방직 사무동 현관 포치. 원형 창호의 금속 창살이 장식미를 더한다.

담금솥이 전하는 한국 맥주 （영등포공원）

서울특별시 영등포구 신길로 275
오비(OB)맥주 담금솥　서울미래유산 제2013-005호

영등포는 한강 이남 지역 가운데 가장 먼저 서울에 편입된 곳으로, 원래는 경기도 시흥군에 속해 있었다. 1899년 경인선이 개통되면서 출발역이자 종착역이던 노량진역이 영등포에 자리 잡았고, 이로 인해 영등포는 일찍부터 교통의 요지로 성장했다. 이후 한강철교가 놓이면서 인천에서 출발한 열차는 노량진을 거쳐 강북의 용산으로 이어졌다. 일본군 사령부와 일본인 거주지가 밀집했던 용산은 외래 문화와 물자가 유입되는 관문이었고, 영등포는 한강 남쪽의 주요 거점으로 '강남'이라 불리며 주목받기 시작했다.

1910년대 이후 영등포는 본격적인 공업화의 흐름 속에서 경인공업지대의 핵심 지역으로 부상했다. 경인선, 경부선, 호남선이 잇달아 개통되며 교통 여건이 크게 개선되었고, 한강을 통한 풍부한 공업용수와 인근 경성이라는 소비시장은 산업 입지로서의 장점을 더욱 크게 키웠다. 이 일대에는 용산공작소를 비롯해 조선피혁주

식회사, 경성방직주식회사, 맥주회사 등 다양한 공장이 들어서며 물류와 인력이 집중되는 공업 중심지로 성장했다.

조선에서 맥주가 처음 생산된 것은 1933년으로, 일본을 통해 도입되었다. 일본은 독일식 양조 기술을 받아들여 맥주 산업을 발전시켰고, 이를 식민지 조선에도 이식했다. 같은 해 대일본맥주와 소화기린맥주가 영등포에 공장을 세우면서, 조선의 맥주 생산은 본격적인 산업 단계에 들어섰다.

대일본맥주의 자매회사였던 조선맥주주식회사는 영등포역 남쪽, 현재의 영등포공원 일대에 약 3만 평 규모의 부지를 확보해 1933년 12월 공장을 준공했다. 설계와 시공은 일본의 건설회사 오쿠라구미가 맡았다. 1934년 1월부터 조선맥주는 대일본맥주로부터 생산과 영업 전권을 넘겨받아 조선 전역의 맥주 공급을 담당했으며, 이 회사는 해방 이후 하이트맥주로 이어졌다.

같은 시기 인근에 세워진 소화기린맥주주식회사는 일본 기린맥주의 자매회사로, 약 2만 평 규모의 현대식 양조장을 갖춘 대형 공장이었다. 이 공장 역시 오쿠라구미가 시공해 1934년 1월 완공되었다. 해방 이후에는 적산으로 분류되어 동양맥주가 인수했고, 이후 오비맥주로 이름이 바뀌었다. 이 공장은 1997년 경기도 이천으로 이전될 때까지 약 60년 동안 영등포에서 맥주를 생산했다.

현재의 영등포공원은 바로 이 옛 조선맥주와 소화기린맥주 공장 부지 일부에 조성된 공간이다. 공원 한가운데에는 1933년 일본에서 제작되어 소화기린맥주 영등포공장에서 사용되었던 순동제 담금솥이 전시되어 있다. 이 담금솥은 1945년 광복 이후 공장을 인수한 동양맥주가 1996년까지 사용하다가, 1997년 공장 이전과 함께 서울시에 기증한 것이다.

지금 영등포공원 광장에 놓인 거대한 담금솥은 일제강점기 산업화의 상징이자 한국 맥주 산업의 출발점을 보여주는 산업 유산이다. 고층 아파트로 둘러싸인 도시 한복판에서, 묵직한 금속 솥 하나는 한 세기 전 영등포가 지녔던 공업 도시의 기억과 한국 맥주의 역사를 오늘까지 전하고 있다.

1 1933년 준공된 조선맥주주식회사 영등포공장 전경. 건물에 삿포로맥주 간판이 걸려있다. 1951년 민간 소유가 되면서 크라운맥주, 하이트맥주를 거쳐 하이트진로가 되었다. ⓒ서울역사박물관

2 소화기린맥주 영등포공장 전경. 1934년 준공된 이 공장은 일본 소화기린맥주가 설립한 맥주 공장으로, 해방 이후 동양맥주(오비맥주)로 이어졌으며 이후 두산을 거쳐 외국 주류회사에 인수되었다. ⓒ서울역사박물관

3   오비맥주가 60여 년간 자리했던
     영등포공장 터에 영등포공원이
     조성되면서, 담금솥만 남겨두었다.

양천수리조합 배수펌프장

문화를 담은 배수장 마곡문화원

서울특별시 강서구 양천로 282
국가등록문화유산 제363호

서울의 서쪽 경계에 위치한 강서구는 조선 시대에는 경기도 양천현에 속한 지역이었다. 일제강점기인 1935년 경기도에서 경성부로 편입되며 서울의 일부가 되었다. 한강 하구의 지류에 자리한 강서구 일대, 특히 김포평야는 토지가 비옥했지만 지대가 낮아 예로부터 한강 범람으로 인한 홍수 피해가 잦았다.

근대적인 농업 체계가 도입되면서 1923년 양천수리조합이 설립되었다. 이전까지 마을 단위로 관리되던 수리시설이 국가 관리 체계로 전환된 것이다. 수리조합은 수해를 예방하고 농업 생산을 안정적으로 유지하기 위해 만들어진 법인 조직으로, 토지와 가옥의 소유자들이 공동으로 관개시설과 제방을 조성하고 관리했다. 양천수리조합은 현재의 강서구 마곡동 일대, 즉 경기도 김포군 양동면 마곡리, 가양리 등 김포평야의 넓은 농경지를 관할했다.

1925년 을축년 대홍수로 김포평야 일대가 큰 피해를 입자, 1926년 배수펌프장 건립 계획이 본격적으로 추진되었다. 1928년 완공된 양천수리조합 배수펌프장은 배수 펌프 세 대와 배수로, 갑문을 갖춘 근대식 시설이었다. 높이 약 4미터의 철근 콘크리트 옹벽 기단 위에 일본식 목조 구조를 올린 이 건물은, 관개용수 공급보다 홍수 시 농지를 보호하는 배수 기능에 중점을 둔 점에서 다른 수리조합 시설과 차별점이 있었다.

양천리수리조합 배수펌프장은 육중한 콘크리트 기단 위에 세운 목조 건물로, 외벽을 일본식 비늘판벽으로 마감했다. 슬레이트 맞배지붕을 얹은 장방형 기계실은 남북 약 22.5미터, 동서 15.5미터 규모로 약 105평에 달했다. 큰비가 내릴 때에는 전동기를 이용해 물을 퍼내고, 가뭄기에는 논에 물을 공급하는 등 양수와 배수를 겸한 역할을 수행했다. 기단부에는 한강 물의 역류를 막기 위한 배수 갑문과 배수로가 함께 설치되었다.

해방 이후에도 양천수리조합 배수펌프장은 김포평야의 물길을 관리했으며, 1961년에는 양동수리조합과 통합되어 한강수리조합으로 개편되었다. 이후 행정구역 개편으로 김포평야는 서울시와 부천시로 나뉘며 관리 범위가 축소되었고, 1980년대에 이르러 강서구는 서울시에 편입되었다.

1991년 배수펌프장이 본래의 기능을 마치자, 1993년 한국농어촌공사가 이 건물을 공장으로 사용하면서 배수로의 철제 갑문을 철거하고 기단부도 일부 복개했다. 건물은 여러 용도로 전용되며 점차 사람들의 관심에서 멀어졌다.

그러나 서울식물원이 개원하면서, 인근 들판에 남아 있던 양천수리조합 배수펌프장은 마곡문화관으로 새롭게 활용되기 시작했다. 철거와 보존을 둘러싼 논의 끝에 살아남은 이 건물은, 김포평야가 품고 있던 농업과 물 관리의 역사를 전하는 문화 공간으로 재탄생했다. 현재 마곡문화관은 옛 기계실 바닥을 투명 유리로 덮어, 지하의 콘크리트 구조체와 물의 흐름을 그대로 드러내는 전시 공간으로 운영되고 있다.

넓은 들판 위에 또렷이 서 있는 양천수리조합 배수펌프장은 농업 관련 근대 산업유산으로 현재까지 확인된 유일한 배수펌프장이다. 철근 콘크리트 기단 위에 세워진 대형 목구조 건물은 건축사적으로도 가치가 크며, 인간이 물을 다스리며 땅과 공존해온 근대 농업의 흔적을 고스란히 간직한 역사적 유산으로 남아 있다.

揚川排水場全景

1   "양천배수장전경"이라 적힌 사진 엽서.
     콘크리트 기초 위에 목조 건물을 올린
     양천수리조합 배수펌프장의 초기
     모습으로, 건물 하부와 연결된 수로와
     콘크리트 구조물이 함께 확인된다.
     ⓒ개인 소장

2   마곡문화관으로 재생된 양천수리조합
     배수펌프장. 서울식물원 내 문화 공간으로
     활용되고 있으며, 근대 산업 시설의 구조와
     형태를 살린 재생 사례이다.

3   양천수리조합 배수펌프장 전시실 내부.
     배수 설비가 놓였던 기계실 바닥을 투명
     유리를 통해 볼 수 있으며, 천장에는 목조
     트러스 구조가 노출되어 있다. 산업 시설의
     기능적 공간 구조와 함께 원형의 건축
     요소가 전시 공간 속에 드러난다.

참고문헌

단행본

- 가와무라 미나토, 요시카와 나기 옮김,《한성, 경성, 서울을 걷다》, 다인아트, 2004.
- 국사편찬위원회,《근대와 만난 미술과 도시》, 두산동아, 2008.
- 김경민,《건축왕, 경성을 만들다》, 이마, 2017.
- 김동욱, 유홍준 외,《창덕궁 깊이 읽기》, 글항아리, 2014.
- 김소연,《경성의 건축가들》, 루아크, 2019.
- 김영숙 엮음,《대동아공영권의 허상과 모순》, 동북아역사재단, 2022.
- 김왕직,《알기쉬운 한국건축 용어사전(개정증보판)》, 동녘, 2025.
- 김은주,《석조전 – 잊혀진 대한제국의 황궁》, 민속원, 2014.
- 김종헌,《역사(驛舍)의 역사(歷史)》, 배재대학교출판부, 2004.
- 김지환,《모던 철도》, 책과함께, 2022.
- 노만,《한국영화사》, 법문사, 2023.
- 대한성공회백년사 편찬위원회, 이재정 대표집필,《대한성공회백년사, 1890-1990》, 대한성공회출판부.
- 메리 린리 테일러,《호박 목걸이: 딜쿠샤 안주인 메리 테일러의 서울살이, 1917~1948》, 송영달 옮김, 2014.
- 민족문제연구소,《친일인명사전》, 민족문제연구소, 2009.
- 박경룡,《서울 개화백경》, 수서원, 2006.
- 박철수, 권이철, 오오세 루미코, 황세원,《경성의 아파트》, 집, 2024.
- 박현수,《경성, 맛집 산책》, 한겨레출판, 2023.
- 서울산업대학교,《서울산업대학교 100년사 1·2·3·4》, 국립서울산업대학

교, 2010.

· 서울연구원 엮음, 《주거문화의 충돌과 융합》, 서울연구원, 2021.

· 서울역사박물관, 《남산의 힘》, 서울역사박물관, 2015.

· 서울역사박물관, 《딜쿠샤와 호박목걸이》, 서울역사박물관, 2018.

· 서울역사박물관, 《백인제가옥》, 서울역사박물관, 2015.

· 서울역사박물관, 《북촌 열한 집의 오래된 기억》, 서울역사박물관, 2019.

· 서울역사박물관, 《북촌-경복궁과 창덕궁 사이의 터전》, 서울역사박물관, 2019.

· 서울역사박물관, 《서울지도》, 서울역사박물관, 2006.

· 서울역사박물관, 《서울의 근대건축》, 서울역사박물관, 2009.

· 서울역사박물관, 《서울의 전차》, 서울역사박물관, 2019.

· 서울역사박물관, 《서촌-역사 경관 도시조직의 변화》, 서울역사박물관, 2010.

· 서울역사박물관, 《신문로 2가》, 서울역사박물관, 2021.

· 서울역사박물관, 《아사카와 형제와 경성》, 서울역사박물관, 2019.

· 서울역사박물관, 《청량리》, 서울역사박물관, 2012.

· 서울역사편찬원, 《개항기 서울에 온 외국인들》, 서울역사편찬원, 2016.

· 서울역사편찬원, 《경성의 발달사》, 서울역사편찬원, 2016.

· 서울역사편찬원, 《근대문화유산과 서울사람들》, 서울역사편찬원, 2017.

· 서울역사편찬원, 《근현대 서울의 집》, 서울역사편찬원, 2017.

· 서울역사편찬원, 《서울 2천년사》, 서울역사편찬원, 2015.

· 서울역사편찬원, 《서울 내 외국인 집단활동지의 역사》, 서울역사편찬원, 2022.

· 서울역사편찬원, 《서울 역사답사기 5. 남산 일대》, 서울역사편찬원, 2020.

· 서울역사편찬원, 《식민도시의 경성, 차별에서 파괴까지》, 서울역사편찬원, 2020.

· 서울역사편찬원, 《서울 동의 역사. 성북구 제4권 정릉동·길음동·월곡동·장위동·석관동》, 서울역사편찬원, 2018.

· 서울중구문화원, 《남겨진 풍경 지나간 흔적 – 서울 중구》, 서울중구문화원,

2009.

- 서울특별시사편찬위원회, 《국역 경성부사 제1권》, 서울특별시사편찬위원회, 2012.
- 서울특별시사편찬위원회, 《국역 경성부사 제2권》, 서울특별시사편찬위원회, 2013.
- 서울특별시사편찬위원회, 《서울의 길》, 서울특별시사편찬위원회, 2009.
- 서울특별시사편찬위원회, 《서울의 시장》, 서울특별시사편찬위원회, 2007.
- 서울특별시사편찬위원회, 《시민을 위한 서울역사 2000년》, 서울특별시사편찬위원회, 2009.
- 서울특별시사편찬위원회, 《일제 침략 아래서의 서울(1910~1945)》, 서울특별시사편찬위원회, 2002.
- 시마조노 스스무, 《근대 일본 국가신도의 창출과 그 후》, 최석영 옮김, 소명출판, 2024.
- 염복규, 《서울의 기원, 경성의 탄생》, 이데아, 2016.
- 오영찬, 《조선총독부박물관과 식민주의》, 사회평론아카데미, 2022.
- 우동선, 박성진 외, 《궁궐의 눈물, 백년의 침묵》, 효형출판, 2009.
- 윤일주, 《한국, 양식건축 80년사》, 집, 2024.
- 이교영 편저, 《벽수산장일람(碧樹山莊一覽)》, 벽수산장, 1913.
- 이경아, 《경성의 주택지》, 집, 2019.
- 이광노 엮음, 《한국 근대건축》, 2014.
- 이동초, 《보국안민 발길로 서울을 걷다》, 도서출판 모시는 사람들, 2017.
- 이동초, 박길수 편저, 《천도교 중앙대교당 100년 이야기》, 도서출판 모시는 사람들, 2021.
- 이연경, 양지혜, 박준형 외, 《서울 내 외국인 집단활동지의 역사》, 서울역사편찬원, 2022.
- 이연식, 《조선을 떠나며》, 역사비평사, 2012.
- 이충렬, 《간송 전형필》, 김영사, 2010.
- 임석재, 《개화기-일제강점기 서울 건축》, 이화여자대학교출판부, 2011.
- 정선이, 《경성제국대학 연구》, 문음사, 2002.
- 정인하, 《한국의 근현대건축》, 열화당, 2023.

- 정재정,《철도와 근대 서울》, 국학자료원, 2018.

- 전봉희, 권용찬,《한옥과 한국 주택의 역사》, 동녘, 2015.

- 전진성,《상상의 아테네, 베를린·도쿄·서울》, 천년의상상, 2015.

- 조성린,《종로의 역사·문화유산》, 종로문화원, 2016.

- 조성린,《종로의 학교》, 종로문화원, 2021.

- 조성린,《좌청룡 낙산의 어제와 오늘》, 종로문화원, 2015.

- 최석영,《한국박물관 100년 역사, 진단 & 대안》, 민속원, 2008.

- 최종현, 김창희,《오래된 서울》, 동하, 2013.

- 토드 A. 헨리,《서울, 권력 도시》, 김백영 외 옮김, 산처럼, 2020.

- 황정수,《경성의 화가들, 근대를 거닐다》, 푸른역사, 2022.

- 후루카와 아키라,《구한말 근대학교의 형성》, 이성옥 옮김, 경인문화사, 2006.

- 加藤祐三,《アジアの都市と建築》, 鹿島出版会, 1986.

- 西澤泰彦,《海を渡った日本人建築家》, 彰国社, 1996.

- 萩森茂,《京城と仁川》, 大陸情報社, 1929.

- 朝鮮總督府,《朝鮮》, 朝鮮總督府, 1925.

- 《半島の翠綠》, 朝鮮山林會, 1926.

- 小田省吾,《德壽宮史》, 李王職, 1938.

- 李王職,《李王家美術館要覽》, 1938.

- 《日本地理風俗大系》, 新光社, 1930.

- 村山智順,《朝鮮鐵道四十年略史》, 朝鮮總督府鐵道局, 1932.

- 《朝鮮の類似宗敎》, 朝鮮總督府, 1935.

- F. M. Trautz,《Japan. Korea und Formosa》, Atlantis Verlag Berlin, 1930.

논문, 기고문

- 고주환,〈서울 구 양천수리조합 배수펌프장 보존기술(등록문화재 제363호)〉,《건축》, 제63권 제4호, 2019.

- 김기주, 이연경,〈연세대학교 핀슨홀(Pinson Hall)의 건축적 특징 1922년

~1944년 기숙사로의 사용을 중심으로〉,《건축역사학회》제28권 제3호(통권 124호), 2019.

· 김승배, 장명학, 〈장면가옥의 근대 건축적 특성과 의미에 관한 연구〉,《대한 건축학회논문집 계획계》제24권 제5호, 2008.

· 박주원, 〈서울 안양암의 가람배치와 건축특성에 관한 연구〉, 한양대학교 석 사학위논문, 2007.

· 박희성, 〈변화와 변용으로 본 근대기 서울 남산의 공원〉,《한국조경학회지》 제43권 제4호, 2015.

· 서선의, 〈박길룡 건축의 형태구성 원리와 그 변화에 관한 연구: 경성제국 대학 본관에서 보화각까지〉,《대한건축학회 추계학술발표대회 논문집》제 37권 제2호(통권 제66집), 2017.

· 안창모, 〈건축가 박동진에 관한 연구〉, 서울대학교 박사학위논문, 1997.

· 윤예지,《흥천사 감로도(1939) 연구: 근대 공간의 사찰과 불화》, 서울대학교 석사학위논문, 2021.

· 윤일주, 〈1910~1930년대 2인의 외인건축가에 대하여〉,《대한건축학회지》 제29권 제124호, 1985.

연구 보고서

· 《2023년 국가등록문화재(시설물 분야) 및 근대사적 정기조사》, 문화재청, 2023.

· 《구 양천수리조합 배수펌프장: 기록화 조사보고서》, 문화재청, 2008.

· 《딜쿠샤 복원 및 정비 방안 마련 학술연구》, 서울특별시, 2017.

· 서울역사박물관, 서울학연구소,《제3회 토요 서울학강좌. 성저십리 II-도성 밖 성저십리, 그리고 변두리》, 서울학연구소, 2019.

· 《서울 구 경기고등학교 기록화조사보고서》, 종로구, 2019.

· 《서울 이화여자대학교 토마스홀 기록화 조사보고서》, 서대문구, 2022.

· 《서울특별시 종로구 경운동 민병옥가옥 보수공사 실측 수리보고서》, 종로 구, 2017.

· 《운현궁양관 실측조사 보고서》, 문화재청, 2002.

사진첩

- 《대한민국정부 기록사진첩》.
- 무라카미(村上) 사진점, 《순종황제 서북순행 사진첩》, 국립고궁박물관 소장.
- 《연희전문졸업앨범》, 1932.
- 《창덕궁, 창경원 사진첩》, 1910.

지도 및 엽서

- 《대경성부대관(大京城府大觀)》, 조선신문사, 1936.
- 《京城市街圖》, 小林又七朝鮮地圖部, 1927.
- 《大京城明細圖》, 至誠堂, 1940.
- 《日本地理大系》, 改造社, 1930.
- 〈朝鮮神宮〉, 日本航空輸送株式會社.

신문

- 《경성신문》 1938년 10월 30일
- 《동아일보》 1920년 4월 1일, 1925년 1월 15일, 6월 15일, 1926년 2월 26일, 1931년 11월 10일, 1938년 9월 9일
- 《동아일보》 1920년 4월 1일, 1925년 1월 15일, 6월 15일, 1926년 2월 13일, 2월 26일, 12월 11일, 1927년 4월 30일, 1931년 11월 10일, 1936년 8월 25일, 1938년 9월 9일, 1939년 4월 11일
- 《매일신보》 1913년 6월 17일, 12월 6일, 1926년 2월 13일, 1931년 10월 14일, 1932년 11월 25일, 1936년 8월 2일, 1938년 2월 19일, 1943년 8월 6일
- 《조선일보》 1926년 5월 23일, 5월 31일, 1940년 6월 1일, 1973년 6월 14일
- 《조선일보》 1940년 6월 13일
- 《조선중앙일보》 1936년 7월 25일
- 《朝鮮總督府官報》, 至誠堂, 1940

잡지

- 《신인간》 제409호, 1983년 6월 1일.
- 《천도교월보》 제52호, 1983년 6월 15일.
- 朝鮮建築會 編, 《朝鮮と建築》, 朝鮮建築會.
- Government-General of Chosen, Annual Report, 1928.

웹사이트

- 국가기록원 http://www.archives.go.kr
- 국가유산청 국립무형유산원 https://library.nihc.go.kr
- 국립고궁박물관 http://www.gogung.go.kr
- 국립중앙도서관 http://www.nl.go.kr
- 국립중앙도서관 대한민국신문 아카이브 https://www.nl.go.kr/newspaper
- 국립중앙박물관 http://www.museum.go.kr
- 국토지리정보원 국립지도박물관 https://www.ngii.go.kr
- 국사편찬위원회 http://www.history.go.kr
- 국회도서관 http://www.nanet.go.kr
- 동아일보 동아디지털아카이브 https://www.donga.com/archive/newslibrary
- 망우역사문화공원 https://manguripark.or.kr
- 문화재청 http://www.cha.go.kr
- 미국국립문서기록관리보관소 https://www.archives.gov/dc
- 민족문제연구소 https://www.minjok.or.kr
- 민주화운동기념사업회 https://archives.kdemo.or.kr
- 사진그림엽서 아카이브 https://archivecenter.net/pparchive
- 서울사진아카이브 http://photoarchives.seoul.go.kr
- 서울역사박물관 http://museum.seoul.go.kr
- 수도박물관 https://arisu.seoul.go.kr
- 영등포문화원 http://ydpcc.co.kr

- 일민미술관 https://ilmin.org
- 종로문화원 http://종로문화원.kr
- 중부교육디지털박물관 https://jbarchives.sen.go.kr
- 한국민족문화대백과사전 https://encykorea.aks.ac.kr
- 한국학중앙연구원 http://www.aks.ac.kr
- 한국학진흥사업 성과포털 http://waks.aks.ac.kr
- 효창원 http://hyochangpark.com
- University of Southern California Digital Library https://digitallibrary.usc.edu